A MÁQUINA AUTOMOTIVA EM SUAS PARTES

Geraldo Augusto Pinto

A MÁQUINA AUTOMOTIVA EM SUAS PARTES

um estudo das estratégias do capital
na indústria de autopeças

Copyright © Boitempo Editorial, 2011
Copyright © Geraldo Augusto Pinto, 2011

Coordenação editorial	Ivana Jinkings
Editora-assistente	Bibiana Leme
Assistência editorial	Carolina Malta Elisa Andrade Buzzo Gustavo Assano
Revisão	Pedro Paulo da Silva
Diagramação	Acqua Estúdio Gráfico
Capa	Antonio Kehl sobre fotografia "Chrome metal spring over white background" (© Blotty | Dreamstime.com)
Produção	Ana Lotufo

CIP-BRASIL CATALOGAÇÃO NA FONTE
(Sindicato Nacional dos Editores de Livros, RJ)

P728m

Pinto, Geraldo Augusto, 1975-
    A máquina automotiva em suas partes : um estudo das estratégias do capital na indústria de autopeças / Geraldo Augusto Pinto. – São Paulo : Boitempo, 2011.

    (Mundo do trabalho)

    Inclui bibliografia
    Apêndice
    ISBN 978-85-7559-168-0

    1. Indústria automobilística – Brasil. 2. Capitalismo. 3. Organização industrial. 4. Sociologia do trabalho 5. Relações trabalhistas. I. Título. II. Série.

11-0709.	CDD: 338.762
	CDU: 338.45
07.01.11 11.01.11	023779

É vedada, nos termos da lei, a reprodução de qualquer
parte deste livro sem a expressa autorização da editora.

Este livro atende às normas do acordo ortográfico
em vigor desde janeiro de 2009.

1ª edição: fevereiro de 2011

BOITEMPO EDITORIAL
Jinkings Editores Associados Ltda.
Rua Pereira Leite, 373
05442-000 São Paulo SP
Tel./fax: (11) 3875-7250 / 3872-6869
editor@boitempoeditorial.com.br
www.boitempoeditorial.com.br

A Maria Apparecida Signorelli Filla, minha avó materna,
a José Arthur e Neusa Maria Pinto, meus pais,
e a meu irmão Júnior – minhas raízes – dedico.

SUMÁRIO

AGRADECIMENTOS 10

INTRODUÇÃO 11

1. A gestão flexível do trabalho 17
2. A indústria de autopeças em Campinas 27
3. A ocidentalização da flexibilidade oriental 35
4. O neoliberalismo periférico e a hegemonia do
   capital transnacional 53
5. Polivalência e contratação interna: o time dos sonhos 77
6. Empresa enxuta: capital saudável e trabalho adoecido 109
7. Considerações finais 155

Apêndice A
ESFERAS E ATIVIDADES DE TRABALHO
NA AMERICAN COMPANY DO BRASIL 165

Apêndice B
TABELAS E QUADROS COM INFORMAÇÕES
DA AMERICAN COMPANY DO BRASIL 169

Anexo
TABELAS DE OUTROS ESTUDOS SOBRE O SETOR
DE AUTOPEÇAS NO BRASIL 175

Lista de tabelas 179
Lista de quadros 179
Lista de abreviaturas e siglas 180

REFERÊNCIAS BIBLIOGRÁFICAS 181

O crescimento do número de trabalhadores de fábrica é, portanto, condicionado pelo crescimento proporcionalmente muito mais rápido do capital global investido nas fábricas. Esse processo só se realiza, porém, dentro dos períodos de maré alta e maré baixa do ciclo industrial. Além disso, ele constantemente é interrompido pelo progresso técnico, que ora substitui virtualmente trabalhadores, ora os desloca de fato. Essa mudança qualitativa na produção mecanizada afasta constantemente trabalhadores da fábrica ou cerra seus portões ao novo fluxo de recrutas, enquanto a expansão apenas quantitativa das fábricas engole, além dos expulsos, novos contingentes. Assim, os trabalhadores são ininterruptamente repelidos e atraídos, jogados de um lado para outro, e isso numa mudança constante de sexo, idade e habilidade dos recrutados. (Karl Marx, *O capital*, São Paulo, Nova Cultural, 1988, p. 64.)

Seja como for, também aí [nas relações pessoais mais íntimas] você [o "pai"] interveio, não muito, pois o pressuposto para essa intervenção só pode ser a forte confiança mútua, e ela nos faltou a ambos já muito antes do momento decisivo; e não foi uma intervenção muito feliz porque nossas necessidades eram completamente diferentes: o que me arrebata é capaz de deixá-lo quase insensível e vice-versa; o que em você é inocência, em mim pode ser culpa e vice-versa; o que para você não tem consequências pode ser a tampa do meu caixão.[1] (Franz Kafka, *Carta ao pai*, São Paulo, Brasiliense, 1993, p. 57-8.)

A divisão internacional do trabalho significa que alguns países se especializam em ganhar e outros em perder. Nossa comarca no mundo, que hoje chamamos América Latina, foi precoce: especializou-se em perder desde os remotos tempos em que os europeus do Renascimento se aventuraram pelos mares e lhes cravaram os dentes na garganta. [...] *É a América Latina, a região das veias abertas. Do descobrimento aos nossos dias, tudo sempre se transformou em capital europeu ou, mais tarde, norte-americano, e como tal se acumulou e se acumula nos distantes centros do poder. Tudo: a terra, seus frutos e suas profundezas ricas em minerais, os homens e sua capacidade de trabalho e de consumo, os recursos naturais e os recursos humanos.* (Eduardo Galeano, *As veias abertas da América Latina*, Porto Alegre, L&PM, 2010, p. 17-8.)

---

[1] A figura do "pai", na obra de Kafka, pode ser interpretada como o Estado moderno ou a insensibilidade e o totalitarismo das burocracias corporativas, em sua ação intransigente, limitante e sufocante das liberdades individuais.

AGRADECIMENTOS

Ao docente Dr. Ricardo Antunes (IFCH/Unicamp), meu orientador desde a graduação ao doutorado, por quem guardo profundo reconhecimento e admiração pela dedicação, comprometimento, arrojo, genialidade e, sobretudo, generosidade com que conduz o seu trabalho.

Aos docentes que participaram mais diretamente dos estudos que desenvolvi sobre esta temática. No IFCH/Unicamp, ao Dr. Márcio Naves, à Dra. Gilda Gouvêa, à Dra. Ângela Araújo, ao Dr. Reginaldo Moraes, ao Dr. Armando Boito Jr., ao Dr. Fernando Teixeira e ao Dr. Josué P. da Silva. No IG/Unicamp, à Dra. Leda Gitahy e na FEA/USP, ao Dr. Iram J. Rodrigues. Aos examinadores da banca de defesa da tese que originou este livro, Dra. Fabiane S. Previtalli (FAFCS/UFU), Dr. Fernando A. Lourenço (IFCH/Unicamp), Dr. Marcio Pochmann (IE/Unicamp) e Dr. Marco A. Santana (IFCS/UFRJ), manifesto também minha gratidão pelas criteriosas leituras e sugestões.

Aos trabalhadores da American Company do Brasil, seus gerentes, médico e enfermeira, e ao Sindicato dos Metalúrgicos de Campinas, em especial ao presidente e diretores entrevistados, pela confiança e disposição em nos atender nas atividades de campo. À Adriana Cruz, Beto Bolsam, Bruno Durães, Fernando Silva, Maira Abreu, Maira Rodrigues e Paula Hipolyto, pela transcrição primorosa das entrevistas.

À Fundação de Amparo à Pesquisa do Estado de São Paulo (Fapesp), pela bolsa de estudos concedida ao doutorado e pelo apoio à publicação dos resultados neste livro.

À minha companheira, a bibliotecária Patrícia Teixeira, pela normalização e revisão final do texto enviado à editora. E, junto dela, carinhosamente, eu agradeço também à minha família e amigos, que, independentemente das minhas tão frequentes viagens e reclusões, mantiveram-se sempre firmes ao meu lado.

INTRODUÇÃO

O tema deste livro é o avanço na indústria automotiva ocidental da gestão flexível do trabalho, um processo que se iniciou nas economias capitalistas centrais na década de 1970, expandindo-se nos anos seguintes aos países de economia periférica.

Podemos analisar a indústria automotiva como uma grande cadeia formada por dois setores industriais complementares, o de montadoras e o de autopeças, ambos configurando redes de empresas que fornecem produtos e serviços umas às outras, sendo o veículo pronto para o consumo – automóvel, motocicleta, caminhão, ônibus ou trator – o final de um imenso entrelaçamento de diversas atividades de trabalho, distribuídas em espaços e momentos distintos.

As montadoras, em que pese sua diversidade em termos de origem e propriedade de capital, produtos e capacidade tecnológica, constituem um universo razoavelmente homogêneo se comparadas às empresas de autopeças. Nestas, há elementos cuja produção, embora avançada em termos tecnológicos, envolve poucas operações de montagem. São peças como, por exemplo, molas, estampos, barras, filtros, lanternas, velas, baterias, pneus, rodas, tapeçaria. Há artigos, no entanto, fabricados a partir da agregação sistêmica desses elementos, e que denominaremos neste livro de "sistemas completos" (também chamados na literatura de "subconjuntos"), como freios, direção, suspensão, transmissão, injeção de combustível, instrumentação de painel etc., cujo projeto é desenvolvido por firmas de autopeças chamadas "sistemistas" (Salerno et al., 2002).

A heterogeneidade de matérias-primas, processos de trabalho e ramos de atuação das empresas no setor de autopeças exige, portanto, que o consideremos como uma "microcadeia" inserida na indústria automotiva. Perspectiva ainda mais necessária se observarmos que essas empresas possuem negócios que extrapolam o universo automotivo. Do que resulta uma significativa diferenciação nas formas pelas quais têm implantado o conceito de "flexibilidade" na gestão do trabalho.

Tais razões nos levaram a eleger esse setor para uma pesquisa de doutorado em Sociologia do Trabalho, no Instituto de Filosofia e Ciências Humanas da Universidade Estadual de Campinas, experiência da qual extraímos este livro. Junto da inves-

12 A máquina automotiva em suas partes

tigação bibliográfica, realizamos um estudo de caso em uma empresa situada em Campinas (SP) analisando *in loco* não apenas quais foram os elementos tecnológico-organizacionais nela implantados ao longo dos anos 1990-2004, mas, sobretudo, como o foram e quais impactos causaram aos trabalhadores.

A empresa pesquisada – de grande porte, capital transnacional e matriz nos Estados Unidos da América –, atua no ramo de molas e estampados finos, fornecendo, simultaneamente, a montadoras e sistemistas no Brasil e no exterior. Posição que lhe exige atender a critérios de qualidade, produtividade, preços e prazos de entrega bastante díspares na complexa rede de relações que mantém com sua matriz e com as demais empresas da cadeia automotiva nacional e internacional. A região de Campinas[1], por sua vez, apresenta um tecido industrial bastante denso e expressivo no setor de autopeças, concentrando uma vasta rede de universidades, dois polos tecnológicos, centros de pesquisa e escolas voltadas à formação profissional – instituições potenciais, portanto, no fomento às inovações tecnológicas e organizacionais nas empresas.

No início do nosso trabalho, constatamos a existência de estudos da década de 1990 que, com objetivos e métodos distintos, abordaram esse setor industrial – alguns, inclusive, na região de Campinas. Entre estes, em particular, houve os que verificaram a difusão de elementos inerentes à gestão flexível advindos do "Sistema Toyota de Produção" (Ohno, 1997) – como o *just in time/kan ban*, a produção em células com postos de trabalho polivalentes, o Controle Estatístico de Processo (CEP) –, além da utilização da automação microeletrônica e a presença de uma força de trabalho com elevados níveis de escolaridade, comparativamente a outras regiões do Brasil (Abreu et al., 2000; Araújo, Cartoni e Justo, 2001; Gitahy et al., 1997; Previtalli, 1996; Rabelo, 1989; Rachid, 1994, 2000).

Em maior ou menor grau, esses estudos exploraram a difusão de tais conceitos, práticas e novas maquinarias como um movimento de transferência de tecnologia, evidenciando, assim, problemas como o choque entre as culturas organizacionais, adequações entre as estruturas políticas e as condições econômicas das plantas filiais transnacionais situadas no Brasil com relação às suas matrizes, entre outros aspectos.

Todavia, ainda que presente em muitas informações por eles reveladas, se tomados individualmente, nenhum desses estudos desenvolveu de maneira suficiente, a nosso ver, o fato de que, ao assumir elementos da experiência original da Toyota no Japão, as empresas ocidentais enfrentaram mais que adaptações: elas "ocidentalizaram" essa experiência, num lento e complexo movimento mediante o qual o chamado "modelo japonês" foi assimilado e reproduzido em novas formas em meio à conjun-

---

[1] Consideramos a chamada Região Metropolitana de Campinas, criada por lei estadual em 2000, a qual inclui, além do município de Campinas, os de Americana, Artur Nogueira, Cosmópolis, Engenheiro Coelho, Holambra, Hortolândia, Indaiatuba, Itatiba, Jaguariúna, Monte Mor, Nova Odessa, Paulínia, Pedreira, Santa Bárbara d'Oeste, Santo Antônio da Posse, Sumaré, Valinhos e Vinhedo (Gonçalves; Semeghini, 2002).

tura de crise dos anos 1970, tendo como base a divisão internacional do trabalho entre centro e periferia capitalistas.

Ainda que preliminarmente – pois que baseados em um estudo de caso limitado e na experiência de apenas uma indústria, situada em um dos muitos países que compõem essa imensa periferia do capitalismo atualmente –, nosso intuito será o de expor aqui essa faceta da chamada "reestruturação produtiva", qual seja: um movimento em que países, como o Brasil, são absorvidos no circuito do capital transnacional por meio da exploração de "vantagens comparativas locais" como a precariedade dos seus sistemas de proteção ao trabalho e ao meio ambiente. E no qual a importação de métodos e aparatos técnicos do centro do sistema capitalista se desenrola como parte de uma armadilha mais ampla de absorção passiva e aniquiladora dos tecidos industriais locais dentro das estratégias globais de controle de mercado por oligopólios fortemente enraizados nos Estados Unidos, na Europa e no Japão.

Outro aspecto comum aos estudos pioneiros sobre essa temática na indústria automotiva do Brasil é a ampla escala de observação. Especialmente durante a década de 1990 predominaram análises empíricas que abrangiam toda a cadeia automotiva, quando não a indústria metalúrgica brasileira, que a engloba. Selecionava-se da reestruturação produtiva alguns de seus fenômenos: as terceirizações; ou a celularização do espaço fabril; ou o achatamento das hierarquias de cargos e salários nas plantas; ou a hierarquização com redução das cadeias de fornecimento; entre outros. Aplicavam-se, então, *surveys* em amostras de empresas, não raro em mais de uma região do país, levantando-se a ocorrência desses fenômenos, quase sempre individualmente, e tecendo-se explicações sobre o seu desenvolvimento, dentro da relativa profundidade que tal recorte permite.

Em um extenso estudo bibliográfico sobre as formas de controle e qualificação da força de trabalho em diversos setores da indústria brasileira, Castillo (2000, p. 91) comentou:

> Muitas das pesquisas consultadas, especialmente no caso de levantamentos de questionários envolvendo várias empresas, ao analisarem a adoção de novas tecnologias ou novas técnicas organizacionais, registram apenas se houve adoção ou não delas. Não informam se essa adoção afetou todo o processo produtivo, se foi "sistêmica" ou parcial, como se deu sua implementação, etc., dados significativos do ponto de vista do seu impacto sobre o trabalho.

É inegável, portanto, que entre as muitas contribuições dessa seara de investigações da década de 1990, está o fomento de indagações no campo da metodologia. Cenário do qual partiu, de fato, os objetivos da pesquisa que realizamos. Ao invés de focarmos em um dos fenômenos acima mencionados e analisarmos a sua difusão em uma amostra de empresas, decidimos pela realização de um estudo de caso empírico em profundidade, a fim de analisarmos as conexões, interfaces, correlações e determinações entre diversos fenômenos da reestruturação produtiva.

Em termos práticos, propusemo-nos a observar e analisar, dentro do cotidiano de uma planta filial de um grupo transnacional, situada em uma região industrial de um país periférico, as relações entre os novos perfis de qualificação exigidos aos trabalhadores e as suas condições de trabalho, em meio à celularização da produção e às novas

14 *A máquina automotiva em suas partes*

formas de controle surgidas com a reorganização das hierarquias de cargos e salários. Propósito este que, por sua vez, exigiu-nos uma compreensão não somente dos aspectos objetivos e materiais das novas formas de gestão flexível, mas, sobretudo, dos seus efeitos subjetivos e ideológicos sobre os trabalhadores a elas submetidos.

Verificamos, então, uma intensa exploração das condições objetivas e subjetivas dos trabalhadores, nas formas estruturais do desemprego e da precariedade, dos acidentes e adoecimentos físicos e mentais no trabalho. Tal constatação, por sua vez, nos permitiu compreender algumas das contradições que surgem quando se confrontam observações empíricas de experiências da reestruturação produtiva na periferia do capitalismo com afirmações de uma literatura que, em grande parte, ainda se baseia em experiências ditas "clássicas" das economias capitalistas centrais.

Nesse sentido, tornou-se praticamente uma necessidade entre os objetivos da pesquisa o esclarecimento do amparo que o Estado brasileiro ofereceu aos interesses das corporações oligopólicas transnacionais da indústria automotiva, em detrimento da classe trabalhadora e mesmo de frações da burguesia nacional, como o empresariado do setor de autopeças. Análise que só foi possível por mediações entre a literatura e informações prestadas pela empresa que pesquisamos acerca do seu relacionamento com firmas clientes, fornecedores e, principalmente, com sua matriz, nos Estados Unidos. Fatos que revelam uma confluência entre as estratégias mundiais das corporações transnacionais (como a globalização, a hierarquização, a redução e a concentração de capital na cadeia automotiva) com políticas estatais na periferia do sistema capitalista (como a abertura comercial, a estabilização monetária com instrumentos recessivos como as altas taxas internas de juros e a flexibilização da legislação trabalhista, todas levadas a termo no Brasil ao longo dos anos 1990).

Há ainda outro ponto que gostaríamos de tocar. Sem dúvida muitos estudos sobre a reestruturação produtiva no Brasil realizados ao longo da década de 1990 adentraram no "chão de fábrica" de uma ou mais empresas, realizando análises qualitativas. Sem qualquer demérito – mesmo porque toda pesquisa, como a que aqui se expõe, tem seu valor contributivo singular –, tais estudos teceram consideráveis análises sobre as mudanças tecnológico-organizacionais das plantas visitadas, sem, no entanto, "dar a voz" aos sujeitos diretamente envolvidos nas condições de trabalho observadas. Que tal procedimento fez parte do trabalho de campo dessas pesquisas não há dúvida, mas a sua exposição nas dissertações, teses, artigos ou livros, ainda era tímida. Esforçamo-nos, assim, por tecer uma análise permeada pelas vozes dos trabalhadores, revelando a contraditória trama de condições em que se encontram nos níveis hierárquicos de uma empresa sob a gestão flexível.

Na realização desse estudo de caso, consumimos cerca de dezoito meses de intensa pesquisa de campo, envolvendo longas visitas à empresa nas quais percorremos praticamente todos os seus processos de trabalho, da esfera da Administração à esfera da Produção, passando pela esfera de Apoio (as definições dessas "esferas de trabalho" estão dispostas no apêndice A[2]). Consultamos documentos internos e participamos

---

[2] É imprescindível uma leitura prévia desse apêndice para a compreensão das análises que empreendemos, sobretudo, do capítulo 6 em diante.

como observadores em ocasióes como os *kaizen*. Entrevistamos os trabalhadores operacionais e parte da gerência assalariada com densos questionários, desenhados para o levantamento de informações que nos permitissem avaliar e comparar não somente "quais" foram as inovações tecnológico-organizacionais adotadas pela empresa, mas, sobretudo, "como" foram adotadas e qual a natureza do novo conteúdo das atividades de trabalho[3].

O resultado geral a que chegamos é que a reestruturação produtiva é mais que uma crise do sistema taylorista/fordista de gestão do trabalho e das relações entre as empresas ao longo das cadeias produtivas, em face do avanço de sistemas "flexíveis" como o toyotista. Ela envolve um conjunto complexo de reações estratégicas diante de uma crise do próprio sistema de acumulação de capital, por meio de uma atuação hegemônica – no sentido que Gramsci (2000) confere a esse termo – das corporações privadas junto aos trabalhadores e suas organizações representativas, bem como junto aos Estados nacionais.

Por fim, cabe tecermos um comentário sobre a preservação do sigilo das fontes. A planta na qual realizamos o estudo de caso será aqui denominada pelo nome fictício de American Company do Brasil, assim como sua matriz e o grupo estadunidense ao qual pertence, denominados American Company Division e Northern Group Inc., respectivamente. O nome "City", dado a uma cidade dos Estados Unidos onde se localiza uma das plantas filiais sobre a qual falaremos, também é fictício, bem como os nomes Centro de Pesquisa Avançada (CPA), Centro de Desenvolvimento de Produtos (CDP), e Rossmann & Berchtold (a empresa alemã à qual pertenceu a planta de Campinas antes de ser adquirida pela American Company Division). Todos os demais casos de nomes de empresas foram mantidos no original. Quanto aos nomes dos entrevistados, são aqui todos fictícios, com exceção do presidente do Sindicato dos Metalúrgicos de Campinas à época, Jair dos Santos, por não ter feito objeção quanto à sua identificação.

---

[3] Detalhes sobre os instrumentos e métodos dessa pesquisa podem ser consultados em Pinto (2007b).

1

A GESTÃO FLEXÍVEL DO TRABALHO

Ao final da década de 1940, iniciou-se um período de hegemonia do capitalismo estadunidense e de consolidação de um regime de acumulação cujas bases se firmaram nas experiências de gestão do trabalho tayloristas/fordistas, as quais, unidas às políticas keynesianas de "bem-estar", sustentavam um modelo de desenvolvimento econômico que se caracterizou pela produção e pelo consumo de massa (Harvey, 1992; Quadros, 1991).

Esse período distinguiu-se na história do capitalismo pelo equilíbrio que se estabeleceu entre o crescimento econômico e a elevação da produtividade, de um lado, frente à relativa melhoria nos níveis de renda e emprego, de outro. Tal equilíbrio era mantido pela articulação entre mecanismos de produção e mercado de massa, junto a intervenções estatais de caráter protecionista numa economia crescentemente internacionalizada, sendo que os trabalhadores e suas organizações representativas desempenharam importante papel, logrando, por exemplo, ampliar as contratações coletivas (Mattoso, 1994; Quadros, 1991).

Posteriormente, na conjuntura de instabilidade da década de 1970[1], difundiram-se, para além de regiões dos Estados Unidos, da Europa e especialmente do Japão, por meio de setores econômicos de grande inserção internacional (como a própria indústria automotiva), experiências de gestão do trabalho, da produção e das cadeias produtivas, orientadas pela "flexibilidade", um conceito amplo e até mesmo vago,

---

[1] A década de 1970 iniciou um período de fortes desequilíbrios econômicos, causados tanto pelo súbito aumento dos preços do petróleo no mercado internacional em 1973 e em 1979, quanto pelas sucessivas valorizações e desvalorizações do dólar, praticamente impostas pelos EUA desde então, como em 1978 e em 1985. Em decorrência desse quadro, iniciaram-se as primeiras grandes variações nas taxas de câmbio das economias nacionais, acentuando a internacionalização e o já crescente volume de investimentos em capitais financeiros, que, por meio da tecnologia microeletrônica aplicada à informação, passaram a especular sobre essas flutuações cambiais (Dedecca, 1998; Harvey, 1992; Tavares, 1992).

18 A máquina automotiva em suas partes

mas que desde então passou a adquirir sentido ao agregar uma espécie de crítica ou contraproposta à "rigidez" típica do taylorismo/fordismo.

Podemos citar, a título de ilustração dessa difusão em sua forma mais ampla, os casos europeus das redes de pequenas empresas tecnologicamente desenvolvidas da "Terceira Itália" (regiões de Vêneto, Emilia-Romana, Marcas e Toscana), denominado "especialização flexível"; ou, no plano interno das plantas, a organização do trabalho em grupos semiautônomos (GSA), desenvolvida na Suécia (região de Kalmar) (Cattani, 1999; Fleury e Vargas, 1983), entre outras experiências levadas a cabo nas regiões de Salzburg na Áustria e Baden-Wurttemberg na Alemanha Ocidental. Nos Estados Unidos, por exemplo, aglomerações regionais com potenciais de flexibilidade também foram identificadas, como o Vale do Silício na Califórnia, a "Route 128", próxima a Boston (no ramo da eletrônica), bem como a bacia de Los Angeles (no ramo de fabricação de filmes) (Curry, 1993).

Porém, o mais polêmico e ousado sistema de gestão foi o desenvolvido na Toyota Motor Company, no Japão, a partir das décadas de 1950 e 1960: além da profunda reorganização dos processos de trabalho internamente às plantas, tal sistema se sustenta numa rede de subcontratação entre grandes firmas cujas relações são muito mais fortes e estruturadas que no caso italiano (Id. Ibid.). Além disso, entre os demais sistemas, provavelmente foi o que mais influenciou as reestruturações levadas a cabo pelas empresas ocidentais a partir da década de 1980 (Amin e Malmberg, 1996; Garrahan e Stewart, 1994; Hiraoka, 1989).

De um modo geral, todas essas experiências passaram a questionar a estrutura de produção verticalizada e estandardizada fordista como a melhor forma de manter-se a produtividade, com baixos custos e alto controle administrativo (Ackroyd e Whitaker, 1990). Ademais, a necessidade de se produzir quantidades variáveis de diversos modelos de produtos, pouco a pouco levava "ao surgimento de formas industriais totalmente novas ou à integração do fordismo a toda uma rede de subcontratação e de 'deslocamento' para dar maior flexibilidade diante do aumento da competição e dos riscos" (Harvey, 1992, p. 148).

Dentre essas novas "formas industriais", tomaremos por referência o "Sistema Toyota de Produção" (Ohno, 1997), visto que encerra em si (como continuidade nos anos 1950 e, ao mesmo tempo, como ruptura ao longo das décadas de 1960 e 1970, em relação ao sistema taylorista/fordista[2]) toda a complexidade dos fenômenos que aqui nos interessam.

Os métodos que deram origem ao sistema de gestão toyotista buscaram inicialmente contornar a escassez de recursos naturais característica do Japão, a par das con-

---

[2] Segundo Posthuma (1994, p. 349), é preciso "recordar que essas práticas por si mesmo envolveram adaptações de técnicas trazidas para o Japão por consultores americanos nos anos 50. Até mesmo os programas de Controle de Qualidade e Círculos de Controle de Qualidade, frequentemente tratados como a quinta-essência das invenções japonesas, foram originalmente importados dos Estados Unidos". Essa questão – sobre a continuidade ou ruptura do sistema toyotista com relação ao taylorista/fordista, bem como a transferência destes últimos para o Japão – é também contemplada em Castro (1995), Coriat (1993, 1994), Pinto (2007a) e Silva (1991).

dições socioeconômicas críticas em que esse país se encontrava no pós-1945, tais como um mercado interno de caráter diversificado e demanda variável (contrariamente aos Estados Unidos, onde abundavam terra, aço, óleo, eletricidade, força de trabalho qualificada e um afluente mercado consumidor) (Coriat, 1994; Posthuma, 1994).

A capacidade produtiva necessária para atender, rapidamente, pedidos pequenos e variados, foi sendo obtida pela introdução de mecanismos de parada automática nas máquinas, permitindo-as serem operadas em maior número pelos trabalhadores, concomitante à adaptação de técnicas de gestão de estoques, desde o âmbito da produção até o nível das relações entre as empresas enquanto clientes e fornecedoras nas cadeias produtivas (originando o *just in time/kan ban*[3]). Nessas condições, o sistema toyotista possibilitou uma condução mais precisa dos processos produtivos relativamente aos rápidos movimentos na demanda dos mercados de consumo, sustentando-se na minimização dos estoques de produtos e dos efetivos de trabalhadores empregados (Antunes, 1995; Coriat, 1994; Gounet, 1999; Ohno, 1997; Silva, 1991).

Uma configuração "sistêmica" da produção em moldes flexíveis, como no sistema toyotista, implica uma horizontalização da estrutura produtiva das empresas[4], junto a uma reorganização interna dos processos de trabalho onde, ao lado da automação e da implantação do *just in time/kan ban*, reformula-se a hierarquia de cargos e salários, alterando-se desde as funções até o conteúdo das atividades desempenhadas pelos trabalhadores, gerando-se a polivalência, a organização em "times", os Círculos de Controle de Qualidade (CCQs)[5], entre outros elementos, como o Controle Estatístico de Processo (CEP)[6].

---

[3] Ao invés de se produzirem volumes antecipando-se à demanda, a essência do *just in time* é a redução de estoques. De modo muito básico, trata-se de um método de programação do trabalho, mediante um sistema de informação que percorre em sentido contrário e simultâneo o desenrolar das atividades em uma empresa (ou cadeias de empresas). O *kan ban* é o aparato técnico utilizado para isso: pode ser uma ficha de pedidos ou mesmo uma caixa como o tamanho exato para receber determinados produtos. Cada posto de trabalho (ou empresa na cadeia) recebe instruções através dos *kan ban*, que são analogamente repassadas, o mais rápido possível, aos postos (ou empresas) anteriores (fornecedores), demandando-se tarefas (serviços ou produtos) na quantidade e no tempo estritamente necessários. Para uma análise detalhada, consultar o estudo de Monden (1984), o próprio Ohno (1997), Sayer (1986) ou, em caráter introdutório, Pinto (2007c).

[4] Inversamente à integração vertical das empresas organizadas sob o sistema taylorista/fordista, no sistema toyotista a atuação de uma empresa se reduz à elaboração de seu produto principal (processo denominado focalização), repassando-se as demais atividades a empresas subcontratadas, o que leva à expansão dos métodos e técnicas como o *just in time/kan ban* e os Círculos de Controle de Qualidade (CCQ) a essas empresas (Antunes, 1995).

[5] Elemento de gestão surgido nos anos 1940 nos EUA, cuja difusão foi maior na indústria japonesa a partir dos anos 1960. Seus objetivos eram educar supervisores de fábricas a liderar aplicações de controles de qualidade em todos os pontos da produção, promovendo a conscientização dos trabalhadores sobre a necessidade de obterem melhorias contínuas em suas funções. Originalmente, os CCQs deveriam ser grupos cuja atuação envolvesse uma participação espontânea e integrada a um Programa de Qualidade Total gerido pela empresa. Esses pontos foram determinantes no insucesso dessa iniciativa nas empresas do setor de autopeças no Brasil na década de 1980, como veremos logo adiante.

[6] O CEP é uma aplicação de métodos estatísticos para a medição e monitoramento de um produto enquanto este é fabricado, assegurando-se a complacência com especificações de qualidade prefixa-

20 *A máquina automotiva em suas partes*

Indagando-se acerca das implicações dessas transformações sobre a classe trabalhadora, um quadro bastante heterogêneo tem se apresentado.

A polivalência, por exemplo, à medida que, supostamente, se contrapõe à especialização taylorista/fordista, pode levar a uma ampliação do raio de ação dos trabalhadores sobre o conjunto das atividades das empresas. Há estudos que registram, também, uma elevação nos níveis de escolaridade dos trabalhadores, seja como exigência das certificações de qualidade buscadas pelas empresas (principalmente as normas da *International Standart Organization*, ou ISO), seja como requisitos exigidos pelas próprias inovações tecnológico-organizacionais acima referidas, as quais exigem uma formação educacional mais sólida, em vista da necessidade de operação e programação de equipamentos mais complexos (Bruno, 1996; Castillo, 1996; Freyssenet, 1993; Jacobi, 1996; Leite, 1995; Mattoso, 1994; Oliveira, 1996; Posthuma, 1995; Salm, 1998; Silva, 1991).

O problema, todavia, é que tais perfis de qualificação têm sido encontrados em sua maioria nas grandes empresas líderes, na maior parte dos casos (dependendo do porte da empresa e do segmento em que atua), nas atividades produtivas ou administrativas mais importantes, concentrando-se, ademais, nos países capitalistas centrais como Japão ou em lugares como a Terceira Itália ou Suécia (região de Kalmar), onde se tem força de trabalho de alto nível de formação, tanto técnica quanto escolar, relativa garantia de emprego com baixos níveis de rotatividade, menores diferenciações salariais, contratações coletivas efetivas e negociação sindical quanto a processo de trabalho e inovação (Castro, 1995; Mattoso, 1994).

Trata-se, nesses casos, do que Atkinson (1985) e Burrows et al. (1994) caracterizaram como sendo uma "flexibilidade funcional" das empresas no uso da força de trabalho: uma reestruturação cuja busca da competitividade envolve, junto dos investimentos em inovações tecnológico-organizacionais, melhorias nos salários e nas condições de trabalho, inclusive com proteção dos direitos dos trabalhadores.

Contudo, além de restrita a lugares e condições específicas, a questão é que até mesmo nessas situações, aparentemente favoráveis aos trabalhadores, a gestão flexível, principalmente no ramo automotivo, tem sido acompanhada de forte tendência ao enxugamento de quadros pelas empresas, na busca de manter um número reduzido de efetivos ocupados em funções cuja organização envolve uma soma cada vez maior de deveres e responsabilidades, o que avoluma e intensifica as jornadas diárias (Ackers et al., 1996; Elger e Smith, 1994; Pollert, 1996; Thompson e Ackroyd, 1995). Um elemento central a esse tipo de gestão é o aprofundamento do controle gerencial sobre os trabalhadores e isso não apenas pela reorganização das funções e do espaço de labor, mas pela introjeção de uma conduta moral e de um comprometi-

---

das. Se as medidas indicam que a performance tem se acumulado fora dos padrões aceitáveis, retomam-se as operações somente após o ajuste das máquinas. Os procedimentos são executados num determinado número de produtos e um valor médio, calculado pelas máquinas operadoras, é gravado em quadros ou preenchidos em cartas nos postos de trabalho, sendo posteriormente enviados para departamentos de análise da qualidade (Posthuma, 1994).

mento pessoal nos assalariados com os objetivos das empresas e sua situação no mercado, introjeção que é feita em programas de "envolvimento" (Bruno, 1996; Leite, 1995; Lima, 2004; Salm, 1998; Shiroma, 1993; Riquelme, 1994).

Para além dos locais de trabalho, no que tange aos empregos e contratos, diversos estudos vêm observando, com o avanço da gestão flexível, uma diminuição crescente da classe operária tradicional, uma dilatação do setor de serviços[7] e uma constante e significativa expansão das formas de trabalho parciais, temporárias, precárias, subcontratadas, terceirizadas, todas regidas por uma grande heterogeneidade de normas (Antunes, 1995, 1999, 2006; Dedecca, 1998; Malaguti, 2000; Smith, 1994; Vasapollo, 2005), configurando-se o que Atkinson (1985) e Burrows et al. (1994) caracterizaram como uma "flexibilidade numérica" no uso da força de trabalho pelas empresas, isto é, a busca pela competitividade por meio do rebaixamento dos custos do trabalho.

Todas essas transformações têm impactado a organização política da classe trabalhadora, haja vista que dificuldades enfrentadas pelo movimento sindical em fins dos anos 1970 nos países centrais, como a "dessindicalização" (esvaziamento das bases de filiação dos sindicatos), têm sido, após o início da década de 1990, expandidas sensivelmente por todos os países da periferia do sistema capitalista (Rodrigues, 2002). As novas divisões de atividades entre as empresas nas cadeias produtivas, a reorganização funcional dos postos de trabalho nas plantas, as alterações na legislação sindical e trabalhista, o desemprego e o distanciamento reivindicativo entre os trabalhadores com contratos mais estáveis em face dos desempregados e dos contratados como temporários, terceirizados e demais tipos de contratos precários, configuram parte das dificuldades enfrentadas pelos sindicatos atualmente (Antunes, 1995; Beynon e Glavanis, 1999; Fairbrother, 2000; Jácome Rodrigues, 1998; McIlroy, 1998; Krein, 1999; Marcelino, 2004).

A reestruturação produtiva iniciou seu avanço no Brasil na década de 1980. No contexto de recessão econômica, instabilidade política e combatividade do movimento sindical característicos deste período no país (Antunes, 1991, 1998), a adoção da automação microeletrônica e dos sistemas de gestão flexível do trabalho emergiu como uma fórmula à retomada da produtividade e ao aprofundamento do controle sobre os trabalhadores, sobretudo no setor financeiro e nos ramos industriais exportadores (Ferreira, 1993; Posthuma, 1994; Silva, 1991).

Entretanto, em vista do quadro recessivo do início da década, grande parte das empresas automotivas, até 1985, efetuou cortes nos investimentos em Pesquisa e Desenvolvimento (P&D) (Coutinho e Ferraz, 1994), postergando a introdução de novas tecnologias e apoiando a elevação da produtividade em reformulações de ordem estritamente organizacional. Junto de demissões em massa e do aumento do volume de horas extras, iniciaram-se as experiências com os CCQs e com o *just in time/kan ban*. Este se expandiu, atendendo às necessidades de racionalização num momento de aguda recessão, mediante o enxugamento de estoques e simplificação dos fluxos

---

[7] O caso da Inglaterra é significativo, conforme Ackroyd e Whitaker (1990), ou Stephenson (1996).

de informações que promove. Já os CCQs se implantaram apenas parcialmente nessa época (inclusive se considerarmos toda a década de 1980), em parte devido à sua frágil vinculação a programas mais gerais de qualidade, produtividade e redução de custos nas empresas. Mas, fundamentalmente, devido à resistência posta não apenas pelos trabalhadores e sindicatos, mas pelas gerências, que, para preservar seu poder hierárquico na divisão do trabalho, não se desprendiam da padronização taylorista/fordista (Alves, 2000; Posthuma, 1994; Rabelo, 1994; Rachid, 1994; Salerno, 1985).

O avanço na automação microeletrônica se deu, portanto, somente a partir de 1985, tendo na liderança a implantação de Máquinas-Ferramenta com Comando Numérico (MFCN), seguida da utilização de sistemas CAD/CAM (*Computer Aided Design/Computer Aided Manufacturing*), de robôs e Controladores Lógicos Programáveis (CLP) nas linhas de produção (as quais receberam, também, sistemas automatizados de transferência de materiais, de testes finais, de soldagem múltipla, de prensas etc.). Um movimento que, segundo apontam estudos (Alves, 2000; Castro, 1995; Fleury, 1988; Gitahy e Rabelo, 1991; Rabelo, 1989; Satomi e Rodrigues, 1997), em grande parte se desenrolou no ramo metalúrgico, com destaque para a cadeia automotiva, principalmente nas montadoras e empresas de autopeças voltadas à exportação.

Neste ponto, cabe citarmos uma interessante pesquisa sobre a introdução da automação microeletrônica na indústria automotiva brasileira, a qual verificou, nesse período, terem as operações manuais sido menos afetadas nas fábricas que as de transferência e controle da produção, submetendo os trabalhadores ainda mais ao ritmo das máquinas e intensificando os princípios do taylorismo/fordismo. Para Carvalho e Schmitz (1990), tratava-se de um quadro *sui generis* de adaptações dessas tecnologias às condições sociais, econômicas e políticas do Brasil, como o baixo nível salarial, o distanciamento sindical das estratégias de gestão regidas pelas gerências, o alto custo da automação e o contexto recessivo do período.

Configurava-se, assim, já na década de 1980, a precariedade no avanço da reestruturação produtiva na cadeia automotiva brasileira. O uso rotativo de uma força de trabalho predominantemente extensiva e pouco qualificada propiciava, por um lado, uma alternativa de competitividade internacional pela redução de custos com salários, encargos sociais, treinamentos etc. Por outro lado, limitava as exigências das próprias empresas aos trabalhadores por melhorias contínuas nos processos produtivos. Na opinião de vários pesquisadores (Carvalho e Schmitz, 1990; Ferreira, 1993; Fleury, 1985; Humphrey, 1993; Pochmann e Santos, 1996; Posthuma, 1995; Rosandiski, 1996; Salerno, 1993), essa desarticulação configurou uma divisão rígida do trabalho, desde uma padronização individual das atividades desempenhadas pelos trabalhadores como uma supressão de sua autonomia na introdução dos novos *layouts* fabris (como as células de produção ou os sistemas de controle dos fluxos produtivos, como o *just in time*), com destaque para as empresas do setor de autopeças.

Na década de 1990, visando debelar a inflação, ajustes recessivos foram realizados pelo Estado brasileiro, além de uma brusca abertura comercial (Baltar, Dedecca e Henrique, 1996). Trabalhadores, empresariado e governo federal firmaram acordos, no âmbito da Câmara Setorial Automotiva, na busca de reverter quedas nas vendas, na produção e no emprego. As medidas tomadas, contudo, foram exatamente ao encontro das novas estratégias de globalização, hierarquização e redução da cadeia automotiva, então em franca utilização pelas montadoras e sistemistas no plano internacional[8] e entre cujas consequências está a concentração de capital no setor de autopeças sob o domínio de poderosos grupos oligopólicos transnacionais (Costa e Queiroz, 1998; Laplane e Sarti, 1995; Law, 1991).

Premido pela concorrência externa resultante da abertura comercial, pela estagnação do mercado interno e por medidas tais como a manutenção prolongada de altas taxas de juros e câmbio sobrevalorizado, o setor de autopeças brasileiro sofreu uma intensa desnacionalização, tanto pela falência de pequenas e médias empresas, quanto pela rápida aquisição das grandes firmas nacionais por oligopólios estrangeiros. Tal desnacionalização acelerou-se ainda mais após a implementação do Regime Automotivo em 1995, pelo qual se buscava sustentar a estabilização monetária (Plano Real), bem como uniformizar os acordos setoriais da indústria automotiva, realizados no âmbito do Mercado Comum dos Países do Cone Sul (Mercosul) (Bedê, 1996; Conceição, 2001; Posthuma, 1997; Satomi e Rodrigues, 1997).

As montadoras, como parte das estratégias de globalização, hierarquização e redução da cadeia de fornecimento de autopeças, iniciaram um processo de qualificação de praticamente todos os seus fornecedores, exigindo-lhes não apenas a adoção de programas de qualidade total, mas a organização da produção em células, a implantação do *just in time/kan ban* e, sobretudo, menores preços, o que estreitou ainda mais as margens de atuação das empresas de capital nacional (Alves, 2000; Conceição, 2001; Rachid, 1994).

Desde então, conformou-se na cadeia de autopeças do Brasil um núcleo cada vez mais reduzido de empresas, a maioria de capital estrangeiro, as quais, além de fornecer, também desenvolvem sistemas completos dos veículos em parceria com as montadoras (sendo por isso chamadas fornecedoras de 1º nível, ou "sistemistas"). Fora desse núcleo, avolumou-se um conjunto de pequenas e médias firmas, fornecedoras de 2º, 3º, 4º... níveis (atendendo, portanto, das sistemistas aos seus subfornecedores), em grande parte de capital nacional, especializadas no fabrico de componentes de menor valor agregado e nas quais as tecnologias são mais antiquadas, os salários baixos e as condições de trabalho piores, inclusive pela concorrência, via abertura comercial, nesses quesitos em face de outros países periféricos (Castillo, 2000; Posthuma, 1997).

Nesse contexto turbulento, muitas empresas, após reduções de jornadas de trabalho, salários e demissões (Antunes, 1998), começaram a adotar, de forma mais arti-

---

[8] A respeito dessas mudanças na estrutura de fornecimento da cadeia automotiva, difundidas com maior vigor a partir da década de 1980: Hoffman e Kaplinsky (1988), Garrahan e Stewart (1994) e Babson (1995).

24 *A máquina automotiva em suas partes*

culada, elementos do sistema toyotista como o CEP, a manufatura celular, o *just in time/kan ban*, a polivalência, a terceirização e mesmo os CCQs (Alves, 2000; Gitahy e Rabelo, 1991; Humphrey, 1994). Porém, a adoção de tais elementos tem resultado num quadro bastante heterogêneo, tanto entre as diferentes empresas na cadeia de fornecimento de autopeças, quanto entre as estruturas organizacionais interiormente às suas fábricas.

Estudos como Castillo (2000) apontam como a automação, contrariamente à tendência verificada na década de 1980, tem-se mostrado muito maior nas funções manuais, via introdução de MFCN, do que nas de controle da produção, via CLP, sendo reduzida na fase de projeto com relação ao uso do CAD, por exemplo. Por outro lado, afirma a pesquisadora, há casos em que "fortes investimentos em novas tecnologias [...] não foram acompanhados por mudanças no *layout* [das empresas], permanecendo a tradicional organização por setores" (Ib. ibid., p. 119). No mesmo estudo é citada uma pesquisa em uma empresa de autopeças de grande porte (localizada no interior do Estado de São Paulo), onde a manufatura celular e a organização do trabalho em times de trabalhadores, não romperam com a lógica taylorista, uma vez que o conteúdo das atividades permaneceu limitado. Nas suas palavras, "o grau de enriquecimento do trabalho vai depender não apenas da forma organizacional, mas também da complexidade das tarefas envolvidas e dos graus de autonomia concedidos aos trabalhadores" (Ib. ibid., p. 134)[9].

Têm sido também verificadas significativas diferenciações no avanço da automação microeletrônica e dos métodos de gestão flexível tomando-se as diferentes posições ocupadas pelas empresas de autopeças ao longo da cadeia automotiva brasileira. Pesquisa de Abreu et al. (2000)[10], constatou, por exemplo, que à medida que se "descia" a microcadeia de autopeças, das sistemistas (1º nível) em direção às firmas menores (2º, 3º, 4º... níveis), verificava-se cada vez mais a ausência do *just in time/kan ban* internamente às suas plantas. Na região de Campinas, Araújo, Cartoni e Justo (2001)[11] apontaram o mesmo: a reestruturação produtiva estaria avançando aí "de forma contraditória e heterogênea", pois, mesmo nas grandes empresas coexistem,

---

[9] Veremos mais adiante, no capítulo 7, que estas características foram também encontradas na empresa na onde realizamos um estudo de caso em Campinas. Aliás, veremos como a gestão flexível do trabalho nessa empresa combina os princípios do sistema toyotista com elementos do mais puro taylorismo, por meio de uma fragmentação do seu quadro de trabalhadores entre polivalentes e especializados.

[10] Essa pesquisa coletou dados em 53 empresas de autopeças localizadas em três estados do país – São Paulo (região de Campinas), Rio de Janeiro e Rio Grande do Sul, entre agosto de 1996 e maio de 1997. Na região de Campinas, foi estudada uma empresa de médio porte, fabricante de freios, e dez de seus fornecedores (de pequeno e médio porte).

[11] Esse estudo se baseou nos resultados de pesquisas feitas no setor metal-mecânico da região, o qual engloba, além da indústria de autopeças, a de máquinas-ferramenta, a de aparelhos domésticos de linha branca e a de computadores. Tais pesquisas são as seguintes: Gitahy et al. (1997); Rabelo (1989); Gitahy e Rabelo (1988, 1992); Gitahy, Rabelo e Costa (1992); Rachid (1994); Ruas et al. (1994); Rachid e Gitahy (1995). Como o nosso foco é a indústria de autopeças, nos referiremos sempre às análises desse estudo enquanto inerentes a esse setor na região de Campinas.

conjugados aos novos equipamentos e às formas flexíveis de gestão, máquinas ultrapassadas e trabalho repetitivo. Apontam analogamente que, à medida que se passa das empresas maiores às menores, observa-se a presença de instalações com baixo conteúdo tecnológico, práticas tayloristas e força de trabalho precariamente qualificada.

Uma decorrência direta dessa discrepância entre o avanço da gestão flexível e da automação microeletrônica nas grandes empresas dos primeiros níveis de fornecimento, em detrimento das suas subfornecedoras de menor porte, segundo Abreu et al. (2000), é o acúmulo de estoques e custos nas últimas, as quais, em sua maioria, sustentam-se em condições precárias de trabalho, atuando em segmentos do mercado (como itens de reposição ou produtos com pouca agregação tecnológica) cuja instabilidade é maior, mesmo porque a abertura comercial colocou as firmas de países periféricos em concorrência pelas suas "vantagens competitivas" como o baixo custo da força de trabalho e das matérias-primas.

De fato, conforme veremos nos capítulos 3 e 4, a reestruturação da cadeia automotiva no plano global envolveu uma nova alocação geográfica dessa indústria a partir dos anos 1980, por meio da qual emergiram setores e regiões diferenciadas entre centros de P&D, de produção, de distribuição, de comercialização e de consumo, sendo que as grandes corporações transnacionais utilizam-se das "vantagens locais" presentes em cada país para tecerem, numa rede mundial de relações, contratos de desenvolvimento e fornecimento[12].

A julgar pelas constatações até aqui expostas, poder-se-ia inferir que a reestruturação produtiva tem avançado de forma diferenciada entre os diversos segmentos do setor de autopeças nacional. As tecnologias e métodos de gestão flexível estariam mais presentes nos círculos onde estão, em sua maioria, as grandes transnacionais de autopeças, fornecendo e desenvolvendo diretamente junto às montadoras. Buscando reduzir custos com melhorias nos seus processos, tais empresas estariam contratando uma força de trabalho mais qualificada e estável, ao tempo em que, focando sua atuação em atividades mais lucrativas, estariam desverticalizando suas plantas e terceirizando a médios e pequenos fornecedores serviços e produtos de menor interesse. Pela mesma via, esse círculo de subfornecedores estaria se reduzindo mediante o repasse de custos e atividades menos lucrativas a empresas ainda menores, predominantemente nacionais e mais vulneráveis à própria abertura comercial e às estratégias globais de fornecimento, o que explicaria a persistência aí de equipamentos e métodos de gestão anacrônicos, de condições de trabalho e de qualificações precárias.

Entretanto, essas características podem não estar tão bem divididas entre os primeiros e últimos níveis de fornecimento na cadeia automotiva, ou entre empresas maiores transnacionais e menores nacionais. Elas podem estar conjugadas dentro de uma mesma empresa e essa aparente hibridez ser, ao invés de uma aberração, uma tática entre as firmas que ocupam até mesmo os mais altos níveis de fornecimento. Em termos concretos, a redução na hierarquia de cargos e salários, a polivalência, o trabalho organizado na forma de "times de trabalhadores" e a automação microele-

---

[12] Sobre tais aspectos ver, entre outros, Amin e Malmberg (1996), Amin e Smith (1991) e Gereffi (1996).

trônica podem ser perfeitamente combinados a equipamentos rústicos e formas taylolistas/fordistas de gestão, desde que haja serviços ou produtos (mesmo nas empresas de ponta) cuja complexidade permita empregar trabalhadores em condições de trabalho, níveis salariais e qualificações precárias.

É o que demonstra o estudo de caso que realizamos numa empresa de autopeças transnacional instalada em Campinas, atuante nos 1º e 2º níveis de fornecimento da cadeia automotiva, ou seja, atendendo tanto montadoras quanto sistemistas. Veremos em detalhes essas questões nos capítulos que seguem.

2

A INDÚSTRIA DE AUTOPEÇAS
EM CAMPINAS

No Brasil, a indústria automotiva surgiu, ao contrário das experiências do seu nascimento em países capitalistas centrais como Alemanha, Inglaterra e Estados Unidos, a partir dos fabricantes de autopeças, antecedendo, assim, a vinda das próprias montadoras de veículos. Não havia no país, no início do século XX, um tecido industrial suficientemente denso para comportar empresas como as montadoras. Mas já existia uma demanda por veículos devido à emergente urbanização e às necessidades de transporte geradas pela economia cafeeira. Demanda que, a princípio ligada mais à satisfação de consumo de famílias abastadas proprietárias de terras[1], com o tempo adveio de comerciantes e empresários do setor de transporte, haja vista a importância do deslocamento de pessoas e, principalmente, de bens, num momento em que tomava fôlego a estruturação de grandes centros econômicos, como Rio de Janeiro e São Paulo.

No Estado de São Paulo, a região de Campinas presidiu o desenvolvimento do complexo cafeeiro a partir de meados do século XIX, tendo sido a ponta de lança da expansão econômica do estado via Oeste e se tornado a mais rica região agrícola do interior, assumindo um papel de interface entre este e a capital. Tal posição impulsionou uma série de atividades urbanas na cidade, do comércio aos serviços e à indústria de máquinas de beneficiamento do café (Gonçalves e Semeghini, 2002).

Quando os primeiros protótipos de plantas montadoras[2] vieram para o Brasil e se concentraram na capital paulista, no início do século XX, as oficinas mecânicas de

---

[1] Apenas como ilustração, o primeiro automóvel importado de que se tem notícia foi um Peugeot, em 1893, comprado diretamente na França pela família de Santos Dumont, então ricos cafeicultores.

[2] A Ford, a General Motors (GM) e a International Harvester instalaram, nas décadas de 1910 e 1920, plantas para montar veículos que vinham prontos do exterior, apenas desmontados nos chamados "kits CKD" (*completely knocked down*).

28   A máquina automotiva em suas partes

reparo passaram a atender uma demanda de peças para reposição cada vez maior nas regiões onde a acumulação de capital agrícola, como a cafeeira, se desenvolvia[3]. A região de Campinas se destacou nesse sentido[4], como ilustra a fundação da Freios Varga em Limeira, em 1945, futuramente uma das maiores empresas de autopeças de capital nacional (Satomi e Rodrigues, 1997).

Os anos 1950 trouxeram um impulso definitivo à indústria automotiva no país. A vitória dos Aliados na Segunda Guerra Mundial (1939-1945) fortaleceu economias como os Estados Unidos, que, não tendo sido alvo de ataques em seu território, pôde assim preservar intacta sua força de trabalho e infraestrutura produtiva. Suas grandes corporações empresariais encontravam-se, no pós-1945, prontas a expandir investimentos em escala e âmbito mundiais, tendo como vetor os bens de consumo duráveis (cujo maior símbolo é a indústria automotiva) e como alvo principal a construção de uma poderosa rede transnacional de produção (Pinto, 2006). O Plano Marshall, propondo recuperar uma Europa arruinada, abrindo caminho a essa investida estadunidense, provocou a reação das corporações europeias que, fortalecendo-se em fusões e associações, também partiram para a conquista de espaços internacionais em antigas "reservas" da expansão estadunidense, como o Brasil (Quadros, 1991).

Na escolha entre os receptores desses investimentos, o Brasil se destacava tanto pelo potencial de seu mercado consumidor, quanto por políticas governamentais que iam da atração de capitais externos (pela facilidade de remessa de lucros e cobertura cambial) ao incentivo à internalização da produção, sobretudo a automotiva (índices de nacionalização obrigatórios, tarifas elevadas de importação, incentivos fiscais e de crédito). Sem contar a construção de uma indústria de base (produtora de ferro, aço, químicos, equipamentos e material ferroviário e elétrico) e de uma imensa infraestrutura (estradas, portos, serviços de telecomunicações, de produção energética geral etc.) assumidas pela iniciativa pública (Conceição, 2001).

Sob a ótica das motivações governamentais da época, a vinda de transnacionais interessava ao governo de Getúlio Vargas (em especial no seu último mandato, entre 1951 e 1954) na medida em que forneciam a base para substituir as importações de bens de consumo duráveis[5], assegurando, com isso, uma gradativa integração do

---

[3]   Principalmente durante e no interregno entre as duas Grandes Guerras (1914-1918 e 1939-1945), quando, na busca de contornar a difícil importação de peças, essas oficinas de reparo passaram a produzi-las, por meio da fundição de metais em moldes de areia (obtidos a partir das peças originais), utilizando equipamento de retificação para usinagem, constituindo, assim, uma produção reduzida, de altos custos e qualidade inferior (Kerstenetzky, 1985, citado em Conceição, 2001). Ver também Satomi e Rodrigues (1997).

[4]   O desenvolvimento dos seus setores de serviços e de suas indústrias após os anos 1920 foi o que lhe permitiu certa flexibilidade na superação da crise cafeeira de 1929. Assim, nas décadas de 1930 e 1940, as indústrias têxteis e de alimentos aí já estavam plenamente desenvolvidas, seguidas de perto pela indústria metal-mecânica (Gonçalves; Semeghini, 2002).

[5]   Segundo estudos como Gattás (1981), precisava-se de US$ 250 milhões para reequipar as ferrovias e cerca de US$ 550 milhões para atualizar portos e aeroportos: o investimento em rodovias mostrava-se, então, mais econômico no curto prazo. Ademais, consta nesse mesmo estudo que, após 1945, o superávit do Brasil estaria sendo consumido em importações com caminhões, automóveis, petróleo e trigo, prejudicando a balança comercial do país.

parque industrial nacional. A indústria automotiva fora escolhida como carro chefe desse processo, pela importante posição que ocupava na industrialização das economias centrais e devido às facilidades de importação dessa tecnologia no período, por meio de corporações transnacionais interessadas em expandir seus mercados consumidores (Pinto, 2006).

Perfazia-se, então, um intervencionismo estatal cujo objetivo era industrializar o país pela participação conjunta entre corporações transnacionais, burguesia nacional e empresas públicas. Intervencionismo que, além da infraestrutura e do fornecimento de insumos, envolveu uma série de políticas voltadas especificamente ao desenvolvimento da indústria automotiva[6], as quais resultaram na vinda de mais montadoras[7], que se concentraram na região paulista do ABC (Santo André, São Bernardo do Campo e São Caetano do Sul), bem como novas empresas de autopeças, não apenas na capital e no interior do Estado de São Paulo, mas também em outras regiões[8].

A região do ABC oferecia áreas com boa infraestrutura, garantida pelo setor público, além da proximidade ao porto de Santos, facilitando fluxos de exportações e principalmente importações de máquinas, ferramentas e insumos pelas empresas. A região de Campinas, por sua vez, conectava esse polo automotivo ao interior do estado e, assim, à margem da Via Anhanguera, que liga a capital aos municípios a Oeste em direção ao interior, instalaram-se diversas empresas de autopeças nos anos 1950, como Bosch (freios, velas e injeção de combustível), Clark (embreagens), Dunlop, Pirelli e BFGoodrich (pneus), Ashland (tintas), Wabco e Bendix (freios), constituindo as cidades de Valinhos, Vinhedo, Campinas, Paulínia, Sumaré, Americana e Limeira a maior de todas as áreas industriais do interior paulista (Gonçalves e Semeghini, 2002; Pires e Santos, 2002).

O governo de Juscelino Kubitschek (1956-1961) elevou, com o Plano de Metas, o regime de acumulação industrial e consumo de massa à categoria de pilar do desenvolvimento nacional. Já no seu primeiro ano de mandato, foi criado o Grupo Executivo da Indústria Automobilística (GEIA), com importante papel na consolidação

---

[6] Foram criadas, respectivamente: em 1951, a Comissão de Desenvolvimento Industrial e, em 1952, a Subcomissão de Jipes, Tratores, Caminhões e Automóveis, as quais limitavam a concessão de importação de peças já fabricadas no país, culminando, em 1953, na proibição da importação de veículos completos montados e na criação, por Getúlio Vargas em 1954, da Comissão Executiva da Indústria de Material Automobilístico, com um programa de progressiva nacionalização dos veículos. A partir de então, passamos a não mais receber, via importação, veículos completos e desmontados, os "kits CKD" (*completely knocked down*), mas semicompletos, ou "kits SKD" (*semi knocked down*), os quais demandavam a produção local de algumas peças como suporte de molas, cubos de rodas, tambores de freios, retentores, baterias, pneus, correias etc. (Gattás, 1981; Satomi; Rodrigues, 1997).

[7] Como a norte-americana Willys-Overland (em 1952, a produzir jipes e carros de passeio), a alemã Volkswagen (em 1953, iniciando com a produção do Fusca e da Kombi), a sueca Scania-Vabis (em 1957, a fabricar caminhões) e, em 1958, a japonesa Toyota (para fabricar utilitários, como o Bandeirante) e a francesa Simca (carros de passeio, Chambord e Esplanada) (Satomi; Rodrigues, 1997).

[8] Como a Metal Leve S.A. (fundada em 1950 em São Paulo, a produzir pistões), a Metalúrgica Levorin S.A. (1951, fabricante de acessórios), a Cofap (Companhia Fabricante de Autopeças, paulista, desde 1951 a fabricar anéis de pequeno porte), a Francisco Stedile S.A. (1954, Rio Grande do Sul, produtora de componentes para freios), dentre outras (Satomi; Rodrigues, 1997).

30   A máquina automotiva em suas partes

dessa indústria no país, ao determinar índices de nacionalização nos veículos e responsabilizando, com isso, os fabricantes pela produção ou compra local de componentes, mesmo que por contratos com terceiros (Satomi e Rodrigues, 1997).

A meta inicial do GEIA era a produção de pelo menos 100 mil veículos em 1960, com índices de nacionalização de 90% e 95% do peso (para caminhões e carros, respectivamente). Surpreendentemente, produziram-se 140 mil e iniciaram-se as primeiras exportações de ônibus, neste mesmo ano, de caminhões em 1965 e de carros a partir de 1969. O sucesso exportador, entretanto, já refletia o arrefecimento do mercado consumidor nacional e o início das espirais inflacionárias, frutos de anos de uma política concentradora de rendas, voltada especialmente à formação de uma camada privilegiada de cidadãos cujas posses lhes permitissem adquirir bens de consumo como o automóvel.

Fez parte, portanto, dessa mesma conjuntura, a adoção pelas montadoras das primeiras operações de aquisição de plantas[9] e de redução de custos com compras de autopeças, seja fabricando-as, seja incentivando a vinda de fornecedores de seus países de origem, ampliando para no mínimo três o número de fornecedores para cada componente e buscando, com isso, aumentar a concorrência e provocar queda nos preços. Assim, embora as mais de 1.650 empresas de autopeças existentes no país em 1960 (1.470 somente no Estado de São Paulo) tivessem elevado o índice de nacionalização dos veículos de uma média de 85% para 98% em 1966, essa indústria já não era a mesma, pois passou a receber, desde então, investimentos de grandes corporações, não apenas nacionais, mas também internacionais (Conceição, 2001; Satomi e Rodrigues, 1997).

Nos anos 1970, iniciou-se um lento processo de descentralização geográfica da cadeia automotiva brasileira, com a instalação de plantas montadoras para longe da Grande São Paulo, seja em direção ao interior paulista, seja em direção a outros estados da Federação[10]. A região de Campinas assumiu novamente uma posição de destaque, beneficiando-se de investimentos públicos que visavam descentralizar a indústria da capital, em vista dos agravamentos das condições urbanas[11]. Somaram-se a tais fatores a ampla infraestrutura de transportes, serviços e instituições de ensino e pesquisa instalados na região desde meados dos anos 1960 (como a Universidade

---

[9]   A planta da International Harvester foi adquirida pela Chrysler, em 1966, a qual, em 1969, também comprou a fábrica da Simca, não obstante ter sido a própria Chrysler posteriormente adquirida pela Volkswagen em 1981, ano em que a Ford adquiriu as instalações da Willys-Overland (Conceição, 2001).

[10]   No primeiro caso, em 1975 a Ford inaugurou um complexo industrial em Taubaté, município em que a VW viria a instalar uma fábrica de automóveis em 1979, e a Mercedes-Benz também instalara uma planta de ônibus em Campinas. No segundo caso, a Fiat instalou uma planta de carros em Betim, MG, em 1976, sem contar a Agrale, firma nacional que já havia inaugurado uma planta de comerciais em Caxias do Sul, RS, ainda nos anos 1960 (Conceição, 2001; Satomi; Rodrigues, 1997).

[11]   Tais investimentos dirigiram-se principalmente para as regiões de Campinas (petróleo, álcool, telecomunicações, microeletrônica), Ribeirão Preto (álcool), Vale do Paraíba (refinaria de São José dos Campos, complexos aeronáutico e de material bélico) e Litoral (petroquímica e siderúrgica em Cubatão).

Estadual de Campinas, a Pontifícia Universidade Católica e uma vasta rede de escolas voltadas à formação profissional), todos contributivos para a expansão industrial[12].

O resultado foi a instalação, entre as décadas de 1970 e 1980, de uma série de empresas nacionais e transnacionais do setor de autopeças na região de Campinas, tais como: Associated Spring, Autocam, Bendix, Benteler, Borg-Warner, Filtros Mann, Magnetti Marelli, Mahle/Metal Leve/MIBA Sinterizados, Metalúrgica Osan, Sintermet, Onça Indústrias Metalúrgicas, Rockwell, Rutgers-Tecma, Tampas Click, Tormep, Tornomatic, entre muitas outras[13].

A estagnação econômica da década de 1980 teve impacto muito maior sobre a região metropolitana da capital do que sobre o interior do Estado de São Paulo, de modo que este conseguiu preservar níveis razoáveis de atividade, ancorados no dinamismo de seus setores primários e nas produções industrial e agroindustrial voltadas à exportação. No caso da região de Campinas, houve uma continuidade no crescimento (embora muito inferior ao da década de 1970) e sua participação na produção total do Estado, tanto industrial, quanto agrícola e de serviços, continuou a ampliar-se: quanto à primeira, o seu peso relativo saltou de 29% em 1970 para 41% em 1980, chegando aos 51% em 2000, quando se tornou a segunda maior concentração industrial do país, superada apenas pela capital paulista e responsável por cerca de 20% da produção industrial nacional (proporção maior que a dos Estados do Rio de Janeiro e Minas Gerais somados) (Abreu et al., 2000; Gonçalves e Semeghini, 2002)[14].

Tal expansão, no setor de autopeças, ocorreu *pari passu* ao avanço da reestruturação produtiva. As desverticalizações com terceirização nas empresas maiores começou na década de 1980, gerando uma rede de pequenos e médios fornecedores, os quais, nos anos 1990, também passaram a terceirizar. Se o primeiro movimento foi uma reação ao cenário recessivo, a retomada do crescimento industrial após 1993 nos permite ver essa epidemia de terceirizações como parte de estratégias mais sistêmicas, já envolvendo o enxugamento de quadros nas plantas e a redução do número de empresas de autopeças na cadeia automotiva. Além disso, se no início dos anos

---

[12] Basta dizer que a maioria das pequenas e médias empresas surgidas na região de Campinas até meados da década de 1980 constituiu-se pelas mãos de antigos trabalhadores formados por instituições de ensino técnico-profissionalizante, como o Serviço Nacional de Aprendizagem Industrial (Senai). Muitos deles, aliás, trabalharam em grandes empresas da região, o que também serviu como um estímulo à criação de suas firmas. Detalhes sobre a confluência desses vários fatores na industrialização de Campinas após os anos 1960, ver Abreu et al. (2000), Gitahy et al. (1997), Gonçalves e Semeghini (2002) e Joia (1990).

[13] Grande parte das empresas aqui citadas foi obtida a partir de uma lista cedida pelo Sindicato dos Metalúrgicos de Campinas. Foram também obtidas informações a partir de estudos como Gitahy et al. (1997), Abreu et al. (2000), Conceição (2001), Gonçalves e Semeghini (2002) e Pires e Santos (2002).

[14] Mesmo considerando o ambiente macroeconômico de baixíssimo crescimento, essa região manteve, nos anos 1990, o seu peso relativo na produção industrial estadual, tendo aumentado o seu Valor Adicionado Fiscal no total do Estado, tanto para as atividades industriais como para as comerciais (Gonçalves; Semeghini, 2002). Nesse processo, não somente municípios situados no eixo da rodovia Anhanguera (Americana, Nova Odessa, Santa Bárbara d'Oeste, Campinas, Sumaré, Valinhos), mas também Paulínia, Cosmópolis e Indaiatuba, chegaram aos anos 1990 com uma implantação industrial significativa (Pires; Santos, 2002).

1990 a terceirização se limitava a atividades como alimentação, limpeza, vigilância e transporte, em meados da década atingiu a manutenção de equipamentos, usinagem e ferramentaria, tendo sido observados casos de projeto, fabrico, testes de qualidade de produtos e até montagem de sistemas completos automotivos por firmas menores subcontratadas por sistemistas na microcadeia de autopeças da região[15].

Vale ainda salientar que as sucessivas conjunturas de instabilidade das décadas de 1980 e 1990 no Brasil incidiram diretamente sobre essas terceirizações ao longo da cadeia automotiva, provocando cancelamentos, adiamentos e variações de todo tipo nas encomendas às empresas terceiras. A busca pela flexibilidade interna sincronizada com a demanda corrente no mercado levou, por conseguinte, à difusão de métodos de controle do fluxo produtivo nas empresas, integrados a uma rede de informações sobre as demandas gerais nas cadeias de que participam, nivelando suas ações pelo mínimo de estoques materiais, de tempo e de força de trabalho.

Não sem motivo, Abreu et al. (2000) constataram uma presença maior do *just in time/kan ban* nas empresas de autopeças da região de Campinas em relação às demais regiões pesquisadas[16]. O que, todavia, não significava uma grande difusão, pois só uma parcela das empresas aí visitadas o havia adotado e, ainda assim, na maior parte dos casos apenas na relação com as demais na cadeia automotiva. Ou seja, a adoção do *just in time/kan ban* internamente às plantas era raro na região entre 1996 e 1997, o que, segundo o estudo, podia resultar num acúmulo de estoques na base da cadeia produtiva, onde estão as menores empresas.

Outra tendência apontada foram as certificações de qualidade. Abreu et al. (2000) mostraram que, em termos proporcionais, o maior número de empresas de autopeças certificadas pela série ISO 9000, por exemplo, foi encontrado no Rio Grande do Sul e na região de Campinas. E, embora esse número diminuísse em direção aos últimos níveis de fornecimento nas três regiões pesquisadas, na cadeia de autopeças de Campinas a certificação se mostrava bastante presente nos níveis baixos. Essa região também detinha, proporcionalmente, a maior quantidade de auditorias, de avaliações por índices de rejeição dos produtos e de autorizações de "qualidade assegurada" concedidas por empresas clientes aos seus fornecedores[17] (Abreu et al., 2000).

Adentremos, pois, em das grandes plantas fabris dessa região e setor. A American Company do Brasil, planta filial da American Company Division[18], na qual realiza-

---

[15] Cf. Abreu et al. (2000), Araújo, Cartoni e Justo (2001), Previtalli (1996) e Rachid (2000).

[16] Sobre essa pesquisa, ver p. 24, nota 10.

[17] Autorização que elimina a necessidade das clientes vistoriarem os produtos que compram dos fornecedores antes de usá-los na produção dos seus. Exemplificaremos isso no estudo de caso que realizamos, nos próximos capítulos.

[18] A American Company Division, por sua vez, é uma das três divisões do Northern Group Inc., grupo estadunidense fundado em 1857 e voltado à manufatura de estruturas e componentes metálicos de precisão. Representando cerca de 40% do negócio do grupo, essa divisão é composta por quinze plantas filiais distribuídas por oito países (entre os quais o do Brasil, em Campinas). É uma das maiores fabricantes mundiais de amortecedores de gás nitrogênio, estampados e molas mecânicas de pre-

mos um estudo de caso, é a maior fornecedora no país de válvulas *flapper* e uma das líderes em molas de precisão. Fornecer à linha branca e industrial (como os fabricantes de compressores Embraco e Tecumsh) e atua fortemente na cadeia automotiva (1º e 2º níveis de fornecimento, atendendo a montadoras como GM, Ford, Honda e sistemistas como Visteon, Delphi e Denso).

A maioria das características apontadas pelas pesquisas citadas está presente nessa planta. Observemo-las nas relações entre ela e as demais empresas da cadeia automotiva em que está inserida, sejam do grupo transnacional a que pertence (como a matriz, nos Estados Unidos), sejam clientes e fornecedores, para, em seguida, analisarmos seus efeitos sobre os trabalhadores.

---

cisão, anéis retráteis e válvulas de membrana para compressores (as *flapper*). Na manufatura de molas de precisão, é líder na América do Norte, tendo um empreendimento conjunto com a líder mundial do ramo, uma transnacional japonesa. No fornecimento de *flapper*, já liderava mundialmente na linha de compressores industriais, tendo assumido em 2004 a liderança também no fornecimento à linha automotiva, após adquirir sua principal concorrente (American Company do Brasil, 2005; Northern Group Inc., 2005).

3

A OCIDENTALIZAÇÃO DA FLEXIBILIDADE ORIENTAL

Observando a verticalização das fabricantes de veículos automotores em larga escala no século XX, em que pese terem existido plantas que dominassem quase absolutamente a produção desse artigo de tão alta complexidade (como a famosa *Highland Park* da Ford em Detroit, nos Estados Unidos), tais empresas sempre necessitaram contratar externamente atividades que vão de serviços gerais e de apoio à produção, até a fabricação de peças dos veículos, incluindo o próprio abastecimento das mesmas no mercado de reposição, na pós-venda.

Não foi por acaso, portanto, que se cunhou o termo "montadoras" às fábricas de automóveis, motocicletas, caminhões, ônibus e tratores, demonstrando claramente a sua atuação na cadeia de produção de veículos automotores, frente aos fabricantes de autopeças que, no mesmo sentido, são também comumente referidos como "fornecedores" de autopeças. Assim, até os anos 1950, ambas firmaram contratos de compra ou fornecimento, pouco ou nada em termos de transferência de saberes, atividades de *design* ou desenvolvimento de projetos em parceria, pois a tecnologia envolvida na concepção dos veículos e seus sistemas internos, na quase totalidade das peças, estava centralizada nas montadoras.

Desde então, desenvolveu-se no Japão, muito influenciada pelas condições do pós-1945 e pela Guerra da Coreia (1950-1953), uma nova ordem de relações entre montagem dos veículos e fornecimento de peças na indústria daquele país. A Toyota Motor Company foi o centro desse processo: como montadora, passou a estabelecer relações mais complexas com seus fornecedores, de parcerias no projeto e desenvolvimento de partes inteiras dos veículos, ao acompanhamento, por parte dos fornecedores, das etapas de sua fabricação, envolvendo contratos de longo prazo entre ambos (Coriat, 1994; Gounet, 1999; Womack, Jones e Roos, 1992).

36 *A máquina automotiva em suas partes*

Na busca de replicar essa trajetória, premidas pelas consequências da crise da década de 1970 e pela severa concorrência nipônica nos anos 1980, as montadoras ocidentais começaram a desenvolver a estratégia de "focalização" em suas plantas. Desde então, passaram a restringir seu foco de atuação às atividades centrais (diretamente ligadas ao seu produto principal – a montagem de veículos), transferindo para outras empresas desde serviços gerais (como restaurante, transporte, vigilância etc.), serviços produtivos ou de apoio à produção (usinagem, ferramentaria, têmpera, manutenção, controle de qualidade etc.), chegando, por fim, à transferência da própria produção e da concepção de peças a sistemas completos dos veículos (como já aludimos na Introdução deste livro).

A focalização da indústria automotiva ocidental, contudo, ao buscar criar relações de fornecimento análogas às da experiência japonesa, diferenciou-se ao reestruturar suas cadeias produtivas numa amplitude que ultrapassou os âmbitos nacionais das montadoras, acarretando consequências sobre a estrutura de emprego, de P&D e até sobre os balanços de pagamentos e de comércio externo entre economias centrais e periféricas capitalistas. O fato é que a transnacionalização de suas montadoras, principalmente no pós-1945, havia resultado na instalação de plantas filiais em diversos países, acompanhadas de filiais de seus principais fornecedores de autopeças, da mesma origem. Quando se decidiu por levar adiante a focalização, esta foi implantada por meio de uma rede mundial de contratos entre plantas matrizes e filiais, combinando um fornecimento *global* e *regional* de peças e sistemas completos em larga escala, mediante as possibilidades do comércio exterior advindas da crescente abertura comercial que se iniciou nos anos 1980. Surgiram nesse contexto as táticas de gestão designadas *global sourcing* e *follow sourcing*.

O *global sourcing* é a tática pela qual as montadoras realizam uma cotação internacional de fornecedores, levando-se em conta, nesta ordem: (1º) os preços; (2º) a qualidade exigida para cada tipo de artigo; (3º) os prazos de entrega. Feito isso, definem entre as empresas cotadas seus principais fornecedores. Como não se aplica a elementos críticos dos veículos, evitando-se assim riscos inerentes ao transporte das peças ou alterações inesperadas nos padrões de qualidade, o *global sourcing* se limita geralmente a produtos de baixa agregação tecnológica, a fim de que possam ser rapidamente substituídos os fornecedores escolhidos por outros, em caso de problemas (Costa e Queiroz, 1998).

Quanto aos segmentos de autopeças de alta criticidade e agregação tecnológica, sua produção evidentemente exige dos fornecedores maior confiabilidade. As montadoras passaram, então, a estabelecer relações mais próximas, não necessariamente em termos geográficos, mas no sentido de se levar em conta outra ordem de fatores: (1º) qualidade exigida para cada tipo de artigo; (2º) prazos de entrega; (3º) preços. Os contratos com esses fornecedores passaram a incluir o fornecimento por um período determinado (como a vigência do veículo no mercado), metas comuns de qualidade e produtividade e a capacidade dos fornecedores de desenvolver, em parceria com as montadoras, projetos de sistemas completos dos veículos. Trata-se aqui da tática chamada *follow sourcing* (Ib. Ibidem).

Enquanto o *global sourcing* pulveriza a concorrência, distanciando os fornecedores da concepção dos veículos, tornando-os dependentes das montadoras e jogando-os numa rede maior de incertezas, na qual muitas vezes quem ganha o contrato é quem consegue rebaixar ao máximo o seu preço em nível mundial, o *follow sourcing* permite a edificação de uma cadeia de fornecedores independentes das montadoras, no sentido do desenvolvimento de sua própria tecnologia – as "sistemistas", empresas especializadas de médio e grande porte, atuantes nos projetos dos veículos e líderes na hierarquia de fornecimento do próprio setor de autopeças.

Apesar de distintas, portanto, *global sourcing* e *follow sourcing* são complementares enquanto táticas de redução de preços e deficiências de entrega. E não somente as montadoras, mas as empresas de autopeças, sobretudo, as sistemistas, as utilizam junto aos seus fornecedores. Foi essa combinação que permitiu à indústria automotiva ocidental enfrentar a concorrência imposta pela flexibilidade e pelos baixos custos da produção automotiva japonesa, pois permitiu, tanto às montadoras quanto às autopeças, acelerar o lançamento de novos produtos nos mais diversos países, sem que para isso tivessem de desenvolver, em cada caso e contando apenas com uma estrutura local, toda a produção desses artigos.

A combinação dessas táticas permitiu uma façanha interessante à indústria automotiva ocidental, as chamadas plataformas globais, que nada mais são que o projeto de um veículo com características básicas e facilmente adaptáveis a mercados de consumo diversos. Na sua produção, aproveitam-se "vantagens comparativas locais" de diferentes países, tanto de caráter tecnológico (como a rede de fornecimento de autopeças, o padrão das linhas de produção preexistentes etc.), quanto de caráter social e ambiental (como os custos da força de trabalho e das matérias-primas). Sobre tais "vantagens", decide-se alocar a produção de peças e sistemas em determinadas regiões ou países, permutando-as depois, mediante importações e exportações, para outras localidades, onde são finalmente montados os veículos. Estes, com pequenas adaptações, são vendidos localmente ou ainda remetidos via exportação a consumidores distantes[1].

O conceito de plataforma global, entretanto, lançou não apenas as montadoras, mas também seus fornecedores de autopeças, dentro de uma nova divisão internacional de trabalho, entre matrizes nos centros e filiais nas periferias. Inverteu-se, como num espelho, a ordem anterior. As "vantagens comparativas locais" tornaram-se um requisito na combinação entre *global sourcing* e *follow sourcing*. Esta última, por sua vez, de tática comercial restrita às relações entre clientes e fornecedores, tornou-se uma premissa na estratégia de focalização entre as plantas matrizes e filiais de um mesmo grupo empresarial. O que, enfim, levou as corporações transnacionais a redefinir sua posição nas economias periféricas, por meio da hierarquização do forneci-

---

[1] Um exemplo é o FIAT Palio, projetado para ser montado, ao mesmo tempo, na Argentina, Colômbia, Venezuela, Marrocos, Índia, China e Brasil (onde foi lançado em meados da década de 1990), sendo produzido, no entanto, com peças da Venezuela, Marrocos, Equador, Egito, Argélia e Vietnã. Para mais detalhes sobre os "veículos globais", ver Bresciani e Gitahy (1998), assim como Conceição (2001).

38 *A máquina automotiva em suas partes*

mento, da redução quantitativa das cadeias de autopeças e da significativa concentração de capital em termos mundiais.

Observemos diretamente no estudo de caso que realizamos a combinação entre *global sourcing* e *follow sourcing* no sentido amplo acima, ou seja, como uma relação entre a American Company do Brasil com sua matriz, a American Company Division, com outras plantas filiais e com clientes e fornecedores no Brasil e no exterior. Na opinião de vários gerentes da planta de Campinas, uma das principais ações estratégicas empreendidas pela matriz, nos Estados Unidos, a partir de 1995, foi manter-se como vértice de poder frente às filiais ao redor do mundo, direcionando-as por focalizações no desenvolvimento de produtos e serviços específicos, pela posição de cada uma nas cadeias a que pertencem, pelas fatias de mercado que ocupam e pela possibilidade de inovações tecnológicas de que dispõem face à concorrência local e global. Nas palavras do gerente de Melhoria Contínua[2] da planta de Campinas, por exemplo:

> A coisa vem de cima para baixo, por estratégias quem vêm do *headquarter* nosso. São estratégias definidas pela alta administração [da divisão mundial da American Company Division e do Northern Group Inc.] e que são direcionadas para a unidade do Brasil, sempre pensando em termos globais, com diferenças conforme o foco de cada unidade. Qual foi o foco que o *headquarter* direcionou para a nossa unidade? [...] Nós estamos focando em estamparia fina. Outras unidades estão focando em estamparia mais grossa, outras em ramos de molas que não os que a gente está se especializando, que são as molas voltadas à linha automotiva. Hoje estamos pegando ainda outro ramo da linha automotiva que são as *race springs*, as molas de corridas[3], e está tendo uma discussão para trazer tudo o que engloba essa linha de corrida [de todas as plantas do mundo da American Company Division que as fabricam] aqui para a nossa unidade no Brasil. E nós praticamente vamos exportar tudo.[4]

Se a focalização das filiais parte de estratégias globais da matriz, o planejamento e a implantação das táticas (como a aquisição de equipamentos, o desenvolvimento de tecnologia própria, a desverticalização etc.) ficam a cargo de cada planta. Um exemplo foi a terceirização da galvanoplastia em 2003 em Campinas. A matriz exigiu sua adequação às normas ambientais da certificação ISO 14000, em vias de ser obtida pelo grupo no mundo todo. O custo da reforma exigida em um processo químico altamente poluente como esse não sustentava sua agregação de valor aos produtos da planta. Segundo o gerente entrevistado:

---

[2] Responsável pela atualização das formas de organização do trabalho da planta. Coordenador, portanto, dos *kaizen*, de que falaremos no capítulo 6.

[3] Molas de válvulas que equipam carros de competição das modalidades Nascar, Dragster e Fórmula Mundial, nas quais a exigência de potência, confiabilidade e durabilidade nos motores é o grande mote da competição. Essas molas são projetadas, fabricadas e testadas com o que há de mais avançado em tecnologia. A *race spring* mais durável e confiável do mundo é a fabricada pela American Company do Brasil, tendo sido desenvolvida pelo engenheiro Lucas Mello, um dos entrevistados.

[4] Ramos, Vitor. Depoimento [entrevista realizada com o gerente de Melhoria Contínua da American Company do Brasil em 2006]. Entrevistador: Geraldo Augusto Pinto. Campinas, SP: [s. n.], 2006. 2 cassetes sonoros (120 min.) [Arquivo pessoal do pesquisador].

Como era um segmento pequeno, com lotes pequenos de processamento, frente à estrutura que a gente tinha de ter para manter aquele processo aqui dentro, como o número de funcionários, foi mais interessante terceirizar.[5]

Contudo, nem toda focalização gera terceirizações. Há atividades que, pelo próprio grau de especialidade, podem nunca ter sido executadas dentro da contratante, como, no caso dessa empresa, é o processo de têmpera, feito na capital paulista:

A gente prefere o pessoal que está próximo, da nossa região, só que não adianta ter um fornecedor daqui que não me atende. No caso [...] da têmpera, nós temos um fornecedor aqui em Sorocaba, muito mais fácil para a gente do que São Paulo. O custo dele é menor, o prazo dele é melhor, só que ele não me atende em qualidade. Então, infelizmente eu tenho que manter na Brasimet de São Paulo. [...] A qualidade é primordial para que eu homologue um fornecedor.[6]

Ou seja, a planta de Campinas, mediante a focalização estratégica posta pela matriz, decide o que é arriscado ou não terceirizar, combinando na escolha de seus fornecedores as táticas do *global sourcing* e *follow sourcing*. Um fato inegável, portanto, é que toda terceirização condiciona-se pela capacidade tecnológica da empresa terceira e pelo uso de sua força de trabalho. Assumir uma atividade nessa condição – sobretudo em um contexto de abertura comercial, em que as escolhas são feitas até mesmo independentemente da distância geográfica entre as partes – implica arcar com custos de produção e parâmetros de qualidade que superem os da empresa cliente. Quase toda empresa terceira está fadada, portanto, a impor-se uma focalização. E aqui encontramos novamente a American Company do Brasil, produzindo artigos específicos e prestando serviços tecnológicos especializados (como o desenvolvimento de projetos) a montadoras e sistemistas.

Nota-se, então, que um dos objetivos primordiais das corporações transnacionais é a criação, pela estratégia da focalização, de um ciclo onde a atuação de um grupo em variados nichos de mercado extrai, de suas plantas filiais, em diferentes países, taxas extraordinárias de acumulação de capital que são obtidas, entre outras formas, por uma tática muito comum dessas filiais, que é terceirizar atividades e posicionarem-se como empresas terceiras em face da matriz e de outras empresas clientes em seu contexto local e global.

A focalização no setor de autopeças assume em tais condições uma complexidade maior que nas montadoras, pois, enquanto estas, focalizando sua atuação, geralmente terceirizam, aquelas não apenas o fazem, como assumem outras atividades na condição de terceiras. Por conseguinte, há diferenças fundamentais na operação das táticas *global sourcing* e *follow sourcing* entre montadoras e autopeças: enquanto ambas, no "plano horizontal", operam tais táticas entre as plantas da mesma empresa, no "plano vertical" as montadoras operam-nas apenas num sentido, de sua posição para baixo na cadeia, enquanto as autopeças operam nos dois sentidos, isto é, cadeia acima e cadeia abaixo de sua posição.

---

[5] Idem.

[6] Idem.

A segurança das empresas de autopeças, portanto, num mercado aberto, está fundada na sua capacidade de operar dentro das decisões "verticais" das montadoras e sistemistas, tanto por meio do *global sourcing* (pela qual procuram fornecer ao menor custo e prazo de entrega), quanto do *follow sourcing* (ampliando sua participação nos projetos dos produtos e na prestação de serviços especializados). O que exige uma combinação entre flexibilidade produtiva e capacidade tecnológica que poucas empresas conseguem obter.

A American Company Division, por exemplo, já nos anos 1980 possuía o embrião de um centro de P&D nos Estados Unidos, denominado Centro de Pesquisa Avançado (CPA), instalado em uma das filiais e voltado à pesquisa básica. As demais plantas, com seus departamentos de engenharia, constituíam meras "empresas voltadas para dentro de si mesmas, para a sua produção e para os seus problemas"[7]. Em 1995, a nova presidência da matriz adotou a estratégia de integrar todas as plantas e especializá-las como "prestadoras de serviços de alta tecnologia", em contraste com o antigo modelo de "fabricantes de produtos". Em 2000, o CPA fora ampliado, instalado em edifício próprio e rebatizado de Centro de Desenvolvimento de Produtos (CDP), onde, além da pesquisa básica, passou-se a desenvolver, com grande rapidez, o *design* e testes avançados de produtos críticos demandados pelos clientes das filiais da American Company Division em todo o mundo (American Company do Brasil, 2005).

O CDP ampliou vigorosamente, portanto, a capacidade de engenharia das plantas filiais, permitindo lançarem-se com segurança em projetos de focalização de maior prazo em nichos específicos. Até então não havia, por exemplo, no caso da planta de Campinas, um departamento de P&D, apenas uma seção de cotações que basicamente intermediava o contato dos engenheiros com os clientes. Fechado um negócio, determinavam-se os custos e processos, repassados ao chão de fábrica, onde os operários atingiam a perfeição na forma de ensaios.

Após 1995, a matriz designou à planta de Campinas a focalização em molas e estampos de alta precisão, iniciando-se aí a constituição de um centro local de P&D, o atual Departamento de Engenharia e Desenvolvimento. Convênios e consultorias com pesquisadores de universidades de ponta (como a Universidade de São Paulo e a Universidade Estadual de Campinas) foram firmados para suprir lacunas do CDP, em processos de fabricação específicos como os das *race springs* e das *flapper*. Conta-nos a respeito o gerente de Engenharia e Desenvolvimento:

> Nós realmente conseguimos nos diferenciar das outras plantas na hora que a gente entendeu o produto [*race spring*] e pôde tomar as nossas decisões e arriscar pela nossa planta, e não pelo grupo todo. [...] Como esse é um mercado muito importante para a nossa unidade, mais do que para o Centro de Desenvolvimento de Produto [o CDP, nos Estados Unidos], nós acabamos trazendo um pouquinho da pesquisa e desenvolvimento para dentro da nossa unidade. Toda planta tem um setor de Engenharia. Algumas mais fortes, outras menos. Depende da necessidade do mercado. Nós somos uma planta bastante dedicada

---

[7] Mello, Lucas. Depoimento [entrevista realizada com o gerente de Engenharia e Desenvolvimento da American Company do Brasil em 2006]. Entrevistador: Geraldo Augusto Pinto Campinas, SP: [s. n.], 2006. 2 cassetes sonoros (120 min.) [Arquivo pessoal do pesquisador].

às atividades técnicas, acreditamos bastante que o serviço técnico é um diferencial muito grande e tentamos vender isso para o mercado. Então, a nossa engenharia eu diria que é relativamente forte, até dentro de todo o nosso grupo ao redor do mundo. Mesmo porque nós estamos um pouquinho longe deles e temos um produto que é um pouco diferente do produto da maior parte das plantas, que a gente chama aí de *flapper*, um estampado que funciona como uma válvula e é produzido só na nossa unidade.[8]

Até aqui, portanto, tratamos do reposicionamento da planta de Campinas, após 1995, em face da matriz e das demais filiais, por meio do *global sourcing* e *follow sourcing* operados não como táticas comerciais, mas gerenciais em processos de focalização no interior de um mesmo grupo empresarial, isto é, no "plano horizontal". Vejamos, agora, as operações acima como táticas comerciais junto a clientes e fornecedores dentro e fora do país, no "plano vertical", mostrando como a estratégia de focalização nesse plano complementa a anterior, posicionando a planta de Campinas no processo de hierarquização que vem marcando as novas relações de fornecimento na indústria automotiva ocidental.

Retomando o início deste capítulo, até a crise dos anos 1970, seguida pela expansão japonesa no mercado automotivo ocidental nos anos 1980, o mais comum entre as montadoras era concentrar o projeto dos seus veículos nas mínimas partes. Os fornecedores de autopeças, dispondo apenas de um *design* finalizado e intocável, colocavam-se em uma concorrência predatória simplesmente ditada por preços finais, o que os afastava não apenas entre si, mas das próprias montadoras, receando a abertura de segredos industriais que lhes auferissem vantagens em custos internos e poder de barganha nas negociações. Era comum, portanto, as montadoras fecharem contratos com diversas empresas para o fornecimento de apenas um item, não apenas por garantia de estoque, mas para pressionar umas contra as outras mediante propostas de reduções nos preços quando da recondução dos pedidos e sua quantidade.

Esse cenário de certa forma mudou quando as montadoras ocidentais, buscando replicar a experiência japonesa, mas já dispondo de uma estrutura transnacional instalada, passaram a operar mundialmente as tarefas de P&D e fabrico dos veículos pela combinação entre as táticas *global sourcing* e *follow sourcing* em duas direções: no "plano horizontal", entre suas matrizes no centro e toda a rede de filiais espalhadas pela periferia do capitalismo (lembremos aqui da plataforma global); no "plano vertical", delegando tarefas às empresas de autopeças, das quais exigem, dependendo da criticidade dos produtos ou serviços terceirizados, índices uniformes de qualidade, preços menores, entregas programadas e em alguns casos o projeto em parceria dos produtos, envolvendo contratos de maior duração.

Desde então, iniciou-se um enxugamento da cadeia de autopeças, reduzindo-se drasticamente desde a diversidade de fornecedores para cada artigo até o número total de empresas, por meio de seleções rigorosamente calcadas nas exigências acima. Os fornecedores diretos das montadoras ocidentais, por exemplo, caíram da ordem de milhares de empresas nas décadas de 1970 e 1980 para poucas centenas ao final

---

[8] Idem.

dos anos 1990, com expectativa de continuidade desse movimento no longo prazo. Tais fornecedores (1º nível), em se tratando de parcelas de menor valor agregado na sua produção, passaram a terceirizá-las a outros (2º nível), que, pela mesma lógica, fazem o mesmo (formando-se o 3º, 4º... níveis), resultando uma hierarquia no topo da qual estão as sistemistas e na base as forjarias, fundições, firmas de estampagens metálicas grossas, de peças têxteis e plásticas rústicas etc. (Conceição, 2001; Salerno et al., 2002).

À primeira vista, parece tratar-se de uma hierarquia de formato apenas piramidal, o que, de fato, é comum em contextos cuja produção de veículos se mantém elevada. Em países como o Brasil, dada a necessária adaptação das empresas às incertezas do mercado interno e externo (sobretudo, após a abertura comercial), as cadeias de autopeças locais, segundo Posthuma (1997), assumem uma hierarquia em formato de redes[9]. Assim, no Brasil, há casos de fornecedores de autopeças que atuam, simultaneamente, no 1º nível, fornecendo peças ou sistemas completos às montadoras, e no 2º nível, com produtos ou prestação de serviços tecnológicos a sistemistas e mesmo empresas de fora da cadeia automotiva.

Sob todos os aspectos acima se encontra a American Company do Brasil. Tendo na estampagem de alta precisão e nas molas seus produtos mais fortes, atende com 48% de sua produção a indústria automotiva (sistemistas[10] e montadoras[11]) e com 52% os setores de linha branca e de bens de capital[12]. Segundo o gerente de Produção:

> A fábrica de City [nome fictício da cidade onde está a maior planta da American Company Division], por exemplo, produz muito para a Ford, GM e Nissan. Para a Honda e Toyota também. Se, de repente, a GM fala, *"Eu não vou comprar mais molas de vocês"* [da planta de City], a repercussão vai ser bem grande, porque os volumes são grandes. Se a GM sair daqui [da fábrica de Campinas], por exemplo, tudo bem, nós vamos perder um negócio, vai afetar o faturamento, mas a gente consegue repor essa perda com outros itens que podem nem ser autopeças.[13]

---

[9] Um estudo a ser feito na atualidade é se tais diferenças de configurações hierárquicas ainda se mantêm no Brasil, uma vez que entre 2007 e 2008, o Brasil dividiu com a Tailândia a liderança mundial em crescimento na produção de veículos (8,2% e 8,3%, respectivamente). No mesmo ano de 2008, o Brasil se tornou o sexto maior produtor do mundo, mantendo-se nessa posição até 2009, atrás da Coreia do Sul, Alemanha, EUA, Japão e China, atual líder. Esses foram os dados mais atualizados obtidos até a entrega deste texto e, segundo a fonte (Oica, 2010a), correspondem ao total de unidades de veículos produzidas em todas as categorias, menos motocicletas e máquinas agrícolas.

[10] Entre os quais Bosch, Eaton, Delphi, Visteon, Cofap (adquirida pela Mahle e Magnetti Marelli), TRW, Echlin, Denso, ZF, Bristol, Maxion, Dana, Ina, Grammer, Sachs, Luk, Valeo, Mahle e Tritec (sistemista pertencente à Volvo) (American Company do Brasil, 2005).

[11] Entre as quais GM, Toyota, Honda (motos e automóveis), Scania, Peugeot, Daimler-Chrysler (antiga Mercedes-Benz), Fiat, Renault, Volvo e BMW (American Company do Brasil, 2005).

[12] Empresas como Multibrás, Tecumsh e Embraco.

[13] Munhoz, Walter. Depoimento [entrevista realizada com o gerente de Produção da American Company do Brasil em 2005]. Entrevistador: Geraldo Augusto Pinto. Campinas, SP: [s. n.], 2005. 4 cassetes sonoros (240 min.) [Arquivo pessoal do pesquisador].

Percebe-se aí uma clara tática de adaptação produtiva e comercial a um mercado aberto e instável. Além disso, apesar de seus produtos serem basicamente molas e estampados, fabrica-se em Campinas uma grande diversidade de modelos relativamente às filiais mais antigas como as dos Estados Unidos: são mais de seiscentos tipos de itens, sem que haja um ou outro ocupando o centro do negócio nos mercados em que a planta atua.

No que tange à proporção em que as táticas *global sourcing* e *follow sourcing* são combinadas no "plano vertical" pela American Company do Brasil, apenas em 5% dos casos, em média, o seu relacionamento com fornecedores inicia-se na fase de projeto – momento único, aliás, em que há algum tipo de apoio aos últimos no desenvolvimento dos produtos. Uma taxa extremamente limitada de uso do *follow sourcing* "cadeia abaixo". A Aços Villares, fornecedora dos arames usados nas molas de embreagem e de válvula, é um desses casos em que a planta de Campinas oferece o seu laboratório e conhecimento técnico. Segundo o gerente de Engenharia e Desenvolvimento:

> Na verdade, esse [Aços Villares] é o fornecedor que nós fazemos alguma coisa desse tipo, [...] um relacionamento um pouco melhor aí no desenvolvimento de novos materiais [...]. O resto é bem na hora da encomenda do produto: *"Temos uma necessidade específica, precisamos disso e o que você tem aí?"*. O apoio técnico [da parte da American Company do Brasil aos fornecedores em geral] é bastante pequeno.[14]

Já no relacionamento com os clientes, o pêndulo quase se inverte. Na linha automotiva, de 60% a 70% dos casos, a relação com montadoras e sistemistas inicia-se na fase de projeto, apenas em 30% é iniciado só na encomenda, demonstrando a predominância do *follow sourcing* "cadeia acima". Um projeto exemplar foi o das *race springs*, envolvendo íntima conexão entre a planta de Campinas e os clientes, nos Estados Unidos. Embora a motivação tenha sido contornar o problema da sazonalidade desse item[15] (cuja produção era inviável pelas plantas estadunidenses, presas a linhas dedicadas e comprometidas com vultosas quantias), a planta de Campinas teve a seu favor a capacidade tecnológica[16]. Atualmente, é a única planta do Northern Group Inc. no mundo a fornecer esse tipo de produto. Segundo o gerente de Engenharia e Desenvolvimento, que liderou o projeto:

> [Até 1995...] o cliente desenvolvia o produto e a gente fazia, manufaturava aqui o produto para ele. Em 1995 foi quando começou essa ideia e aí a cada ano a gente tem se preparado mais. [...] Cada vez mais nós estamos pensando em ficar responsáveis não só pelo "processo", mas pelo "produto". [Atualmente,] sem o cliente falar *"Eu preciso que você entenda sobre*

---

[14] Idem.

[15] Geralmente produz-se por três meses, suspendendo-se por três e voltando-se a produzir por mais três meses, acompanhando os calendários das competições automobilísticas já aludidas acima.

[16] As *race springs* exigem uma produção artesanal: além de constante intervenção manual nos processos, requerem diversos ajustes de máquinas e muito retrabalho, principalmente em assentamento, controle de carga, retífica e têmpera, o que faz que esse segmento deixe de ser produtivo, em termos de escala, mas muito lucrativo, por agregar alto conteúdo tecnológico e elevados preços finais por unidade.

esse assunto", nós olhamos o mercado, percebemos e decidimos: *"Vamos pesquisar sobre esse assunto para poder aplicar nos nossos produtos"*. Mas eu não lanço um produto em si. Eu penso num processo, num novo material, pois o produto, em si, ele tem que ser casado com a necessidade do cliente, que é muito específica. Eu não vendo nada que seja assim "de prateleira", que o cliente possa dizer *"Eu preciso de determinada mola"* e eu responda: *"Toma essa mola aqui"*. Então, a gente pesquisa um novo processo, uma nova maneira de fazer. Pesquisa o fenômeno que acontece com o produto dele e aí oferece isso como serviço ou como um novo projeto.[17]

No caso das molas de válvulas tradicionais fornecidas às montadoras e das *flapper* aos fabricantes de compressores, esse posicionamento é fundamental em face da abertura comercial e das possibilidades que abre à substituição do uso do *follow sourcing* pelo *global sourcing* pelos clientes, invertendo completamente a situação. Para o gerente de Produção da planta:

Uma Tritec, quando decidiu comprar molas de válvula no Brasil, não pensou: *"Vamos comprar molas na China porque é mais barato"*. Não, acho que eles pensaram no produto deles, que tem de ter qualidade, e então disseram: *"Qual empresa, que está no ramo já há bastante tempo, está fornecendo molas e historicamente não tem tanto problema?"* Eu acho que isso pesa muito nas autopeças, no ramo automotivo. Quando a Tritec, a Peugeot, a Renault, decidiram comprar molas de válvulas no Brasil, eles falaram assim: *"Quem fornece hoje para a GM? A American Company? Então vamos lá ver os preços desses caras"*. E, após isso, sim, elas partem para comparar o preço em nível global. Mas, para escolher o fornecedor, primeiro elas veem a qualidade e, historicamente, o que aconteceu nos últimos vinte, dez anos.[18]

Em suma, a focalização em produtos e serviços tecnológicos especializados, imposta e de certo modo amparada pela matriz (via CDP) à American Company do Brasil em suas operações no "plano horizontal", constituiu a base sobre a qual, no "plano vertical", esta consolidou uma atuação comercial e produtiva flexível, fornecendo um *mix* altamente variado de produtos e serviços para mais de uma cadeia produtiva e, como vimos no início, terceirizando e posicionando-se como empresa terceira.

Um círculo perfeito de complementaridade entre, de um lado, a focalização nos planos "horizontal" e "vertical" da American Company Division e, de outro, o processo mundial de hierarquização com redução na cadeia de fornecimento automotiva, se fecharia aqui como uma fita de Möbius, caso o mercado assumisse um papel puramente lógico-formal, maleável à "mão visível" chandleriana e sua clássica relação entre escala e escopo como condicionantes da estrutura produtiva[19]. Ocorre, no en-

---

[17] Munhoz, Walter [Gerente de Produção da American Company do Brasil], cit.

[18] Idem.

[19] Relacionamos aqui informações que obtivemos empiricamente nesse estudo de caso com conceitos de Chandler (1986, 1987, 1994) sintetizados em Chandler e MacCraw (1998), conscientes de que um tratamento analítico de tais informações na conceituação chandleriana, com apontamentos críticos aos limites daí decorrentes, exige, no mínimo, uma pesquisa à parte – inexequível pelo tempo que dispusemos para responder às demais questões aqui discutidas. Mas não podemos deixar de mencionar essa contribuição teórica e instigar pontos iniciais críticos de sua perspectiva.

tanto, que todos esses processos produzem ao tempo em que também resultam de contínuas contradições, em meio às quais as gerências assalariadas locais são postas em complexas e conflitantes situações de incerteza e pressão[20].

Neste ponto, tomemos por base o quadro 1 (apêndice B), o qual aponta os graus de importância que as três gerências que entrevistamos na American Company do Brasil atribuíram a determinadas dimensões de inserção estratégica no mercado atual. Nas entrevistas, o preço dos produtos mostrou-se de difícil classificação, uma vez que os gerentes consideram que a planta de Campinas não possui "produtos prontos à venda", nem se caracteriza como uma tradicional fabricante de produtos, mas como uma prestadora de serviços de alta tecnologia. Nosso objetivo nessa questão, entretanto, era captar a importância do preço quando a planta participa de cotações internacionais. *"Como fazer uma proposta, nas faixas do mercado em que estão?"*, indagamos, portanto. Ao que respondeu o gerente de Melhoria Contínua:

> Na verdade, respondendo a essa pergunta, é o seguinte: o preço hoje é definido pelo cliente, não somos mais nós que definimos um preço no mercado. Até é uma mudança de uma realidade antiga para uma realidade nova. Antigamente, o cliente que queria fazer uma caneta, falava para você *"Preciso fazer uma caneta!"*, e você verificaria *"Ah, quanto eu preciso gastar de matéria-prima? Preciso gastar dez reais. Então quero ganhar vinte em cima: trinta".* Trinta reais para o meu cliente: *"Se quiser comprar, está aqui; se não quiser comprar, procura outro".* A realidade não é bem essa, hoje em dia. Quando o cliente vem nos procurar, ele já tem um preço estimado para aquele produto, e fala assim: *"Eu quero pagar tanto por esse produto".* Aí você trabalha mais ou menos com aquele valor que ele já está te dando, que é uma referência, e retorna: *"Ah, tem essas dificuldades atreladas a esses processos, vão encarecer nisso e nisso..."*. E aí damos o nosso preço. Mas o nosso preço está mais pautado pela questão estratégica: *"É interessante produzir esse produto? Ah, não. Não é interessante".* Então, se não é interessante, a gente joga o preço lá em cima para não pegar esse produto. Ou não: *"Ele é interessante porque eu estou de olho lá na frente"* pode ser uma estratégia, também. Então o nosso preço, do nosso produto, eu acho que seria de grau médio [a importância na escala do questionário].[21]

O gerente de Produção, entrevistado sobre o mesmo ponto em ocasião distinta, reforçou essa opinião, embora tocando mais nas dificuldades aí presentes:

> Com o mercado aberto, os clientes chegam e falam: *"Olha, eu consigo trazer esse item da Espanha mais barato do que os produzidos aí".* E o cara te põe a faca e fala: *"O que você vai fazer pra baixar o preço? Porque se você não baixar eu compro de outro".* Nós tivemos aí alguns problemas, principalmente com a [sistemista] Valeo: ela trouxe vários produtos para a gente desenvolver e colocou preço *target*: *"Olha, eu pago isto para você, veja o que você consegue fazer".* Nós não conseguimos pegar o negócio, porque mesmo você colocando uma célula superutilizada, aquela célula perfeita, sem problemas, 100%, você não ia conseguir fabricar aquele item com o preço que eles pediam. E eles pegaram de fora, da Espanha. Não teve jeito, nós não conseguimos fornecer.[22]

---

[20] De fato, segundo Sampson (1996), já nos anos 1980 muitos dos economistas industriais estadunidenses se davam conta de que a "mão visível" chandleriana não era perfeita e tampouco poderosa o suficiente para vergar a "mão invisível" smithiana.

[21] Ramos, Vitor [Gerente de Melhoria Contínua da American Company do Brasil], cit.

[22] Munhoz, Walter [Gerente de Produção da American Company do Brasil], cit.

46 *A máquina automotiva em suas partes*

Há contratos, aliás, segundo esse gerente, que preveem novas cotações internacionais por parte dos clientes no transcorrer da produção:

> Existe uma pressão muito grande em cima de preço. Com o mercado aberto, apertou bastante para a gente, tanto que tivemos que aplicar *kaizen*[23] em algumas células e conseguir ganhar produtividade para dar descontos aos clientes e manter o negócio dentro de casa [num contrato em andamento]. E isso foi uma exigência deles, com base num preço internacional![24]

Sobre o mesmo assunto, disse-nos o gerente de Engenharia e Desenvolvimento:

> Com as montadoras, as coisas são assim: *"O preço é esse e você tenta adequar os seus custos ao que eu necessito"*. É dessa maneira. *"Eu tenho todo esse volume aqui, você quer todo esse volume é dessa maneira, ou não é nada."* E elas realmente têm uma força muito grande. Ou pode acontecer de você estar naquele determinado mercado, precisar de um aumento de preço e elas não te darem: a venda de carro aumentou 50% e você pede 1%: *"Não, não tem como aumentar, pois isso daí mexe no meu negócio mundialmente, um aumento de preço no Brasil pode travar os negócios da minha empresa no mundo todo"*. Então, esse é o poder que elas têm, a ponto da nossa empresa, nossa unidade [de Campinas], falar assim: *"Não, nós não podemos ficar nas mãos desses caras, nós temos que ir para outras áreas"*. E isso acontece não só aqui no Brasil, nos Estados Unidos isso é muito comum também.[25]

Se a pressão sobre preços é grande, nos critérios industriais de qualidade é ainda maior, porque a criticidade de muitos dos itens da American Company do Brasil está diretamente ligada a fatores cruciais dos produtos dos clientes como confiabilidade e segurança (molas, por exemplo, que equipam desde amortecedores na suspensão dos veículos, até bicos injetores de motores diesel). Nas palavras do gerente de Produção entrevistado:

> A Bosch, quando vai desenvolver um produto novo, sabe da história da American Company. Porém, é o seguinte: em itens que não são críticos, ela vai direto no preço. Mas, por exemplo, mola de bico injetor é um item supercrítico e ela não conseguiu desenvolver no Brasil um fornecedor com preço menor do que o nosso, que forneça com a qualidade e a segurança que isso exige. Uma mola de bico injetor, se tiver uma sujeirinha entre as espiras ou uma granalha, explode a bomba do caminhão. Nós temos aqui um sistema de visão para detectar se tem granalha entre as molas, para não ter esse problema. E, é lógico, o nosso preço também está coerente com o mercado globalizado.[26]

As pressões exercidas sobre a cadeia de fornecimento, em qualquer indústria – mas em especial na automotiva, constituída por uma rede fundamentalmente transnacional de empresas – tendem, portanto, a tornar os critérios "preço", "qualidade" e "prazo de entrega" em variáveis contraditórias, sobretudo, em mercados instáveis. Prossegue o gerente:

---

[23] Trataremos com mais detalhes do *kaizen* no capítulo 6.

[24] Munhoz, Walter [Gerente de Produção da American Company do Brasil], op. cit.

[25] Mello, Lucas [Gerente de Engenharia e Desenvolvimento da American Company do Brasil], cit.

[26] Munhoz, Walter [Gerente de Produção da American Company do Brasil], cit.

Cada dia mais nós estamos sendo cobrados por atraso, porque a produção da fábrica aumentou e, lógico, com a casa cheia, produção de muitos itens e tal, você acaba tendo um problema ou outro de qualidade, como em matéria-prima. Com a Villares [fornecedora de arames de aço], por exemplo, tivemos problemas com matéria-prima, e a Honda chamou a gente lá para que explicássemos o que estava acontecendo com o prazo de entrega. A pergunta que eles fazem é: *"Como a gente pode confiar em vocês, se hoje nós estamos fazendo essa quantidade de motos e vocês não estão atendendo, e daqui a quatro, cinco meses, nós vamos fabricar mais?"*. Então o prazo de entrega é isso aí: se você não entregou, o problema é seu, se vai ter que pôr num avião e mandar para lá, pagar três mil reais de frete aéreo, você vai pagar e acabou. Você tem que fazer e acabou, não tem essa. É mais ou menos por aí.[27]

Essa tensão remete a outra característica do capitalismo: após a invenção de um produto e durante sua evolução no tempo, as empresas que investem em inovações diretamente ligadas a ele são as que mais lucram, devido ao monopólio de mercado que o controle sobre a tecnologia possibilita. À medida que tais inovações são difundidas, outras surgem, geralmente a partir de um núcleo tradicional de empresas, dada a posição que ocupam no mercado e a própria capacidade tecnológica que auferiram ao longo dessas experiências. Disse-nos, a respeito, o gerente de Engenharia e Desenvolvimento que entrevistamos:

Na época em que o produto "nasce", ele não tem, talvez, os melhores custos. Depois que o produto já está no mercado, que você já caminhou lá na "curva S", chamada Curva de Desenvolvimento do Produto, então você vai conhecendo bastante sobre ele. Conhecendo, conhecendo, conhecendo e, de repente, chega alguém e toma o produto de você. Mas você já andou com ele na hora em que havia mais responsabilidade, naquela hora em que ele tinha de ser mais caro. Alguém já havia admitido pagar um preço, um "pênalti", para começar com aquele preço antigo e trabalhar com uma empresa de salários mais altos, que investe em conhecimento, em desenvolvimento.[28]

Essa fala, aparentemente simples, alude às relações entre capacidade tecnológica e de inovação, as vantagens estratégicas que resultam da atuação em segmentos onde tais capacidades fazem a diferença e, por fim, às condições de trabalho nas empresas que buscam manter-se nessa posição. Como firmas nacionais de países periféricos, ou mesmo plantas filiais de transnacionais neles instaladas, entram nesse restrito mercado?

Depois de um determinado tempo, a única coisa importante é o custo [ou o preço final, para a empresa que compra]: *"Nós já sabemos tudo sobre isso, nós já podemos trocar de fornecedor"* [diria a montadora ou sistemista]. E é por isso que quando o produto nasce nos Estados Unidos ou na Europa, ele pode nascer lá com custos altos: porque toda a concepção está sendo feita lá. Daí: *"Opa, esse produto agora não dá mais, vamos levar ele para outro lugar"*. Na verdade, quando você "o leva para outro lugar", começa a nacionalizar as coisas. Alguns produtos-chave ainda vão continuar sendo exportados. Mas, para um país como o nosso, numa primeira etapa, você tem que brigar só por custos. Pois, para você sensibilizar uma equipe de compras [ao lado de um concorrente tradicional], só se a diferença de custo

---

[27] Idem.

[28] Mello, Lucas [Gerente de Engenharia e Desenvolvimento da American Company do Brasil], cit.

for muito grande. Então aí [numa segunda etapa], você coloca alguém para pensar naquele produto, naquele processo, em todo aquele conjunto.[29]

A redução de custos de produção, por conseguinte, torna-se uma obsessão às firmas que se candidatam como fornecedoras de uma montadora ou sistemista em um país periférico, sejam de capital local ou transnacional, e elas próprias acabam por impor o mesmo à sua rede de fornecedores locais, por meio da terceirização. De modo que toda a dinâmica da focalização, da hierarquização e da redução de fornecedores na cadeia automotiva mundial desaba como uma carga sobre as empresas atuantes em mercados periféricos, atingindo frontalmente os salários e as condições de trabalho. Indagado sobre isso, esse mesmo gerente foi bem claro:

Eu estabeleceria esta relação, sim, ela existe. A dependência... [pausa]. Claro, se eu sou um centro de desenvolvimento de produto e tenho uma patente, por que não vou pensar globalmente, mas trabalhar localmente? Quer dizer, se eu tenho uma patente, por que não trabalhar aqui no meu país e com preços? Eu desenvolvi esse produto, só eu tenho esse produto, eu tenho uma margem absurda! Eu não preciso estrangular os meus funcionários, eu preciso ter uma vida tranquila. E se eu ganho dinheiro, eles também podem ganhar dinheiro, não é? Agora, se não, a única maneira que eu tenho de gerar lucro, é tirar da força de trabalho, não é gerar lucro da "força de pensar e gerar tecnologia". Então, claro, eu vejo que o nosso país, o lucro gerado aqui, ele é o lucro gerado da força de trabalho, porque nós não investimos em tecnologia e desenvolvimento de produtos, nós estamos numa fase em que temos que "produzir".[30]

O mais grave, porém, é que essa relação de "dependência" com as economias capitalistas centrais não afeta somente os trabalhadores da periferia. Os trabalhadores das matrizes, nas potências de centro, são, pela mesma relação de concorrência, continuamente atingidos em sua condição de vida. Prossegue o gerente:

"Produzir" [ser um centro apenas "manufatureiro" e não "projetista" de novos produtos] também é muito importante. Hoje você vai para os Estados Unidos e as pessoas têm medo: *"O Brasil está roubando os nossos empregos, o que vai acontecer com os nossos empregos daqui a algum tempo?"* [...] Eles têm a visão de que não têm mais capacidade, não têm custo para competir com a nossa produção. E eles têm um pavor disso! Eu estive nos Estados Unidos há duas semanas, e três clientes falaram sobre isso. Eles falavam assim: *"Nós vamos perder os nossos empregos para os brasileiros, para os sul-americanos. Nós vamos perder os nossos empregos para os asiáticos".* Eles não sabem exatamente o que vão fazer, mas tentam se proteger de alguma maneira. Eles sabem que nós temos condições de vida diferentes, nos adaptamos de uma maneira diferente, com uma condição de vida pior do que a deles e que, por causa disso, eles estão perdendo os empregos. E estão tentando se proteger. Para mim isso é claro, e está claro na cabeça deles.[31]

---

[29] Idem.

[30] Idem.

[31] Idem.

A ocidentalização da flexibilidade oriental   49

De fato, os países periféricos têm sido alvo da instalação de plantas industriais nas últimas três décadas. Plantas que, mesmo sob intensos enxugamentos, ainda são intensivas em trabalho vivo, uma configuração condizente com níveis salariais ultrajantes como os de certos países do sul e do leste da Ásia[32], reduzidos até mesmo se comparados aos de países periféricos ocidentais como o Brasil[33]. Aludindo, por fim, à sua própria condição, finaliza o gerente:

> A gente [os brasileiros] já sente esse medo. Quando eu olho para os custos asiáticos, eu já sinto esse medo. Por exemplo: eu fui num congresso internacional e para cada pesquisador da Embraco, tinha dez da LG, que é uma empresa coreana. Por quê? Porque um pesquisador da Embraco ganha quanto? Três mil dólares? Um da LG ganha duzentos dólares.[34]

É interessante observar, aliás, como os elementos da gestão flexível se alastram com facilidade nas empresas instaladas nessas regiões. Tomando por exemplo o nosso estudo de caso, em espaço físico a planta de Campinas é equivalente às demais em outros países, ocupando em torno de onze mil metros quadrados de área construída. Sua flexibilidade, contudo, está entre as maiores de toda a American Company Division. Como descreveremos em detalhes no capítulo 5, sua fábrica está organizada em "células", cada uma das quais atendendo vários clientes em diversos itens, enquanto a planta de City, nos Estados Unidos, permanece (como comentamos anteriormente), com linhas de série bastante automatizadas e dedicadas a clientes específicos.

Trata-se de duas concepções de fábrica. A planta de City foi construída para fornecer poucos modelos em uma escala enorme: um tipo específico de mola de válvula da GM atinge um milhão de unidades ao mês; um outro da Ford, dois milhões. Linhas de série produzem 24 horas, sete dias na semana, um só tipo de item e, embora separadas e dedicadas a clientes e produtos específicos, cada uma tem, basicamente, os mesmos equipamentos: uma enroladeira, que recebe a matéria-prima (os arames), seguida de um forno de revenimento, depois os jatos de granalha, as retíficas, os fornos de assentamento a quente, o controle de carga e, na outra ponta da fábrica, o setor de embalagem, por onde as molas saem prontas para o uso.

---

[32]   Como Índia, China, Taiwan e Coreia do Sul. Somadas todas as categorias de veículos (porém, sem contabilizar motocicletas e máquinas agrícolas), as estatísticas da (Oica, 2010a) apontam que a China assumiu a liderança mundial em unidades produzidas no ano de 2009, ultrapassando o Japão, que tem atrás de si os EUA, a Alemanha e, aproximando-se rapidamente, a Coreia do Sul. Em termos de crescimento dessa produção no biênio 2008-2009, marcado pela crise financeira e econômica dos títulos *subprime*, com epicentro nos EUA e grande impacto sobre a cadeia automotiva ocidental, a China liderou com folga (espantosos 48,3%), seguida por Taiwan (23,7%), Romênia (20,9%) e Índia (12,9%).

[33]   Diante desse quadro dantesco, o interesse do Banco Internacional para a Reconstrução e o Desenvolvimento (Bird), do Banco Interamericano de Desenvolvimento (BID) e da *United Nations Educational, Scientific and Cultural Organization* (Unesco), em colocar metas aos países periféricos para a escolarização básica de suas populações, no que concerne ao caráter mais generalista de uma formação educacional, não pode deixar de assumir o aspecto de uma autêntica hipocrisia. Lembremos aqui da famosa conferência em Jomtien, na Tailândia, em 1990 e suas metas de erradicação do analfabetismo e elevação da escolaridade nos países periféricos. Cf. Conferência... (1990), Nagel (2001), Oliveira (2001), Silva Júnior (2003), Vieira (2001).

[34]   Mello, Lucas [Gerente de Engenharia e Desenvolvimento da American Company do Brasil], cit.

50 A máquina automotiva em suas partes

A planta de Campinas, até 1996, embora com uma produção quantitativamente menor, possuía uma organização análoga, com setores agrupando processos semelhantes. Nas palavras do gerente de Produção:

> Era assim: prensas, todas agrupadas; enroladeiras, todas num setor; as retíficas, todas agrupadas em outro setor; fornos, todos num setor; os jatos de granalha, todos num setor; era assim. Aí o que acontecia era que a peça ficava "andando" de um lado para o outro sem agregar valor. De 1996 para cá teve essa reestruturação do *layout* da fábrica, onde se "celularizou", com a ideia de que a matéria-prima entre numa célula e dela já saia o produto acabado – e não o produto ficar "andando" pela fábrica.[35]

Aparentemente, as células de produção de Campinas não rompem em absoluto com as linhas seriadas da planta de City, se as observarmos como um conjunto de processos físicos e químicos básicos. As diferenças, contudo, vêm à tona quando observamos que os equipamentos em Campinas são mais antigos e menos automatizados, portanto, menos "dedicados", sendo o trabalho dos brasileiros muito mais o de ajustá-los e operá-los com rapidez, do que programá-los e supervisioná-los.

Partindo exatamente dessa condição, numa mesma célula de Campinas são produzidas trezentas mil molas da GM, depois duzentas mil da Tritec, seguidas de cinquenta mil da Scania e assim sucessivamente, com os operários fazendo *setups* rápidos e frequentes nas máquinas em suas jornadas, para atender uma diversidade enorme de pedidos. Essas células, ademais, mantêm-se interligadas, permitindo serem usadas com vários objetivos:

> Nós aqui às vezes temos que pegar molas de embreagem e jogar nas células de molas de válvula, para fazer assentamento. Enfim, nós temos muita diversificação de produtos, e eles lá [a planta de City] não: eles dedicam uma linha praticamente para um ou dois itens, porque têm volume para fazer isso. Nós não temos volume para fazer isso.[36]

Analisaremos em detalhes a organização da produção na American Company do Brasil no capítulo 5. Por ora, os apontamentos iniciais acima sobre as condições de trabalho nessa planta e as incertezas e pressões sofridas pelas gerências assalariadas na periferia e no centro do capitalismo – na condução de negócios alheios em um mercado aberto, instável e sob a tensão permanente dos confrontos entre ações agressivas e polares de grupos oligopólicos – são suficientes para mostrar os limites de uma análise lógico-formal das estratégias de reestruturação das empresas num contexto histórico que, por excelência, é movido a solavancos e contradições, como é o modo de produção capitalista.

Em termos restritos ao nosso estudo de caso, tais fatos mostram que se a flexibilidade da American Company do Brasil resulta de adaptações de sua estrutura "condicionadas" a estratégias globais de inserção em um mercado hierarquizado

---

[35] Munhoz, Walter [Gerente de Produção da American Company do Brasil], cit.

[36] Idem. Na planta de Campinas a produção de molas de válvula gira em torno de um milhão e trezentas mil unidades ao mês, para clientes como a GM, a Scania ou a Tritec; essas encomendas, contudo, mesmo somadas, não atingem a quantia de oito a dez milhões ao mês feita em plantas como a de City.

A ocidentalização da flexibilidade oriental 51

(em grande parte ditadas pela matriz nos Estados Unidos), sem dúvida a construção desse processo – sua reestruturação produtiva – em última instância tem como fatores "determinantes" uma série de condições sociais, econômicas e políticas mais amplas e complexas, postas pela realidade do Brasil e dos demais países periféricos, na relação que assumem com as potências do centro do capitalismo. Não se pode, portanto, predizer o resultado desses processos; sobretudo, invocando a aparente universalidade das teorias com as quais os intelectuais das classes proprietárias definem os seus interesses.

Encerramos este capítulo transcrevendo abaixo, provocativamente, uma máxima que, emoldurada entre troféus e honrarias, paira altiva na sala de reuniões onde são recebidos clientes e fornecedores da American Company do Brasil:

> Dificilmente existirá alguma coisa nesse mundo que alguém não possa fazer um pouco pior e vender um pouco mais barato, e as pessoas que consideram preço somente são suas merecidas vítimas.

4

O NEOLIBERALISMO PERIFÉRICO
E A HEGEMONIA
DO CAPITAL TRANSNACIONAL

Apesar das mudanças na estrutura de fornecimento às montadoras ocidentais, com uma distribuição maior de saberes entre alguns dos elos mais elevados da cadeia automotiva, essa indústria ainda permanece distante, em certos aspectos, da experiência original japonesa. Características que ultrapassam supostas características culturais ou locais, fundando-se na arquitetura política e econômica que se constituiu ao longo dos mais de cem anos da história da indústria automotiva no Ocidente. E que estiveram, por conseguinte, presentes nas decisões das cúpulas empresariais quando foram alarmadas pela invasão dos seus mercados tradicionais pela indústria japonesa, até então desconhecida ou subestimada.

O índice de nacionalização de peças e componentes no Japão, por exemplo, sempre foi alto para a maioria dos veículos, girando em torno de 100% (pelo menos até o início da década de 1990). Ao contrário das experiências ocidentais, isso não decorre apenas de um protecionismo estatal, mas da forte integração entre as empresas. Os contratos de fornecimento costumam ser de longo prazo (em média de cinco a seis anos, muitas vezes prorrogáveis), e as autopeças ainda dispõem de apoio das montadoras, desde parcerias na melhoria dos processos produtivos até financiamentos para investimentos (Conceição, 2001).

Tais aspectos estão diretamente relacionados à estrutura de propriedade das empresas no Japão. Grupos de diferentes firmas se reúnem dividindo a posição de acionistas majoritários em empreendimentos comuns. A Toyota Motor Corp.[1] é exemplar.

---

[1] A Toyota Motor Company foi fundada em 1937 e seu braço comercial (principal responsável pelas exportações da empresa até os anos 1980), a Toyota Motor Sales Company, em 1950, em pleno

Não há em sua diretoria membros que não sejam antigos na empresa; e estes, na maioria, são da família proprietária original. A maior fatia das ações abertas acaba nas mãos de empresas relacionadas aos seus negócios, das quais, reciprocamente, a Toyota também adquire cotas, de modo que as partes não medem seu retorno apenas na forma de dividendos, mas "a propriedade é usada como símbolo de um relacionamento, em que os 'ganhos' provenientes da obrigação comum, implícita, vêm de um trabalho conjunto" (Keller, 1994, p. 141).

No Ocidente, a relativa diversidade de origens nacionais da propriedade privada dos meios de produção, conformou na indústria automotiva uma estrutura altamente concorrencial em termos de divisão de saberes. A cultura empresarial liberal em face do Estado, junto de uma rede de empresas grandes, porém internamente divididas sob a influência de acionistas poderosos e externamente individualistas no plano das suas relações no mercado, formaram os alicerces do primeiro modelo de industrialização de massa, com o advento primordial do pensamento taylorista e sua sanha em eliminar todo saber corporativo-artesanal, incrementado, posteriormente, pelo fordismo e toda a verticalização estandardizada de controle que apregoava.

Esse estilo ocidental de industrialização de massa, logo difundido em termos mundiais, permanece, desde o seu surgimento, fundado numa contraditória trama de relações entre o Estado, as empresas e a classe trabalhadora dos países onde foi implantado. Contradições que se tornaram evidentes quando a rígida verticalização das cadeias produtivas sob o controle de grupos transnacionais oligopólicos passaram a gerar crises cíclicas, momentos nos quais o individualismo econômico-corporativo e o liberalismo político-ideológico desses grupos cederam espaço à presença do Estado, para a desobstrução de entraves à acumulação de capital mediante novas regulamentações. Jamais arcaram, portanto, com prejuízos, pois suas taxas de acumulação foram mantidas, senão pela destruição dos excedentes gerados pelo trabalho nos períodos de guerra, pela contínua exploração intensiva e em larga escala da força de trabalho e das riquezas naturais em todos os países, sobretudo nos periféricos.

Tais contradições foram – em especial no pós-1945, com o surgimento de regimes supostamente hostis à economia de mercado – perdendo sua conjunturalidade, tornando-se crônicas e cristalizando-se em sucessivas políticas protecionistas estatais, que se espraiaram não só aos países de economia capitalista periférica, estigmatizados como subdesenvolvidos, mas principalmente aos países do centro do sistema, alimentando o seu já arraigado imperialismo. O Japão, por exemplo, adquirira tais aspectos nesse período e a transnacionalização recente de sua indústria automotiva confirma isso.

A crise dos anos 1970, ao contrário do que aparentemente sugerem muitas análises, não desobrigou o Estado de intervir nas relações de mercado. Pelo contrário, os grupos transnacionais forçaram-no, muitas vezes contra o consenso das populações locais, a assumir novas posturas protecionistas à acumulação de capital, cada vez menos embasadas no pressuposto de um alívio da desintegração do tecido social e

---

enfrentamento de uma crise financeira. Em 1982, as duas companhias foram reunidas dentro da Toyota Motor Corp. (Toyota Motor Corp., 2010).

muito mais voltadas aos interesses de uma classe proprietária que, paradoxalmente, reivindica um caráter nacionalista, sob uma feição global-totalitarista; democrático, sob formas de poder discriminatórias; liberal, sob parâmetros repugnantes de concentração de riqueza, desperdício e poluição.

Esses fatos têm ficado cada vez mais visíveis nas reduções de barreiras no comércio realizado entre os países periféricos e centrais, nos acordos multilaterais pelos quais, mediante o rolamento de dívidas historicamente impagáveis, são impostas, aos primeiros, pesadas restrições e metas como taxas de câmbio relativamente estáveis e juros internos básicos elevadíssimos. Não se pode dizer que essas medidas foram tomadas à revelia do capital transnacional. Mais sensato seria pensar que foram por ele apoiadas, pois muitos são os fatos que apontam nessa direção. E a indústria automotiva é, novamente, um caso exemplar.

Falávamos, no início do capítulo anterior, sobre uma clássica divisão de saberes entre as montadoras e autopeças. Essa divisão levou à formação de uma forte indústria de autopeças de capital local em cada um dos grandes centros mundiais produtores de veículos: Estados Unidos, Europa e, após meados do século XX, Japão. Suas empresas acompanharam, por sua vez, a instalação das filiais das montadoras em outros países, na expansão internacional da indústria automotiva de massa no pós-1945 – concentrada sob o domínio dos grupos estadunidenses e europeus até o final do século XX –, instalando também filiais e reproduzindo aí, nas relações de fornecimento, as mesmas características mantidas nos centros produtores de onde vieram (Bedê, 1996).

A planta na qual realizamos o estudo de caso é um exemplo disso. Foi construída como filial de uma empresa que fornecia exclusivamente esses itens pequenos à Bosch, fundada na Alemanha por dois antigos assalariados desta. Sua inauguração no país como Rossmann & Berchtold do Brasil (nomes fictícios dos dois sócios-fundadores), em 1969, condicionou-se às necessidades da filial brasileira da Bosch, instalada desde 1958 em Campinas, dada à insuficiência no país naquele momento de tecnologia no fabrico de molas. A Bosch fora acionista majoritária desse empreendimento desde o início e, quando o aquecimento do mercado automotivo brasileiro nos anos 1970 demonstrou o vigor da Rossmann & Berchtold em atuar em nichos maiores e fornecer para montadoras, ela mesma resolveu analisar propostas de aquisição dessa planta já oferecidas por transnacionais como a estadunidense American Company Division. Assim, a efetivação dessa compra (em 1978) somente transferiu uma fatia do controle europeu da propriedade e do mercado consumidor – portanto, das oportunidades de acumulação de capital – do setor de autopeças do Brasil para o controle estadunidense, já presente na região de Campinas em empresas como antiga Clark, instalada em 1959 (hoje Eaton, sistemista que fabrica caixas de transmissão).

Corporações transnacionais poderosas, oriundas de uma tríade de países ou regiões (Estados Unidos, Europa e Japão), que concorrem entre si pelo domínio da produção e do mercado automotivo mundial. Propriedade concentrada das tecnologias da indústria automotiva, reproduzindo uma hierarquia de poder entre países

56 A máquina automotiva em suas partes

capitalistas centrais e periféricos, fortalecendo uma clássica divisão internacional do trabalho. Relações entre classe trabalhadora, empresariado e Estado nesses processos. Eis o tema deste capítulo.

Comecemos por apontar que a recente propagação de estatísticas sobre a produção mundial em unidades de veículos "por países"[2], chama a atenção para a agressividade com que a China assumiu a liderança em 2009, ultrapassando o Japão – que, desde 1999, ocupava a segunda posição (atrás dos Estados Unidos e à frente da Alemanha), enquanto a China ocupava a nona. De 2000 em diante, a produção na China não cresceu menos de 9,1% ao ano e, num ritmo inverso à desaceleração da maioria dos grandes produtores ocidentais, em 2002 alçou a quinta posição. Após 2005, açambarcou quase um posto por ano até à liderança (Oica, 2010a).

Contudo, é preciso notar que tais números expressam produções totais "por países", sem apontar a origem da propriedade de capital das plantas por elas responsáveis. Há uma quantidade enorme de montadoras na China funcionando na forma de parcerias entre grupos estrangeiros tradicionais e firmas locais, de maneira que a transferência efetiva de tecnologia e capacidade produtiva às marcas autônomas chinesas permanece, por enquanto, uma incógnita. Somente sobre tal efetividade a produção originalmente chinesa poderia fazer face às corporações originárias dos países e regiões tradicionais da indústria automotiva, enfrentando as dificuldades de inserção nesses mercados e não apenas em um mercado interno novo e em expansão.

Nesse sentido, se consultarmos a produção mundial "por montadoras" na base de dados da Oica (2010b), veremos que, entre 2005 e 2008 (ou seja, exatamente durante o "grande salto 'automotivo' para frente" da China), a Toyota Motor Company foi a única empresa asiática que assumiu a liderança mundial. Aliás, galgada por mais de uma década, com a obtenção da segunda posição em 2004, subtraída à Ford, e da primeira em 2008, retirada à GM, empresas estadunidenses e líderes há anos. Nesse mesmo período, se considerarmos a terceira, quarta e quinta posições, revezaram-se, além dessas três, a alemã VW, a teuto-americana Daimler-Chrysler e, após 2005, a japonesa Honda[3]. Em suma, nenhuma empresa chinesa, coreana ou indiana. Por fim, o ano de 2008[4], por ordem decrescente de produção, apresentou o seguinte quadro: 1º) Toyota (Japão); 2º) GM (Estados Unidos); 3º) Volkswagen (Europa); 4º) Ford (Estados Unidos); 5º) Honda (Japão).

---

[2] Como as que apresentamos na p. 42, nota 9 e na p. 49, nota 32. Relembramos, também, que tais números, em vista da fonte (Oica, 2010a, 2010b), tratam do somatório de todas as categorias de veículos com exceção das motocicletas e máquinas agrícolas, sendo, apesar disso, representativos dos movimentos que estamos analisando.

[3] A base de dados utilizada considerou, até 2006, a soma de unidades produzidas por todas as marcas detidas pelos grupos GM, Ford, Volkswagen etc., após o que tal produção passou a ser computada separadamente. No caso da Toyota, tal critério foi aplicado desde 2003, computando separadamente sua produção das subsidiárias Daihatsu e Hino, o que só confirma sua posição de liderança.

[4] No momento em que fechamos o texto, a Oica não havia disponibilizado esses dados para o ano de 2009.

O neoliberalismo periférico e a hegemonia do capital transnacional   57

Portanto, em que pese o aprofundamento e refino que um estudo sobre esse assunto requer[5], para os fins da presente análise, consideramos que a capacidade tecnológica e produtiva, a propriedade de capital e as batalhas mais acirradas pelo domínio do mercado automotivo mundial, permanecem concentradas no rol das corporações transnacionais oriundas da tríade anteriormente referida. Pelos dados acima, essa tríade poderia ser ordenada, na conjuntura mundial atual, como: Japão, Estados Unidos e Europa (Alemanha, França e Itália). Mas no pós-1945, e enfocando a influência que cada uma dessas nacionalidades teve na formação inicial da cadeia automotiva do Brasil, teríamos: Estados Unidos, Europa (Alemanha, Itália e França) e Japão. A fim de prosseguir a análise que pretendemos, voltemos rapidamente a essa época, em que a indústria automotiva assumira uma posição estratégica aos governos desenvolvimentistas brasileiros.

Havia duas necessidades básicas postas por esses governos: de um lado, expandir não apenas em número as fábricas em diversos setores industriais no país, mas, fundamentalmente, integrar tais setores numa totalidade coesa e sinérgica, consolidando a almejada acumulação de capital de base industrial. De outro lado, urgia obterem-se meios de transporte para escoar uma produção que, crescentemente, resultava da ocupação mais intensiva e rápida de um território nacional imenso. Este, se preenchido por ferrovias e hidrovias, exigiria um investimento em curto prazo que, à época, estava acima das capacidades do Estado brasileiro (Gattás, 1981).

Uma cadeia industrial automotiva, instalada em território nacional, ainda que com a participação massiva de empresas estrangeiras, apresentava-se como alternativa à primeira necessidade, dada a sua histórica capacidade de gerar demandas (*linkages*) à montante e à jusante de outras cadeias produtivas e de serviços, atingindo praticamente todos os setores e, em especial, os tecnologicamente mais avançados. Quanto à segunda necessidade, na situação de dependência de investimentos externos em transporte, é certo que naquela conjuntura estes viriam muito mais facilmente na modalidade rodoviária que nas demais, posto que, como já comentamos no capítulo 2, havia um forte interesse das tradicionais fabricantes de veículos estadunidenses e europeias em expandir sua produção e seus mercados via transnacionalização no pós-1945.

O Estado brasileiro, portanto, principalmente do segundo governo Vargas (1951-1954) em diante, ao assumir (com pesados endividamentos externos) a indústria de base e de infraestrutura e oferecer uma série de incentivos às filiais da indústria automotiva tradicional, atraiu não só montadoras, mas boa parte de seus fornecedores de autopeças estadunidenses e europeus. Estes se somaram às empresas nacionais do setor, em atuação no mercado de reposição desde o início do século e, nesse sen-

---

[5]   Pois há que se analisar toda a gama de motivações por trás dessas intensas desacelerações da produção automotiva nos centros tradicionais, inclusive, como complementação e continuidade das questões que aqui trazemos e, dentro dos limites postos, buscamos responder. O Japão, por exemplo, não apresentou nenhum crescimento negativo de sua produção automotiva desde 2000. Uma primeira e leve queda veio entre 2007 e 2008 (-0,2%), seguida por uma brusca redução entre 2008 e 2009 (-31,5%), exatamente quando a China atingia o seu auge de crescimento no ramo (+48,3%) (Oica, 2010a).

58 *A máquina automotiva em suas partes*

tido, convém notar que o Estado brasileiro assegurou certa proteção a tais empresas, para que maturassem sua tecnologia e capacidade produtiva à altura das exigências das montadoras – inclusive como forma de condicionar a nacionalização dos veículos à expansão e integração do tecido industrial brasileiro (Alves, 2000; Bedê, 1996; Quadros, 1991).

Em síntese, desde a sua instalação, a indústria automotiva foi sempre um meio eficiente de atender, por um lado, às necessidades expansionistas do capital oligopólico internacional e, por outro, às de inserção mundial periférica das elites brasileiras nas mudanças em curso no processo de acumulação de capital[6]. Dada essa articulação de interesses, seus dois setores, autopeças e montadoras, foram sendo incentivados de diferentes formas pelo Estado. E se no desenvolvimentismo as empresas de autopeças se fortaleceram nas mãos do empresariado nacional, veremos como, no neoliberalismo cairão sob o domínio das transnacionais oligopólicas, mediante o amparo estatal às suas estratégias globais de focalização, hierarquização e redução da cadeia automotiva.

Analisando no capítulo anterior essas estratégias, vimos como elas surgiram de uma reação tanto ao impacto da crise dos anos 1970 quanto à expansão da indústria automotiva japonesa logo depois. Mostramos como a flexibilidade toyotista na gestão da cadeia automotiva tradicional do Ocidente foi obtida mediante alterações na relação entre montadoras e autopeças, aproveitando-se da abertura comercial iniciada nos anos 1980 e da estrutura transnacional de plantas matrizes e filiais, conectando centro e periferia do capitalismo por meio da exploração intensiva e planejada de "vantagens comparativas locais".

Tomando como exemplo o estudo de caso que realizamos, entre todos os aspectos já apresentados, na decisão pela aquisição da planta brasileira da Rossmann & Berchtold pela American Company Division, pesaram muito os custos da matéria-prima principal e dos insumos usados em processos de acabamento dos produtos, os quais têm no Brasil um preço bem mais acessível que em outros países. O custo da força de trabalho e as possibilidades de precarização nos contratos, aliás, teve um destaque especial nas palavras do gerente de Melhoria Contínua da planta:

> A mão de obra tem uma diferença muito grande. A flexibilidade que nós temos de mão de obra é muito grande: eu consigo ter funcionários temporários, ao passo que em outras unidades [plantas em outros países] a gente não consegue ter essa flexibilidade que a gente tem aqui.[7]

---

[6] O argumento aqui desenvolvido acompanha a análise da inserção periférica das elites latino-americanas nos processos de transformação do capitalismo mundial, desenvolvida por estudiosos como Florestan Fernandes. Consultar, por exemplo, em Fernandes (2009), o "novo imperialismo", último entre os quatro "padrões de dominação externa na América Latina" por ele analisados, em meio ao qual ocorre a expansão das corporações estrangeiras na América Latina, sediando projetos transnacionais e sendo por isso "saudadas como uma contribuição efetiva para o *desarrollismo* ou o 'desenvolvimentismo', recebendo apoio econômico e político irracional" (Id. Ibid., p. 31).

[7] Ramos, Vitor [Gerente de Melhoria Contínua da American Company do Brasil], cit.

Notemos, contudo, dois outros elementos surgidos dessa complexa ocidentalização da flexibilidade oriental. Como parte da experiência original japonesa, consta nas pesquisas que consultamos um forte apoio das montadoras às sistemistas e destas aos demais fornecedores. Já entre as práticas da reestruturação ocidental, é comum uma imposição vertical de "normas de qualidade", principalmente aos fornecedores situados nos países periféricos, exigindo-lhes uma adaptação rápida e autônoma. Por fim, apontam-se ainda preferências entre montadoras europeias e japonesas por fornecedores de sua mesma nacionalidade (Conceição, 2001).

Como explicar a complementaridade entre duas frentes de ações aparentemente opostas no mesmo processo de reestruturação da indústria automotiva ocidental: uma que se baseia na focalização de matrizes e filiais no centro e na periferia do sistema capitalista mundial, partindo de "vantagens comparativas locais" e de estratégias como a delegação de tarefas aos fornecedores de autopeças; e outra que se funda na ausência de apoio e na imposição de exigências aos fornecedores, além de um tratamento discricionário quanto às nacionalidades envolvidas? A explicação reside no fato de que a globalização, a focalização, a hierarquização e o enxugamento da cadeia automotiva, de reações da indústria estadunidense e europeia às adversidades das décadas de 1970 e 1980, passaram a estratégias visando uma radical concentração de propriedade dos meios de produção e de controle sobre o mercado automotivo mundial, generalizadas também entre os oligopólios japoneses.

O desenvolvimento de produtos é um caso exemplar. Se lembrarmos os principais argumentos expostos no capítulo anterior pelos gerentes da American Company do Brasil, quanto às dificuldades das empresas nos países periféricos (mesmo as filiais de transnacionais) em fornecer para montadoras e sistemistas estrangeiros, veremos que a escassa participação nos projetos dos produtos (a maioria elaborados no exterior) é um fator importante. A Bosch e a Tritec (sistemistas), bem como a GM, Volkswagen e Honda (montadoras), normalmente não fazem parceria no desenvolvimento dos seus produtos com a planta de Campinas. Sobre a Honda, disse-nos o gerente de Produção:

> Nós não desenvolvemos o produto [deles]. A Honda passa o desenho para a gente e nós fazemos as amostras, atendendo às especificações da Honda. Depois disso, são enviadas para a Honda, para avaliações e testes de campo, dimensional e performance. Aí a Honda aprova algumas peças. Mas tudo se inicia com o projeto da Honda, e a Honda só passa o desenho para a gente e diz: *"Façam isso"*. [...] Basicamente, o que nós fazemos aqui é desenvolver "processos" [de produção dos itens], pois até o material eles também indicam no desenho, *"Olha, o material é cromo-silício-vanadium, ou é cromo-silício"*, e a gente desenvolve o processo para fabricar aquele item.[8]

O domínio sobre o projeto não está apenas na relação que as filiais dessas sistemistas ou montadoras estabelecem com os fornecedores no Brasil, em suas operações no "plano vertical". Derivam, sobretudo, da condição de submissão dessas filiais às operações estratégicas que lhes são designadas, no "plano horizontal", pelas matrizes.

---

[8]   Munhoz, Walter [Gerente de Produção da American Company do Brasil], cit.

60   A máquina automotiva em suas partes

No caso da Honda, qualquer mudança nos desenhos proposta pelos fornecedores no Brasil deve passar por aprovações na matriz japonesa. Nas palavras do gerente de Engenharia e Desenvolvimento da planta de Campinas:

> Toda hora você tem que ir ao cliente e ele tem que ir à matriz. É o que acontece muito com a Honda aqui no Brasil: *"Vamos ligar no Japão para ver o que vai fazer...".* Então, cada decisão, a decisão mais rápida que se pode tomar, ela demora no mínimo um dia, porque você vai ligar ou mandar um e-mail para depois alguém, no outro dia... Se isso for uma prioridade... Então aí as coisas andam muito lentas.[9]

As demais montadoras clientes da American Company do Brasil, como Toyota, Scania, Peugeot, Daimler-Chrysler, Fiat e Renault, e as sistemistas Eaton, Delphi, Visteon, Cofap (hoje propriedade da Mahle e da Magnetti Marelli), TRW, Echlin, Denso, ZF, Bristol, Maxion, Dana, Ina, Grammer, Sachs, Luk, Valeo e Mahle, são mais abertas ao desenvolvimento em parceria. Mesmo assim, tratando-se de itens tradicionais do mercado automotivo de massa, mantêm um acompanhamento distante, não compartilhando laboratórios ou técnicos. Indagamos, então, a esse gerente, se a focalização das montadoras, delegando atividades às autopeças, estaria ou não ocorrendo no Brasil, ao que ele respondeu:

> Na verdade, no Brasil nós estamos ainda – eu diria assim – "engatinhando" no desenvolvimento de novos motores, por exemplo, que é a área em que a gente [a American Company do Brasil] atua. Então, existe pouquíssimo conhecimento dentro das montadoras. Nos Estados Unidos, por exemplo, já existe mais, [...] eles não conhecem a fundo o que tem que ser feito, mas conhecem os problemas e todo aquele desenvolvimento. [...] A montadora, no Brasil, acho que ela delega para a indústria de autopeças, e então toda essa tecnologia está na indústria de autopeças e não na montadora.[10]

Cabe esclarecer que o entrevistado, afirmando haver "pouquíssimo conhecimento dentro das montadoras", está se referindo às filiais instaladas no Brasil, diferentemente das matrizes (nos Estados Unidos, por exemplo), que, embora não detenham um conhecimento absoluto de todos os sistemas dos veículos (dada a delegação cada vez maior de atividades às sistemistas), são a sede dos projetos. Resulta que esses permanecem nessas matrizes nos centros tradicionais, levando a que, nos países periféricos, as montadoras filiais deleguem responsabilidades "cadeia abaixo" não por uma focalização própria, mas em vista da dependência que têm dos saberes acumulados pelos fornecedores tradicionais de suas matrizes. Disse-nos, ainda, sobre esse ponto, o mesmo gerente:

> Incomoda-me bastante mexer com alguma coisa, estar produzindo alguma coisa, em que eu não sei absolutamente nada e em que eu não posso decidir sobre nada. E sempre que você não tem as decisões, você não sabe, você não tem todo o desenvolvimento de produto aqui, você fica à mercê de coisas como alguns exemplos que eu vou citar para você. Como a Fiat. Nós somos fabricantes de molas de válvula no mundo todo. A Fiat tem

---

[9]   Mello, Lucas [Gerente de Engenharia e Desenvolvimento da American Company do Brasil], cit.

[10]   Idem.

um fornecedor lá na Itália, que é um concorrente nosso. O projeto nasce lá e a definição do material do fornecedor, basicamente, vem de lá. É muito difícil, pois essa outra empresa trabalhou no projeto e nós estamos trabalhando só na cotação. Quer dizer, não dá! Você só tem que competir no preço. E no preço, às vezes, a própria empresa [que projetou o artigo, como essa, da Itália], por uma estratégia, coloca algumas barreiras para travar a nacionalização de determinado produto, porque é muito mais cômodo para ela estar exportando [...]. Um determinado fornecedor, na época do desenvolvimento de um tal produto, define: ele [quem for fabricar esse produto] tem que ter esse fornecedor [de matérias-primas, por exemplo], tem que ter essa especificação. Mas de repente eu [que me proponho a fabricar e fornecer no Brasil] não tenho exatamente a mesma especificação. E daí, na pressão do projeto, o que acontece? Se você está desenvolvendo um grande projeto, você não vai falhar num grande projeto porque: *"Nós precisamos de mais um mês para nacionalizar a matéria-prima, porque é diferente da que está lá fora"*. Se é um produto cujo valor é pequeno, então qual a solução mais fácil? Deixa esse produto de valor pequeno, que nós vamos continuar importando. Então, essa dependência do desenvolvimento de produto atrasa a gente, a nossa indústria de autopeças, e isso é feito, claro, de propósito, não pelas montadoras, mas pelos fornecedores de autopeças do mundo.[11]

É interessante observar, no caso da American Company do Brasil, como uma situação inversa ocorre no setor de bens de capital, para o qual também fornece:

Vou dar outro exemplo: na Embraco acontece exatamente o contrário. O centro de desenvolvimento da Embraco, que é uma indústria de compressores, ele está aqui no Brasil. Então, em todas as decisões, eu vou até a própria Embraco aqui e decido com ela. Eu sou o principal fornecedor da matriz, eu sou um fornecedor da matriz e que está do lado do centro de desenvolvimento de produto. Eu sou quem faz a cabeça do gerente de desenvolvimento de produto, eu é que determino para ele como que ele tem que especificar meu produto.[12]

Portanto, o desenvolvimento dos produtos é um campo que, em decorrência da focalização, permite às montadoras e sistemistas transnacionais hierarquizar e reduzir sua cadeia de fornecimento, mediante esquemas de proteção aos seus negócios. As filiais de transnacionais como a American Company do Brasil assumem, nessa espécie de guerrilha entre oligopólios nas periferias, a linha de frente:

Você tem que ter um marketing para combater isso, e qual é a maneira de combater isso? *"Eu conheço tão bem desse produto quanto esse 'Zé Mané' da Europa; aliás, ele não conhece nada sobre isso, ele fez isso errado, você tem que fazer assim"* [diria o engenheiro entrevistado para um cliente, sobre o concorrente]. Mas isso é muito difícil, para isso eu tenho que ter alguém [uma filial da sistemista ou montadora] que conheça o desenvolvimento, que conheça o produto completamente, conheça a tecnologia, não tenha medo de experimentar, de colocar a "caixa preta" e só "pintar ela de branco". Isso é um novo produto e você está falando de milhares, de uma produção muito grande. Então: *"Vamos pintar esse negócio de branco, aqui?"*. Mas: *"Não, de repente não funciona, deixa pintado de preto. Tudo bem, branco é mais barato, não precisa pintar, é mais barato; mas era preto lá, alguém decidiu*

---

[11] Idem.

[12] Idem.

que era preto, então deixa preto, porque desse jeito funcionou, qualquer coisa não foi culpa minha, eu não conheço o que é, eu não sei absolutamente nada...".[13]

Envolvidas nesse contexto, principalmente após a abertura comercial, muitas das firmas de autopeças de capital nacional no Brasil foram excluídas ao longo dos anos 1990 do elenco de fornecedores diretos das montadoras já nas cotações internacionais de preços (*global sourcing*), pois não lograram ampliar suas escalas o suficiente para reduzir custos, mesmo em itens simples. Nos itens críticos (*follow sourcing*), as maiores empresas também não arcaram com o volume de capital exigido nos projetos de novas peças e sistemas, em vista do longo prazo de amortização desses investimentos – de até três anos antes do lançamento dos veículos (Posthuma, 1997).

Resultado: poucas empresas brasileiras escaparam da falência ou da aquisição por grupos transnacionais da tríade Estados Unidos, Europa e Japão. Não se tratou, contudo, de um movimento cuja evolução se deu unicamente no âmbito das relações entre as empresas. Como já aludimos no último capítulo, tais dinâmicas não resultam das "mãos invisíveis" imanentes à suposta liberdade de concorrência no mercado, nem do seu controle pelas "mãos visíveis" da adminstração empresarial. Resultam de relações mais amplas de forças presentes na luta entre as classes sociais na sociedade civil[14] e no Estado[15].

Do que já expusemos acerca da reestruturação da cadeia automotiva, não é difícil perceber que, em se tratando de produtos cujos conteúdos tecnológicos já estejam amplamente distribuídos entre os países na divisão internacional do trabalho, um dos objetivos do *global sourcing* é rebaixar seus preços em escala mundial. Por outro lado, a partir do momento em que as montadoras estabelecem uma concorrência internacional entre os fornecedores desses produtos, firmando contratos com poucos deles ao redor do mundo, as pequenas e médias firmas de capital nacional, que têm nessa fatia do mercado sua principal atuação, tornam-se vulneráveis, sendo incorporadas por sistemistas transnacionais[16]. Estas últimas, por meio do *follow sourcing*, ampliam sua capacidade tecnológica e produtiva em acordos mais estáveis e participativos com as montadoras, ao tempo em que reproduzem essas mesmas táticas com seus fornecedores. Perfaz-se, então, uma dinâmica entre a hierarquização e a concen-

---

[13] Idem.

[14] Ao nos referirmos à sociedade civil, estamos considerando o âmbito no qual se situam as corporações transnacionais e as estratégias que impõem aos seus fornecedores nas operações de mercado, bem como as decisões que tomam nas negociações nacionais e internacionais envolvendo suas associações, federações e sindicatos, junto aos órgãos representativos da classe trabalhadora.

[15] Por Estado, compreendemos a instância na qual todo um conjunto de políticas sociais, comerciais e industriais é elaborado e aplicado em setores como o Poder Executivo, a Assembleia Legislativa, os Ministérios e o Banco Central, com o fim de amparar a acumulação capitalista em seu nível "macro" (abertura comercial, taxas de juros internas etc.) e "micro" (flexibilização da arrecadação fiscal, da legislação trabalhista e ambiental etc.).

[16] Fato muito comum nos segmentos de pneus, rodas, baterias, dutos e mangueiras, correias, chaves elétricas, velas de ignição, molas, entre uma miríade de produtos que, em sua maioria, já são controlados internacionalmente por gigantes como a Goodyear, a TRW, a Magnetti Marelli etc. (Pinto, 2003).

tração de capital, do topo à base da cadeia automotiva, pois mesmo entre as montadoras tem havido redução de empresas via incorporações e fusões.

Nesse contexto, empresas nacionais e estrangeiras de autopeças instaladas nos países periféricos procuram convencer as montadoras (concentradas na tríade Estados Unidos, Europa e Japão) a trazerem a concepção dos veículos para suas localidades. O que promove uma convergência de interesses entre as elites e a classe trabalhadora das periferias junto ao Estado, geralmente com o apelo a questões como emprego e condições de vida – unilateralmente vinculadas pelos governos ao crescimento econômico. É escusado dizer que tal processo corrobora os resultados acima, como o caso brasileiro permite constatar.

Um crescimento ininterrupto da indústria automotiva no Brasil estendeu-se de meados dos anos 1950 até o início da década de 1980, quando o padrão "excludente" e "dependente" do desenvolvimentismo[17] entrou em colapso, com estagnação do crescimento, inflação corrosiva e desvalorização da moeda, compondo um cenário que se manteve por praticamente toda a década de 1980 e no qual a indústria automotiva fora absorvida. A liquidez no mercado financeiro internacional no início da década de 1990, contudo, possibilitou ao presidente Collor de Mello (1990-1992) tomar medidas para atrair investimentos externos e dar um "choque de competitividade" nas empresas instaladas no país (Baltar, Dedecca e Henrique, 1996).

Além de ajustes recessivos como o confisco da poupança e restrições ao crédito privado, contenção salarial e redução dos gastos públicos, Collor e sua equipe desencadearam uma rápida abertura comercial que atingiu, de forma abrupta, a cadeia automotiva do país. Referindo-se aos veículos brasileiros como "carroças", Collor acusava o protecionismo estatal desenvolvimentista de ter criado reservas de mercado às empresas automotivas instaladas no país (mediante índices de nacionalização dos veículos que, à sua época, ainda giravam em torno de 85%). Tal seria a origem da estagnação tecnológica, dos preços oligopólicos e da defasagem do país nos novos parâmetros da competitividade internacional (Bedê, 1996; Conceição, 2001).

O resultado das medidas tomadas acima foi uma elevação imediata nos preços dos veículos, com queda nas vendas e redução no emprego[18]. O governo reuniu, então, empresas e trabalhadores para discutir o assunto na Câmara Setorial Automo-

---

[17] "Excludente" em vista da combinação entre crescimento da produção e arrocho salarial, visando estabelecer uma classe média consumidora de bens duráveis no país. "Dependente" devido ao grande endividamento externo do Estado, advindo de empréstimos para projetos cujo retorno no longo prazo foi agravado pela crise internacional dos anos 1970. São predicativos, no entanto, como veremos ao longo deste capítulo, que não apenas permaneceram como foram aprofundados no "neoliberalismo".

[18] A produção das montadoras passou de cerca de 1 milhão de unidades em 1989 para 914,5 mil em 1990, reagindo para 960,2 mil em 1991, mas o nível de emprego direto do setor em todo o período diminuiu de 118,3 mil para 109,4 mil (queda de 7,5%). Já a indústria de autopeças amargou uma queda de 37% no seu faturamento entre 1989 e 1991, cujo impacto sobre os trabalhadores foi uma redução do nível de emprego de 309,7 mil postos para 255,6 mil (uma queda de 17,5%) (Conceição, 2001).

64   A máquina automotiva em suas partes

tiva[19], na qual se firmaram dois acordos (em 1992 e 1993). Em ambos, o diagnóstico básico se prendeu aos efeitos da prolongada recessão da década de 1980, paralelamente ao avanço internacional da indústria japonesa (e da coreana, uma concorrente direta do Brasil como periferia manufatureira). Como deliberações, estabeleceram-se metas de redução de preços em algumas categorias de veículos, manutenção do emprego e correção salarial, além de um plano de investimentos em modernização e expansão da produção, todas vinculadas à redução de impostos e à adoção de incentivos ao crédito interno e às exportações pelo governo (Anderson, 1998; Bedê, 1996; Conceição, 2001; Satomi e Rodrigues, 1997).

Após o *impeachment* de Collor, o presidente da República em exercício, Itamar Franco (1992-1994), estimulou as montadoras a fabricar os chamados "populares". Tratou-se de mais um acordo, mas "por fora" da Câmara Automotiva, com o fim de incentivar o fabrico de veículos menores e a baixo preço, em troca da redução do Imposto sobre Produtos Industrializados (IPI). No decreto governamental, pautava-se que seus objetivos eram "possibilitar a diminuição do preço de venda ao consumidor dos veículos populares, com reflexos positivos na oferta de empregos, no nível de investimentos e na produção industrial" (Bedê, 1996, p. 124).

Aproveitando-se dos subsídios e da imprecisa normalização do governo, as montadoras incluíram em tal categoria veículos de 997 a 1.600 cilindradas cúbicas, automóveis e comerciais leves, com preços entre US$ 6.849 e US$ 9.219 e nem sempre vinculados a novos investimentos (relançou-se até o VW Fusca com o ferramental já desativado desde 1986) (Bedê, 1996). Além disso, ao focalizar sua produção nesse nicho, passaram a importar os demais modelos médios e de luxo[20]. Com isso, frustrava-se a expectativa de superação da defasagem tecnológica nacional pela abertura comercial, embora, como efeito das demais condições, a indústria automotiva tivesse apresentado crescimento no país, puxado pelas vendas internas e pelos "populares", cuja produção no montante total saltou de 14,4% para 53,8% apenas entre 1992 e 1994 (Anderson, 1998; Conceição, 2001).

Ao final de 1993 e ao longo de 1994, o governo novamente tomou medidas "por fora" da Câmara Automotiva, ao fixar parâmetros tributários e tarifários importantes – como a antecipação da redução da Tarifa Externa Comum (TEC) do Mercosul, que deveria ocorrer apenas em 2000[21]. Ainda em 1994, visando conter a pressão da

---

[19]   As Câmaras Setoriais foram grupos de negociação tripartite (formados por trabalhadores, empresários e governo) criados ao final dos anos 1980 para analisar e formular estratégias de competitividade em setores específicos. No governo Collor, sua atuação foi ampliada ao assumirem o desenho e acompanhamento de planos governamentais de combate à inflação, saídas administradas de descongelamento de preços e mesmo projetos de inserção do país no mercado internacional (Bedê, 1996; Anderson, 1998).

[20]   Invertendo a tática dos anos 1980, quando o esforço era a produção dos médios e de luxo, voltados a um padrão concentrado de distribuição de renda – o que também garantia, à época, elevados níveis de lucratividade (Rosandiski, 1996).

[21]   O então ministro da Fazenda, Fernando Henrique Cardoso (futuro presidente da República) e sua equipe, manifestavam-se contra as câmaras setoriais com argumentos liberais. Todavia, o que os preocupava era influência das potenciais decisões das câmaras na evolução do Plano Real: um plano

O neoliberalismo periférico e a hegemonia do capital transnacional   65

demanda sobre a inflação, reduziu-se drasticamente a alíquota de importação de veículos, o que, somando-se ao congelamento do câmbio sobrevalorizado e o aquecimento da atividade econômica, resultou em uma rápida elevação nas importações. Logo a seguir, diante da crise mexicana na virada para 1995, o governo voltou a tarifar fortemente as importações de veículos (sofrendo críticas até mesmo da Organização Mundial de Comércio – OMC). Mas a entrada de produtos estrangeiros continuou em alta, dada a sobrevalorização e congelamento do câmbio (Conceição, 2001).

Um terceiro acordo automotivo foi, então, realizado no início de 1995, decidindo-se por um maior controle na importação de veículos e autopeças e pela discussão sobre um regime automotivo comum para o Mercosul, além de metas de investimento e expansão de crédito, avaliação das isenções de impostos e questões trabalhistas, como salários, encargos sociais e participação dos trabalhadores nos resultados das empresas. O governo de Fernando Henrique Cardoso (1995-1998), todavia, decretou em seguida uma elevação do IPI sobre os "populares" que divergia do acordado, acirrando dissensões dentro da câmara e provocando a sua desativação (Anderson, 1998).

Desde então, as decisões ora negociadas passaram a ser decretadas pelo Estado, como o Regime Automotivo de 1995[22]. Por esse instrumento, decretaram-se reduções tarifárias de importação sobre veículos, autopeças, equipamentos e insumos industriais, em um grau de abertura ainda não conhecido no país. Por exemplo, às chamadas *newcomers*[23] permitiu-se a aplicação de zero por cento à importação de autopeças e insumos de países oriundos do Mercosul e cujos valores fossem compensados com exportações (Pinheiro e Motta, 2001). Visava-se atrair investimentos externos e ampliar a exportação, no médio prazo (sobretudo, no âmbito do Mercosul), de veículos e autopeças, como também, mediante benefícios adicionais, incentivar a instalação de novas empresas nos estados das regiões Centro-Oeste, Norte e Nordeste, na tentativa de desagravar a desigualdade regional crônica do país em investimentos industriais. Entretanto, não somente tal regime resultou em uma "guerra fiscal" entre os Estados da federação[24], como consolidou o desequilíbrio, vigente desde o início da década, entre montadoras e empresas de autopeças diante da abertura comercial.

De fato, se a facilidade de acesso à importação acirrou a competição tanto entre montadoras quanto entre autopeças no país, os impactos negativos foram muito

---

de estabilização monetária que, projetado e posto em prática por essa equipe a partir de 1994, exigia estrito controle do governo sobre a demanda, combinado a juros elevados, liberalização da economia, sobrevalorização cambial, desregulamentação de mercados, desindexação salarial e elevação dos impostos, entre eles o IPI.

[22] Medida Provisória (MP nº 1.024/1995) posteriormente convertida em lei (Lei nº 9.449, de 14/03/1997).

[23] Plantas de montadoras e autopeças que viriam a se instalar no país, bem como novas plantas ou linhas completas de produção das empresas já presentes, com introdução de famílias novas de modelos.

[24] Pois a maior parte dos investimentos direcionou-se novamente às antigas regiões industriais, que obviamente venceram o "leilão" de benefícios e incentivos ofertados, frente às demais regiões, cuja capacidade de dispor de tributos é historicamente menor.

66   A máquina automotiva em suas partes

maiores nas últimas: a importação de veículos pelas montadoras, diminuindo sua fabricação local, reduziu a demanda ao fornecimento das empresas de autopeças locais; por outro lado, a importação direta de componentes possibilitou às montadoras reduzir sua aquisição dos similares nacionais. Segundo Abreu et al. (2000), foi tão grande o ímpeto importador no setor de autopeças que a balança comercial nacional chegou a ser agravada, afetando a indústria nacional em um cenário em que as perspectivas de expansão dos mercados de consumo nacional e regional, ao menos depois de 1993, não eram más, em vista da relativa estabilização monetária e da entrada dos países do Mercosul como importadores das autopeças brasileiras.

Com razão, é possível verificar nessa época a entrada de novos investimentos e mesmo uma expansão do setor de autopeças, comparativamente a meados da década de 1980 – inclusive pela via das exportações[25]. Mas tal movimento se concentrou num pequeno círculo de empresas, 80% das quais filiais de corporações estrangeiras. E, mesmo assim, foi insuficiente: enquanto as exportações cresceram 65,6% no período 1989-1996, as importações subiram 383,5% (Satomi e Rodrigues, 1997). A tabela 6 (anexo) ilustra o deslocamento do consumo nacional de autopeças em prol das importações: a participação destas no consumo aparente passou de 5% para 32,5% entre 1989 e 1999 e a balança comercial brasileira do setor, que teve saldos superavitários médios de US$ 1,3 bilhões entre 1989 e 1993, desde então passou a apresentar reduções crescentes até 1996, entrando em déficit entre 1997 e 1999[26].

A tabela 7 (anexo) detalha o crescimento das importações segundo os principais segmentos de autopeças. Considerando o período entre 1992 e 1997, as importações de "motor e suas partes" (sistemas que concentram a tecnologia mais avançada e, portanto, estão dentro da tática *follow sourcing*) subiram de US$ 199,1 milhões para US$ 1,04 bilhões, um aumento significativo de 422,35%. As importações de "acessórios de veículos e suas partes" (um intermediário entre os itens mais e os menos críticos), elevaram-se de US$ 115,7 milhões para US$ 709,2 milhões, ou seja, em 512,96%. Já as de "acessórios de carroçarias" (que contém os itens menos sofisticados, estando, desse modo, dentro do *global sourcing*), saltaram de US$ 14,9 milhões para US$ 218,5 milhões, uma elevação de 1.366% em cinco anos[27]!

---

[25]   Os investimentos no setor de autopeças brasileiro aumentaram de US$ 254,3 milhões em 1985 para US$ 1,3 bilhão em 1996. As exportações também cresceram em termos absolutos: passaram de US$ 1,4 bilhão em 1986 para US$ 3,3 bilhões em 1995, tendo superado, pelo menos nesse período, tanto as vendas no mercado interno de reposição quanto as vendas diretas às montadoras (Satomi; Rodrigues, 1997).

[26]   Ocorreu que o crescente intercâmbio de autopeças entre Brasil e Argentina a partir da segunda metade dos anos 1990, no âmbito dos acordos de integração do Mercosul, assegurou um saldo superavitário a favor do Brasil, refletindo a maior capacidade da indústria de autopeças nacional. Com a crise econômica da Argentina, em 1999, perdeu-se essa parceria, de modo que as exportações brasileiras de autopeças para esse país, que em 1997 representaram 3,7% do total exportado pelo Brasil, vindo a atingir em 1998 a marca de 27,5% das exportações totais, caíram em 1999 para 21,3% (Conceição, 2001).

[27]   Esses dados foram calculados por Conceição (2001). Mas o estudo de Costa e Queiroz (1998) havia chegado, poucos anos antes, a resultados muito semelhantes, observando que a acentuada importa-

O neoliberalismo periférico e a hegemonia do capital transnacional   67

É preciso frisar que, além do cenário desfavorável da abertura comercial, as empresas de autopeças brasileiras se depararam com uma imensa dificuldade na obtenção de créditos para financiar ampliações ou inovações. Conforme a tabela 8 (anexo), praticamente em toda a década de 1990, com exceção do biênio 1990-1991 e do ano de 1999, as taxas de juros reais (terceira coluna da tabela) foram superiores à margem de rentabilidade operacional da indústria de autopeças (quarta coluna). Sem saída, muitas empresas endividaram-se junto à rede bancária e, com isso, foram à falência ou acabaram adquiridas por grupos transnacionais[28].

O governo de Cardoso, no início de seu segundo mandato (1999-2002), decidiu finalmente desvalorizar o câmbio, pressionado pela crise econômica internacional no período, cujos efeitos envolveram especulações cambiais seguidas de redução nas reservas brasileiras de dólares. Nesse cenário, iniciou-se um gradativo estímulo ao retorno dos índices de nacionalização na cadeia automotiva brasileira, para patamares próximos aos do início da década. Mesmo assim, mantiveram-se elevadas as taxas básicas de juros da economia, permanecendo o arrocho de crédito ao empresariado nacional que, a essa altura, já se encontrava esfacelado frente às estratégias dos oligopólios transnacionais (Conceição, 2001).

Como resultado geral de todos esses processos, houve uma significativa diminuição do número de empresas de autopeças instaladas no país, de 3.200 para 930, somente entre 1991 e 1997 (Alves, 2000). Dos 63 acordos realizados no setor entre 1990 e 1997, 65% foram aquisições, 10% fusões e 25% *joint ventures*, sendo que 72% de todos envolveram um parceiro estrangeiro, resultando na instalação no Brasil, ao menos até 1998, de 32 empresas do grupo das 60 maiores fabricantes mundiais de autopeças (Costa e Queiroz, 1998). Complementando esses dados, Conceição (2001) verificou que 21,3% do faturamento total do setor no país foi transferido das empresas nacionais aos oligopólios transnacionais entre 1994 e 1999, proporcionando aos últimos o controle de 68,9% deste total ao final da década.

Uma fatia a mais no domínio global da tríade Estados Unidos, Europa e Japão. Pois, segundo o mesmo estudo, em 1999, das quarenta maiores empresas líderes mundiais de autopeças, dezessete provinham dos Estados Unidos, oito do Japão, cinco da Alemanha, três da França, três do Reino Unido, duas da Itália, uma do Canadá e uma da Holanda. Aliás, se tomarmos a taxa de crescimento anual média do faturamento de 34 grupos de fabricantes de autopeças estadunidenses e europeus, situados entre

---

ção sobre o consumo aparente, entre 1989 e 1997 (ver tabela 9, no anexo), expressava um caráter muito mais "estrutural" do que "conjuntural" da participação das importações no setor de autopeças brasileiro.

[28] O Bradesco, por exemplo, investiu na compra de 40% das ações da Cofap em 1995, dois anos antes de esta ser adquirida pela alemã Mahle e pela italiana Magnetti Marelli. A empresa Brosol, fabricante de carburadores (instalada em Ribeirão Pires, SP, desde os anos 1950), também endividou-se junto ao Bradesco, seu maior credor, na tentativa de adquirir outras empresas do segmento de peças para portas de veículos, uma vez que a introdução da tecnologia de injeção eletrônica no Brasil lhe havia estreitado o mercado: o resultado foi a concordata na rolagem de sua dívida junto ao banco em 1995, sendo que o mesmo a vendeu, em 1997, para o grupo Echlin, um fornecedor transnacional (Conceição, 2001).

68 *A máquina automotiva em suas partes*

os principais fornecedores globais na década de 1990, obtém-se uma média anual de crescimento de 12,92% no período de 1995-1999, um número sem dúvida elevado, pois entre 1994 e 1999 a taxa de crescimento anual média da produção mundial de veículos foi de 2%. Sustentaram tal escalada a crescente terceirização das montadoras, a venda de sistemas de maior valor agregado e – a aquisição de empresas de autopeças ao redor do mundo (Conceição, 2001).

É importante observar a agressividade dessas aquisições no Brasil. Além da rapidez (cinco anos) com que as transnacionais assumiram o controle sobre o faturamento total do setor na década de 1990, estudos posteriores indicam que tal controle fora ampliado (86,5% em 2005), embora as firmas de capital majoritariamente nacional continuem predominando em quantidade: levantamento do Sindicato Nacional da Indústria de Componentes para Veículos Automotores (Sindipeças) indica que 350 das suas 468 filiadas, no ano de 2005, eram nacionais (Anfavea, 2006). Isso indica que as aquisições incidiram principalmente sobre as sistemistas brasileiras. Os casos da Metal Leve, Cofap e Freios Varga foram exemplares: embora grandes para os padrões do país, não suportaram as distorções da política econômica nacional do setor automotivo nos anos 1990, acabando por admitir alianças ou render-se completamente à aquisição pelo capital estrangeiro[29].

O setor de autopeças efetivamente brasileiro, com raras exceções[30], ficou reduzido a uma massa de pequenas e médias firmas que lutam nas franjas da hierarquização promovida pelas sistemistas transnacionais. Geralmente, fabricam peças de baixa agregação tecnológica ou de reposição, competindo em preços finais que, via de regra, são obtidos pelo rebaixamento salarial. Ocupam ramos que não interessam, em termos de lucratividade, às montadoras e sistemistas e, além disso, atuam como amortecedoras em momentos críticos: nos picos de demanda, são um apoio à elevação emergencial da capacidade produtiva dos oligopólios transnacionais; nas quedas, respondem com preços e salários rebaixados, representando uma "alternativa" de emprego aos trabalhadores demitidos nas reestruturações das grandes empresas e nas privatizações dos setores públicos (Rosandiski, 1996)[31].

---

[29] A sistemista Freios Varga foi adquirida por um fornecedor global, a inglesa Lucas, em 1997: enquanto a Varga faturou em 1996 US$ 290 milhões, a Lucas fatura anualmente US$ 7,5 bilhões. A Cofap, considerada a maior empresa de autopeças da América Latina, fabricante de suspensões (chegou a ser escolhida para fornecer mundialmente o sistema de suspensão do Palio, desenvolvido em co-*design* com a Fiat), também foi comprada em 1997 pela alemã Mahle e pela italiana Magnetti Marelli, duas fornecedoras transnacionais de porte global (Costa; Queiroz, 1998). Segundo Conceição (2001), o faturamento anual médio, em 1999, dos 34 grupos de fabricantes de autopeças citados acima, foi de cerca de US$ 8 bilhões, valor bastante superior ao da maior parte dos grandes fabricantes brasileiros, estimado entre US$ 200 milhões e US$ 300 milhões.

[30] Sistemistas como Arteb (itens de iluminação: faróis e lanternas) e Sabó (retentores, mangueiras, vedações etc.), com capacidade de exportação, mas operando com itens pouco agregados tecnologicamente e mais sujeitos ao *global sourcing*.

[31] Os salários e benefícios nas pequenas e médias empresas representam cerca da metade dos oferecidos nas grandes, pois a maioria não é coberta por acordos coletivos. Por outro lado, mesmo um aumento em número delas não asseguraria uma elevação dos índices gerais de emprego, pois sua taxa de mor-

O neoliberalismo periférico e a hegemonia do capital transnacional   69

Por outro lado, essa desnacionalização resultou na perda de atividades de P&D para o exterior. Sistemistas nacionais como as citadas acima tinham laboratórios de pesquisa até mesmo em países centrais, agora sob o controle de corporações estrangeiras. Uma vez que tais são atualmente imprescindíveis ao setor de autopeças, a desnacionalização implica alterações nos rumos que a indústria automotiva do país seguirá no longo prazo na cadeia automotiva mundial, principalmente pela inexistência de montadoras nacionais nos países do Mercosul (o que não ocorre, por exemplo, na Coreia) (Costa e Queiroz, 1998).

As montadoras instaladas no Brasil, todas transnacionais, foram preservadas nesse processo. Utilizando das cotações e do fornecimento global, renovaram sua oferta de produtos por meio das facilidades de importação de autopeças mais sofisticadas, sem arcar com os riscos e custos de sua produção local, o que exigiria capacitar os fornecedores do país. Como aludimos antes neste capítulo, seja por limitações de conhecimento sobre os projetos, seja seguindo ordens estratégias oligopólicas de suas matrizes, repassaram tais responsabilidades às filiais dos fornecedores tradicionais dos seus países de origem. Investiram, por fim, em novas plantas[32], mesmo porque o Regime Automotivo incentivara a vinda de concorrentes do exterior, o que, de fato, ocorreu: após 1997 chegaram ao Brasil nada menos do que doze novas montadoras[33].

Diferentemente do êxito dessa retomada na produção de veículos, muitos postos de trabalho desapareceram, não apenas como decorrência da redução do número de empresas (por falência ou aquisição pelo capital estrangeiro), mas pela própria reestruturação que avançou no interior das fábricas, com a adoção de técnicas de enxu-

---

talidade no mercado brasileiro chegou a atingir, em fins da década de 1990, 36% para as que tinham até um ano de existência, 46% para as que estavam com dois anos e 58% para as que chegavam ao terceiro ano (Rachid, 2000).

[32] A Fiat ampliou sua fábrica de automóveis em Betim, MG, em 2000, para abrigar uma linha de motores, e no mesmo ano fundou uma planta de caminhões, em Sete Lagoas, MG, pelo consórcio Fiat/Iveco. A Mercedes-Benz (hoje Daimler-Chrysler), montou uma planta de automóveis em 1999 em Juiz de Fora, MG. A Volvo ampliou sua planta de caminhões em Curitiba, PR, nos setores de cabines em 1997 e motores em 1999 e 2000. A Volkswagen construiu em 1996 uma planta de motores em São Carlos, SP, e outra de caminhões e ônibus em Resende, RJ. A GM inaugurou uma planta de componentes estampados em Mogi das Cruzes, SP, em 1999, e uma planta de automóveis em 2000, em Gravataí, RS, seguida pela Ford, que também instalou uma planta de automóveis em Camaçari, BA, em 2001 (Conceição, 2001).

[33] A Honda e a Toyota instalaram plantas de automóveis, respectivamente, em 1997 e 1998, em Sumaré e Indaiatuba, ambas na região de Campinas, SP. A Chrysler e o consórcio Chrysler/BMW instalaram duas plantas, uma de comerciais leves e outra de motores em Campo Largo, PR, em 1998 e 2000, respectivamente, tendo a cidade de São José dos Pinhais, PR, sediado a montadora de automóveis do consórcio VW/Audi, bem como as plantas de automóveis, de motores e comerciais leves da Renault e do consórcio Renault/Nissan, também a partir de 1998. A Land Rover instalou uma planta de comerciais leves em São Bernardo do Campo, SP, nesse mesmo ano. A cidade de Resende, RJ, também foi escolhida pelo consórcio Peugeot/Citroën para a instalação de uma planta em 2000, de automóveis. A International Harvester instalou uma planta de caminhões em 1998, em Caxias do Sul, RS, e uma planta de comerciais leves da MMC Automóveis (licenciada Mitsubishi Motors) foi inaugurada em Catalão, GO, em 1998 (Conceição, 2001).

gamento de quadros. Somando-se o emprego nas plantas de autopeças e montadoras no Estado de São Paulo (um bom parâmetro, pois ainda concentra a cadeia automotiva do país), em que pese o balanço positivo entre contratações e demissões entre 1989 e 1994, na crise de 1989-1992 os operários mais antigos foram demitidos, tendo sido substituídos por jovens mais escolarizados e sem experiência quando, na recuperação de 1993-1994, as empresas introduziram com mais segurança inovações tecnológicas e organizacionais em suas plantas (Rosandiski, 1996).

Em nível nacional e especificamente no setor de autopeças, a tabela 10 (anexo) mostra que em 1989 havia no Brasil 309,7 mil trabalhadores empregados, os quais geraram um faturamento de US$ 15,5 bilhões. Do início da abertura comercial em 1990 até 1994, eliminaram-se 17,04% desses empregos e, nos cinco anos seguintes (1995-1999), mais 22,03%, chegando-se a 167 mil empregados em 1999. Cinco anos depois, em 2005, a Anfavea (2006, p. 73) comemorava ter o setor atingido o faturamento recorde de US$ 24,2 bilhões "com um quadro de 197 mil colaboradores, 10 mil a mais do que no ano anterior". Uma amarga "colaboração" foi essa para a classe trabalhadora, pois, retrospectivamente, embora o setor tenha fechado 1989 com um faturamento 35,95% menor que o de 2005, contava à época com 57,2% a mais de postos de trabalho. Percebe-se, ademais, que o faturamento por trabalhador empregado nessa indústria se elevou em 139,96% no país entre 1989 e 2005[34].

É praticamente consensual na literatura que consultamos que esse aumento significativo do faturamento pelo emprego não decorreu da simples terceirização, pelas montadoras, de tarefas tecnologicamente mais complexas (portanto, mais lucrativas), ao setor de autopeças. Ele derivou, fundamentalmente, da maior exploração da força de trabalho, pelo uso planejado de contratações precárias (contratos temporários, em tempo parcial, por empresas terceiras etc.), jornadas abusivas de horas extras e aplicação metódica da redução de "estoques" toyotista. Deixemos, contudo, para os dois próximos capítulos a análise desses elementos, tendo como caso empírico a American Company do Brasil. Nosso intuito, no momento, é mostrar que todos esses processos somente ocorreram mediante possibilidades postas por negociações entre empresariado e classe trabalhadora, assim como pela intervenção do Estado no mercado, amparando estratégias de acumulação de capital das corporações privadas. Resta aludirmos, então, mesmo que brevemente, tal intervenção no campo da legislação trabalhista nos anos 1990.

Nesse sentido é que foi – não legislada, mas introduzida por Medida Provisória (MP) – a Participação nos Lucros e Resultados (PLR), ainda ao final do governo Itamar Franco, em 1994, uma lei que assegura o direito, desvinculado da remuneração e de qualquer encargo trabalhista, dos trabalhadores participarem nos lucros e resultados das empresas. Embora atendesse a uma reivindicação histórica do sindicalismo, a PLR inibiu reajustes salariais que pudessem comprometer, na visão do governo, o plano de estabilização da moeda. Por outro lado, sua introdução amparou

---

[34] Considerando-se os valores de US$ 51,191 mil (em 1989) e US$ 122,842 mil por empregado/ano (em 2005).

legalmente técnicas de "envolvimento" postas em prática pelas gerências, como avaliações que buscam introjetar nos trabalhadores um senso de competição respaldado em regras mercadológicas, condicionando sua remuneração ao seu próprio desempenho nas empresas e mesmo ao destino destas no mercado.

A negociação da PLR, podendo ser firmada não apenas entre os sindicatos patronais e de trabalhadores, mas também por meio das gerências com uma comissão de trabalhadores da empresa, tem, ademais, contribuído para descentralizar as negociações do âmbito geral das categorias para o específico das empresas, abrindo caminho para a criação do "sindicato por empresa", numa futura reforma da legislação sindical. Por fim, nem mesmo a estabilidade no emprego dos membros da comissão de negociação, bem como o acesso desta ou do sindicato às informações das empresas, como faturamento, lucro, vendas, projetos, produção, metas, foram garantidas em lei (Krein, 1999).

No mesmo ano de 1994, aprovou-se um projeto de lei viabilizando as Cooperativas Profissionais. Ao permitir que trabalhadores se organizassem para prestar serviços dentro das empresas, sem que fosse caracterizado vínculo empregatício, a legalização desse projeto também se tornou um importante mecanismo de flexibilização do mercado de trabalho brasileiro, pois permitiu às empresas contratar, sem encargos, trabalhadores de cooperativas que, sendo considerados "sócios" destas, não possuem registro formal, não tendo assim assegurados direitos básicos, como férias, 13º salário, descanso semanal remunerado e Previdência Social (Krein, 1999).

Sob o primeiro governo Cardoso (1995-1998), a flexibilização da legislação trabalhista avançou com mais vigor. O Estado assumia declaradamente as teses de desregulamentação defendidas por setores empresariais brasileiros e amparadas por órgãos como o Fundo Monetário Internacional (FMI), o Banco Mundial e a Organização para a Cooperação e Desenvolvimento Econômico (Ocde). A Confederação Nacional da Indústria (CNI) sentenciava, em 1997:

> O acirramento da concorrência internacional, a globalização da produção e as profundas mudanças na tecnologia e nos sistemas de gestão obrigam as empresas a buscarem custos unitários do trabalho mais baixos e maior flexibilidade para se adaptarem a um ambiente em permanente mutação.[35]

Com a economia aberta e sob o fogo cruzado das estratégias oligopólicas globais das transnacionais, o empresariado brasileiro se postara incrivelmente pusilânime ao lado do capital externo, apelando, contraditoriamente, para uma das principais "vantagens comparativas locais", o custo do trabalho, como solução às dificuldades da indústria nacional. E a legislação trabalhista foi novamente o centro das acusações, seja porque elevava os encargos de contratação da força de trabalho, seja porque não atendia às exigências da gestão flexível, fundada num "compromisso" maior entre trabalhadores e empregadores na busca da produtividade e da qualidade.

---

[35] Cf. CNI (1997, p. 20, citado em Krein, 1999, p. 280, nota n. 42).

Assumindo essa gritante contradição, o governo Cardoso apregoou que a flexibilização da legislação trabalhista não somente deveria reduzir os custos de contratação de trabalhadores pelas empresas (o que, a seu modo de ver, ajudaria a preservar os empregos), como também deveria permitir maior autonomia aos sindicatos e empresas na celebração de contratos coletivos de trabalho. Elegia-se, então, a negociação coletiva como instância determinante de regulação das relações entre capital e trabalho, acima do legislado. E, amparando isso, em 1995 o governo federal decretou a extinção dos mecanismos de reajuste salarial oficiais, atribuindo às partes a negociação dos reajustes no âmbito de cada categoria profissional. Proibindo, contudo, nos acordos e convenções coletivas, a inclusão de cláusulas de reajuste e correção automática dos salários, o governo permitiu ampliarem-se as diferenças de rendimentos entre as categorias com maior poder de pressão frente às demais, o que, num contexto de fragilidade dos sindicatos, levou à perda do poder de compra dos salários (Krein, 1999).

A Contratação por Tempo Determinado foi outra regulamentação diretamente ligada à reestruturação produtiva. Inspirada em iniciativa do Sindicato dos Metalúrgicos de São Paulo, mas proposta pelo Poder Executivo Federal e tornada lei em 1998, ela permitiu às empresas contratarem – desde que ampliem seus quadros – trabalhadores por um período determinado de tempo, via negociação com o sindicato. Almejando incluir na "formalidade" trabalhadores que, sem registro em carteira, não possuem direitos assegurados, essa lei redundou numa precarização ainda maior, pois fracassou na geração de novos empregos e não garantiu a qualidade dos que foram criados, gerando fragmentação pelo surgimento nas empresas de um grupo de "segunda classe", que não dispõe de vários dos direitos trabalhistas básicos (Krein, 1999).

Paralelamente, foi introduzido o chamado Banco de Horas, que pode ser estabelecido por negociação coletiva entre empresas e trabalhadores, com a participação sindical, abrangendo todas as modalidades de contratação. Trata-se de um sistema em que as horas extras trabalhadas na jornada diária ou semanal podem ser, ao invés de remuneradas diferencialmente como parte dos salários, compensadas com redução de jornada nos períodos de baixa demanda. Permitindo às empresas controlar as jornadas conforme as necessidades do mercado, ampliando-as nos períodos de pico para reduzi-las no refluxo, o Banco de Horas foi mais uma medida de amparo à gestão flexível, sobretudo, nos enxugamentos de quadros (Krein, 1999).

Ainda em 1998, o governo federal, novamente por decreto (via MP), regulamentou o Regime de Trabalho em Tempo Parcial, admitindo-se, para esse fim, uma jornada de até 25 horas semanais. O salário e demais direitos como férias passaram a ser determinados conforme a duração da jornada semanal. Além de não prever a participação sindical na negociação, a medida não estabeleceu nenhum limite para sua utilização pelas empresas. No caso dos trabalhadores, entendeu-se que a opção por esse tipo de contrato é "livre": se já estiverem empregados, basta que manifestem sua adesão; se estão buscando trabalho, podem "optar" por essa modalidade de contrato. É óbvio que tal escolha não é efetivamente "livre" entre os que buscam trabalho para sobreviver em uma conjuntura de desemprego (Krein, 1999).

O neoliberalismo periférico e a hegemonia do capital transnacional   73

Cabe lembrar aqui ainda a instituição da Suspensão do Contrato de Trabalho por Tempo Indeterminado, vinculada à qualificação profissional dos trabalhadores, desde que negociada entre estes, seus sindicatos e as empresas. Durante a vigência da suspensão do contrato, os trabalhadores têm direito apenas a uma "bolsa qualificação" idêntica ao seguro-desemprego, mais um vale alimentação, ficando facultado aos empregadores conceder uma ajuda compensatória mensal, sem natureza salarial. A qualificação é obrigatória nesse período, restando aos trabalhadores, ao final, duas alternativas: se retornarem ao emprego, voltarão para a mesma função e com o mesmo salário; se forem demitidos, terão direito a receber as verbas rescisórias e multa no valor de um salário, sendo-lhes permitido continuar por mais um mês no programa de seguro-desemprego e receber assim, pelo menos, mais um mês desse "benefício" (Krein, 1999).

Se considerarmos que tal medida não exige dos empregadores o depósito do Fundo de Garantia por Tempo de Serviço (FGTS) no período de suspensão do contrato, nem o pagamento do 13º salário, nem a concessão de férias e que esse período tampouco será computado como tempo de serviço aos trabalhadores ao aposentar-se, fica claro que os maiores beneficiários são os empregadores e, tal como as demais medidas citadas, também essa foi ao encontro das necessidades de implantação dos sistemas flexíveis de gestão, permitindo "requalificar" a força de trabalho a custos baixíssimos (Krein, 1999).

Enfim, tendo como norte a flexibilização de direitos e o incentivo à "livre negociação" entre trabalho e capital, e como conteúdo o amparo legal à reestruturação produtiva das empresas, tais medidas, ao serem introduzidas – em sua maioria, decretadas – em uma conjuntura de elevado desemprego, pulverizaram as negociações coletivas e atacaram conquistas históricas da classe trabalhadora. Não por acaso, o Estado (especialmente no governo de Cardoso), enfrentou importantes setores sindicais, como a Central Única dos Trabalhadores (CUT) – defensora da tese segundo a qual o emprego não depende da redução dos custos do trabalho, mas do crescimento do consumo, investimentos e exportações (Krein, 1999). Tese que, a nosso ver, também não rompe com a acumulação capitalista, mas vaticinou o que, de fato, ocorreu: tais medidas fracassaram quanto à geração de novos empregos e ampliaram a precarização e a fragmentação do mercado de trabalho brasileiro[36].

É possível observar, portanto, a partir dos fatos aqui analisados, como as corporações transnacionais da indústria automotiva, oriundas da tríade Estados Unidos, Europa e Japão, exercem um domínio global sobre a tecnologia e os mercados nos países periféricos. Ainda que mantenham distinções entre si e sofram a concorrência que impõem umas às outras, amparam-se em círculos fechados de negociações e estratégias em nível mundial, buscando manter, a todo custo, suas regras de controle.

---

[36] Que, segundo Baltar e Proni (1996), tem como "traço característico" um pequeno núcleo de pessoal estável nas empresas (geralmente com grau de instrução e salários muito mais elevados), em relação a uma imensa camada de trabalhadores rotativos, sem especialização (em vista da própria instabilidade no emprego), com baixos níveis salariais e de escolaridade.

74   *A máquina automotiva em suas partes*

Concentram um poder econômico extraordinário, concretizado num acúmulo de meios de produção e de capital cujos valores, quando negociados no mercado, na forma de mercadorias ou de capital financeiro, ultrapassam não apenas os de empresas nacionais, mas até mesmo o Produto Interno Bruto (PIB) de muitos países, sendo capazes de pressionar governos e nações na direção de seus interesses.

Contudo, salvo em situações muito particulares, não utilizam desse poder coercitivo explícito, pois têm buscado zelar por uma confiança construída junto à opinião pública. Sabem que para dominar devem ser vistas como parceiras, jamais adversárias, das populações e dos Estados nacionais. E aqui não estamos falando de "marketing" (como os projetos de responsabilidade social ou ambiental), mas de uma dominação hegemônica, no sentido gramsciano (Gramsci, 2000), construída politicamente por meio do relacionamento dessas corporações com os líderes da sociedade civil, estejam eles entre os governantes, nos aparelhos do Estado, estejam entre os trabalhadores dos movimentos sindicais combativos, nos quais a consciência de classe torna as contradições do capital suscetíveis de serem reveladas ao público.

Trata-se de uma postura de sobrevivência desses impérios privados. Pois, nos momentos de crise da acumulação de capital, eles estrategicamente cedem em seu individualismo econômico-corporativo e em seu liberalismo político-ideológico, diante da ação interventora estatal, com o fim de que se desobstruam os entraves à sua dominação. E, de fato, reproduzem, por meio dessas relações entre os Estados nacionais e as classes patronal e trabalhadora locais, uma hierarquia de poder preexistente entre os países capitalistas centrais e os periféricos.

Internamente, as corporações transnacionais tecem uma rede de relações horizontais e verticais, envolvendo suas matrizes, filiais, clientes e fornecedores sob uma estrutura de comando hierárquica e mundial, por sobre a qual direcionam ações no sentido de manterem suas fatias de mercado e suas taxas de acumulação em nível crescente, da base ao topo da pirâmide. Suas plantas filiais, especialmente nos países periféricos, desempenham, assim, um papel de suma importância: não são apenas pontas de lança na abertura de novos mercados – são operatrizes na consolidação do poder do capital em seu caráter global.

O presente capítulo complementa, nesse sentido, a afirmação que fizemos no anterior, de que o objetivo do capital transnacional nada mais é do que criar um ciclo, onde a atuação de um grupo global em variados nichos de mercado permite extrair, de plantas filiais instaladas em diferentes países, taxas extraordinárias de acumulação de capital. Se entre as políticas gerenciais executadas nessas filiais é comum, além de terceirizar, posicionarem-se como empresas terceiras, seja em face da matriz, seja em face de clientes em seu contexto local e global, também é comum a tais plantas – e ainda mais mandatório – inserirem-se por dentro das relações entre a sociedade civil e o Estado em que se situam, a fim de converter, hegemonicamente, os interesses coletivos locais a favor dos interesses globais do capital, configurados nas grandes matrizes dos países do centro e, por meio delas, na restrita rede de acionistas majoritários.

O neoliberalismo periférico e a hegemonia do capital transnacional   75

Por meio de suas plantas filiais e de seus organismos representativos, como os sindicatos e associações patronais[37], as corporações transnacionais "negociam", no sentido mais amplo do termo, tanto com os sindicatos de trabalhadores, quanto com os governos no Estado (Assembleia Legislativa, Poder Executivo, Ministérios e Banco Central), políticas industriais, comerciais e até sociais, pelas quais operam seu expansionismo global, promovendo medidas como, por exemplo, a abertura econômica junto à manutenção de altas taxas de juros internas, com as quais liquidam seus principais concorrentes.

Liquidada a concorrência local e adquirido o controle oligopólico sobre a tecnologia e os mercados, as corporações transnacionais também operam, por intermédio de suas filiais, suas associações de classe e seus intelectuais orgânicos, em sentido gramsciano (Gramsci, 2000), alterações também no nível da microeconomia, obtendo, junto ao poder público, a redução da arrecadação fiscal mantenedora do Estado. Aproveitam-se, ademais, da desorganização que causam (da crise fiscal ao desemprego), para arrancar, pelas mãos dos governos, direitos básicos da classe trabalhadora, permitindo ajustar o uso da força de trabalho às formas intensivas de exploração do capitalismo contemporâneo.

Não são, portanto, inusitadas as drásticas reduções de quadros nas transnacionais instaladas no Brasil, pagando salários e encargos sociais cada vez menores, ampliando suas contratações de trabalhadores temporários ou por tempo determinado, flexibilizando as jornadas de trabalho, enfim, explorando ao máximo os recursos humanos e materiais locais, enquanto suas estatísticas revelam elevações constantes de faturamento. Ao longo da microcadeia de autopeças brasileira alastraram-se as pequenas e médias firmas nacionais, cuja "taxa de mortalidade" no mercado é altíssima e entre as quais há as que sobrevivem como Cooperativas Profissionais, onde o vínculo empregatício dos trabalhadores é transmutado em "sociedade no negócio", levando a condições de trabalho autoexploratórias e desprovidas de encargos e direitos básicos.

Em síntese, apesar de os trabalhadores terem "sentado à mesa para negociar" com o empresariado e o governo, nas Câmaras Setoriais, uma saída às crises econômicas e aos seus efeitos sobre a cadeia automotiva brasileira, os resultados mais negativos foram absorvidos pela classe trabalhadora, enquanto os interesses das transnacionais foram plenamente atendidos, num processo que vem reforçando o caráter globalizante, totalitário, discriminatório e altamente concentrador de poder e riqueza das classes proprietárias, diante da miséria e da exploração dos trabalhadores.

Encerramos – novamente de forma provocativa – com um trecho da fala do gerente de Engenharia e Desenvolvimento da American Company do Brasil:

---

[37] No caso, o Sindicato dos Fabricantes de Veículos Automotores (Sinfavea), a Associação Nacional dos Fabricantes de Veículos Automotores (Anfavea) e o Sindicato Nacional da Indústria de Componentes para Veículos Automotores (Sindipeças). Sem contar as federações estaduais e a Confederação Nacional da Indústria.

Eu enxergo o Brasil como uma excelente fonte mundial para o desenvolvimento de motores. Para o fornecimento, pelo menos, de motores. Pelo custo da nossa mão de obra e pela nossa capacidade fabril. Quando eu olho nosso país e o comparo, por exemplo, com outros aqui da América do Sul, eu vejo que nós já avançamos um pouco mais do que eles, principalmente se nos compararmos com a indústria da Argentina, que foi quem tentou aí se mostrar como um centro de produção. Eu não tenho nenhuma dúvida de que estamos muito mais adiantados que eles. Agora, quando eu nos comparo com os Estados Unidos, eu vejo que eles estão muito longe de ter o custo e a competitividade que nós temos aqui. Quando eu comparo as capacidades e a mão de obra, eu vejo que nosso país tem uma mão de obra relativamente qualificada, nós temos aí uma engenharia relativamente bem qualificada e que está na busca dos conhecimentos. E nós temos um custo razoável.[38]

---

[38] Mello, Lucas [Gerente de Engenharia e Desenvolvimento da American Company do Brasil], cit.

5

POLIVALÊNCIA E CONTRATAÇÃO INTERNA: O TIME DOS SONHOS

Além dos preços, prazos de entrega, qualidade e ênfase no desenvolvimento de projetos em parceria, tanto o *global sourcing* quanto o *follow sourcing* levam em conta a capacidade de abastecimento dos fornecedores, o que, dependendo do produto, pode significar prover um volumoso mercado, incluindo exportações. A American Company do Brasil, por exemplo, entre 2003 e 2006, teve sua produção total elevada de 28 milhões para 30 milhões de peças: um crescimento de 7,14% distribuído equitativamente na área de molas e estampados, fornecidos a diferentes segmentos da linha branca e automotiva. Além disso, anualmente, de 20% a 30% dessa produção é exportada para plantas estrangeiras como as filiais da Embraco nos Estados Unidos e na China, a planta da Tecumsh nos Estados Unidos, entre outras.

No entanto, para além da capacidade de produção, é a "flexibilidade", ou seja, a capacidade de atender a um portfólio diversificado de segmentos, que configura uma das principais estratégias de sustentação das empresas atualmente em um mercado aberto, sobretudo no caso das plantas situadas em países periféricos. Por isso, a capacidade de fabricação em massa de itens em modelos e quantidades variadas, é um dos fatores de maior importância a filiais como essa – note-se o nível de importância que a gerência de Produção da planta de Campinas apontou sobre esse assunto, a flexibilidade, no quadro 1 (apêndice B).

Embora equipamentos adequados sejam necessários, o principal investimento a ser feito para atingir a flexibilidade produtiva é um aproveitamento intensivo da empresa, mediante sucessivas e criteriosas inovações no seu plano organizacional, das hierarquias de cargos e salários às atividades desempenhadas em cada posto de trabalho. Para isso, não há receitas prontas universais, segundo o criador do sistema toyotista (Ohno, 1997).

A nosso ver, contudo, há uma essencialidade que marca o sistema de Ohno: o seu peculiar e radical esforço em transplantar a equação [atendimento ao cliente] = [menores preços] + [prazos rígidos de entrega] + [maior qualidade] + [desenvolvimento de projetos em parceria], do plano das relações entre empresas clientes e fornecedoras nas cadeias produtivas, para o plano das relações entre os trabalhadores dentro de cada uma de suas plantas, na forma de: [atendimento aos colegas de time e aos patrões] = [menores de custos de trabalho] + [jornadas flexíveis] + [polivalência] + [corresponsabilidade entre gerência e níveis operacionais pelos fins do negócio].

Já nos detivemos nas relações entre as empresas enquanto clientes e fornecedoras na indústria automotiva da atualidade, ao tratarmos da globalização, focalização e hierarquização do fornecimento de autopeças, *pari passu* à concentração de capital, tecnologia e mercado sob o domínio de oligopólios transnacionais oriundos da tríade Estados Unidos, Europa e Japão. No presente capítulo, desvendaremos o "transplante" referido, das relações estabelecidas entre as empresas no mercado para as relações entre os vários níveis hierárquicos em que estão inseridos os trabalhadores dentro de cada uma, tomando novamente como base nosso estudo de caso de uma planta em particular, a American Company do Brasil.

O Northern Group Inc. possui um presidente geral, ocupando o topo da pirâmide de comando, abaixo do qual há três vice-presidentes, sendo cada um o presidente de uma das três divisões. Ao presidente da American Company Division, reportam-se *general managers*, cada qual responsável por três plantas no mundo. A planta de Campinas é representada por um desses *general managers*, junto das plantas do México e Canadá. Abaixo dos *general managers*, estão os diretores gerais das plantas e, depois deles, os gerentes de áreas das mesmas.

Aqui há uma cisão. Enquanto os gerentes das áreas de Vendas, de Engenharia e Desenvolvimento, de Qualidade, de Melhoria Contínua e de Produção das plantas respondem diretamente aos diretores gerais destas, os gerentes de Controladoria e de Recursos Humanos, embora devam também se reportar hierarquicamente ao diretor geral da planta no país, devem prestar informações e encaminhar relatórios regularmente a diretores mundiais de Controladoria e de Recursos Humanos da American Company Division, nos Estados Unidos, os quais, por seu turno, responsabilizam-se pelo andamento dessas áreas no plano mundial, reportando-se a vice-presidentes de Recursos Humanos e de Controladoria Geral do Northern Group Inc.

Essas exceções são significativas, pois nelas é que podemos perceber com maior nitidez a questão da autonomia local das plantas em face das políticas mundiais da American Company Division e do Northern Group Inc. Tanto a área de Controladoria quanto a de Recursos Humanos se diferenciam das demais por estarem numa rede de decisões que as liga diretamente ao topo da grande corporação oligopólica. Por outro lado, percebe-se que nessas duas áreas, o seu comando, embora centralizado no vértice de poder e mais diretamente exercido sobre as plantas, sofre, também, uma flexibilização à medida que descemos a hierarquia de decisões do grupo controlador às matrizes (divisões) e dessas às suas filiais. E é nessa flexibilização que está a diferença entre essas duas áreas tão primordiais a um oligopólio transnacional.

Na Controladoria, as conexões diretas entre as gerências locais e a rede de diretores e vice-presidentes mundiais da American Company Division e do Northern Group Inc., têm como objetivo dinamizar o fluxo de informações e permitir análises rápidas sobre as finanças de cada planta, suas capacidades e necessidades de investimentos, funcionando, assim, como suporte às decisões locais das plantas, regionais da matriz e mundiais do Northern Group Inc. É o "coração" financeiro da corporação e suas "veias" e por isso a necessidade de uma centralização de comando.

O caso dos Recursos Humanos é mais interessante ao nosso estudo, pois embora ele esteja configurado da mesma forma, com um comando centralizado ligando fortemente as filiais à matriz e esta ao grupo, sua função é menos a de suporte e muito mais a de implantação de diretrizes. É o "cérebro" da corporação e seus "nervos", interligando cada assalariado numa filosofia comum em várias partes do mundo, pois de nada adiantaria uma empresa ter solidez financeira se não dispusesse de uma coesão ideológica do topo à base da sua hierarquia de trabalho.

Perfazendo essa ordem, no topo da corporação há um conjunto de políticas básicas dessa área que partem do Northern Group Inc., por meio do seu vice-presidente em Recursos Humanos, para todas as divisões, entre elas a American Company Division. Num segundo âmbito, as decisões são tomadas pelo diretor mundial de Recursos Humanos da American Company Division, cujas determinações seguem políticas do Northern Group Inc., mas acrescidas de critérios específicos, cabendo então às filiais (como a planta de Campinas) segui-las. O terceiro âmbito é o circunscrito às legislações dos países onde estão as plantas filiais. Nesse âmbito, muitas vezes há a necessidade de adaptação das políticas vindas do Northern Group Inc. e da American Company Division, haja vista nem todas serem diretamente aplicáveis aos contextos nacionais – como o do Brasil, por se chocarem com a Consolidação das Leis do Trabalho (CLT) ou com o Código Civil. Nesse caso, tais modificações são discutidas em conjunto entre todas essas instâncias superiores antes de serem implantadas.

Abaixo desses três âmbitos de decisão, há uma gama de políticas internas da gerência de Recursos Humanos das filiais e que, embora contenham decisões estratégicas do grupo e da matriz dirigidas a países como o Brasil, são determinadas pelo gerente de Recursos Humanos da planta, com o aval do diretor geral, sendo facultado ao último propor modificações, desde que dentro da hierarquia acima exposta. É o âmbito máximo da autonomia das filiais, mas que, segundo o gerente de Recursos da planta de Campinas, perfaz um controle centralizado no Northern Group Inc.:

> Hoje, eu diria para você que 60% [das determinações da política de recursos humanos na planta de Campinas] é Brasil, 30% é determinação do Northern Group e 10% é da American Company Division. Pois, muitas vezes, a American Company [Division], ela mesma, não muda nada, apenas pega [as determinações] do Northern Group e repassa e eu não tenho o contato direto com o Northern Group como "RH": meu contato é [via] American Company e ela com o Northern; o Northern com a American Company/Estados Unidos e eles conosco aqui. É respeitada a hierarquia. Então, eu não me dirijo diretamente ao vice-presidente de RH: me dirijo à minha diretora de RH e é ela quem reporta a ele todas

as informações. Ela fica em Connecticut. [Portanto] é muito rara a situação da American Company [Division] tomar alguma atitude que não seja do Northern Group: o que prevalece são as políticas do Northern Group.[1]

A diferença essencial a ser notada dos Recursos Humanos com relação à Controladoria é que, embora em ambas as áreas o comando central seja flexibilizado à medida que se desce a hierarquia de decisões do grupo às matrizes e destas às filiais, no caso dos Recursos Humanos tal flexibilização está diretamente ligada às distintas esferas de trabalho da empresa[2], da seguinte forma: nas esferas da Produção e de Apoio é reservado um poder maior de decisão às gerências da matriz e das filiais, enquanto na esfera da Administração, tal poder permanece bastante centralizado nas políticas do grupo. O aumento salarial é um exemplo: enquanto nas esferas da Produção e de Apoio ele segue as campanhas e acordos coletivos de cada categoria e país onde estão as plantas, na esfera da Administração, ele deve ocorrer uma vez ao ano, no mês de abril e sob critérios determinados pelo grupo. Outro exemplo são os requisitos mínimos (como a fluência no idioma inglês) determinados pelo grupo à contratação e à promoção nos cargos diretamente ligados aos diretores gerais das plantas, como os gerentes de Recursos Humanos, de Vendas, de Engenharia e Desenvolvimento, de Controladoria, de Produção, de Melhoria Contínua e de Qualidade.

Essa corporação transnacional produz, portanto, dentro de si mesma, uma diferenciação entre os seus funcionários, compondo, na sua esfera administrativa, uma classe de assalariados que, apesar de não possuírem as mesmas condições de vida nos diferentes países em que vivem, são regidos por regras estabelecidas num centro de decisão situado nos Estados Unidos. Sem dúvida isso é uma forma de controle e mais propriamente de construção de consentimento nos níveis gerenciais, por meio de um mecanismo que fortalece a coesão no plano global, entre as matrizes (divisões), as filiais e os detentores do capital: os acionistas do Northern Group Inc. Somente sob essa centralização de comando no grupo é que as formas de gestão do trabalho, nos níveis operacionais, é em boa medida delegada às gerências de Recursos Humanos das plantas filiais, assim como as inovações tecnológicas, os estudos de mercado, parte das atividades de P&D e de controle financeiro local ficam a cargo das gerências de Controladoria, de Engenharia e Desenvolvimento, de Vendas, de Produção, de Qualidade e de Melhoria Contínua dessas plantas.

Todas essas áreas funcionam como "correias de transmissão" dos objetivos do Northern Group Inc. em sua expansão mundial e, apesar da autonomia local de que dispõem as plantas, permanecem umbilicalmente ligadas ao comando vertical do grupo transnacional, passando seus assalariados pelo crivo de contratações, treinamentos e reuniões minuciosamente preparadas pelos centros de decisão. Tal controle fica evidente nas falas dos gerentes entrevistados na planta de Campinas, sobretudo,

---

[1]   Ribeiro, Jorge. Depoimento [entrevista realizada como o gerente de Recursos Humanos da American Company do Brasil em 2005]. Entrevistador: Geraldo Augusto Pinto Campinas, SP: [s. n.], 2005. 9 cassetes sonoros (540 min.) [Arquivo pessoal do pesquisador].

[2]   Consultar o apêndice A para um entendimento das definições dessas "esferas de trabalho" da empresa.

se notarmos que em quase todos os assuntos suas respostas foram dadas na primeira pessoa, como nos exemplos abaixo (os grifos são nossos):

> Na manutenção *eu* só tenho um supervisor [...]. A limpeza que *eu* tenho dentro da fábrica [...]. *Eu* tenho um líder que está fazendo engenharia [...]. Esse produto, no caso, ele já sai da *nossa* máquina para a linha de montagem do cliente.[3]

> Que estrutura *eu* vou ter que ter aqui dentro? Vou ter que investir em novas linhas de produção, em equipamentos? Esse investimento pode ser muito alto e *eu* não vou ter o retorno esperado. [...] Então, infelizmente *eu* tenho que manter na Brasimet de São Paulo. [...] A qualidade é primordial para que *eu* homologue um fornecedor [...].[4]

> Bom, na *nossa* empresa [planta de Campinas], o *nosso* principal marketing é justamente a capacitação tecnológica. [...] *Nós* sabemos lidar com os problemas, sabemos lidar com coisas difíceis e que exijam responsabilidade, por isso *nós* temos tecnologia e conhecimento técnico. [...] *Eu* não lanço um produto em si. *Eu* penso num processo, num novo material, pois o produto, em si, ele tem que ser casado com a necessidade do cliente.[5]

Isso já exemplifica a manifestação de um sentimento de "corresponsabilidade" entre esses assalariados administrativos e seus superiores, visando à saúde financeira do Northern Group Inc.; daí para as demais variáveis da equação, ou seja, para a "redução de custos de trabalho", para as "jornadas flexíveis" e para a "polivalência", é apenas um passo. Vejamos, agora, para além desse discurso internalizado do capital nas gerências, quais práticas elas têm empregado para consolidar, na sua autonomia local, as estratégias que lhes são impostas pelo grupo. Como conduzem as filiais nos países periféricos a fim de manter taxas extraordinárias de acumulação de capital dentro da focalização que lhes é imposta pelos detentores dos meios de produção, nos potências centrais.

Entre 1989 e 1990, em meio à crise provocada pela abertura comercial e pelos ajustes recessivos do governo Collor, a gerência de Recursos Humanos da planta de Campinas realizou uma rápida terceirização. Até então, as atividades de limpeza e de manutenção corretiva (na maquinaria e no prédio da fábrica) eram feitas por assalariados com registro em carteira pela American Company do Brasil. Após 1990, salvo quatro trabalhadores que permaneceram como efetivos na manutenção corretiva[6], todos os demais postos dessas atividades foram repassados a empresas terceiras. Segundo o gerente de Recursos Humanos:

> Na manutenção eu só tenho um supervisor, um líder de elétrica, um líder de mecânica e um auxiliar, que faz a parte de controle de manutenção, que é a parte administrativa. O restante, todos os mecânicos, eletricistas, encanadores, todo o pessoal de apoio da ma-

---

[3] Ribeiro, Jorge [Gerente de Recursos Humanos da American Company do Brasil], cit.

[4] Ramos, Vitor [Gerente de Melhoria Contínua da American Company do Brasil], cit.

[5] Mello, Lucas [Gerente de Engenharia e Desenvolvimento da American Company do Brasil], cit.

[6] No apêndice A, em esfera da Produção, descrevem-se brevemente as atividades da manutenção corretiva na planta, coordenadas por um supervisor e realizadas por três operários escalados entre os operadores-ajustadores (todos efetivos), junto de outros trabalhadores de empresas terceiras, contratadas para esse fim.

82   *A máquina automotiva em suas partes*

nutenção, é todo terceirizado. A mesma coisa é na limpeza, hoje temos uma empresa especializada contratada como terceira, para fazer a limpeza com o pessoal dela, não é mais o pessoal da American Company que faz.[7]

A hierarquia de cargos e salários vigente, contudo, foi mantida por mais dez anos, estruturada da seguinte forma: 1º Diretor-presidente; 2º Diretor; 3º Gerentes de áreas; 4º Mestres; 5º Encarregados; 6º Líderes de setores; 7º Preparadores de máquinas; 8º Ajustadores de máquinas; 9º Operadores de máquinas; 10º Ajudantes de produção. Em 2001, baseando-se nos requisitos da American Company Division e do Northern Group Inc., uma empresa da rede de consultoria transnacional PricewaterhouseCoopers, contratada pela planta de Campinas, realizou uma profunda redução nessa hierarquia, resultando na atual estrutura: 1º Diretor geral; 2º Gerentes de áreas; 3º Supervisores (em funções ligadas às áreas gerenciais); 4º Operadores-ajustadores (entre os quais são escolhidos os líderes de produção)[8].

Percebe-se que os cargos de diretor-presidente e diretor foram aglutinados num só: diretor geral. O mesmo ocorreu com os cargos de mestre, encarregado e líder de setor na esfera da Produção, todos assumidos pelos atuais supervisores de produção, assim como o cargo de operador-ajustador, que concentrou as funções antes distribuídas aos preparadores de máquinas, ajustadores de máquinas, operadores de máquinas e ajudantes de produção. Tais mudanças, contudo, não decorreram imediatamente do desenho da empresa de consultoria contratada: na realidade, esta apenas homologara o resultado de um processo em curso desde 1998, quando se introduziu na planta o *kaizen*, junto da criação do Departamento de Melhoria Contínua.

O *kaizen* é um sistema de análise e reformulação constante dos processos de trabalho, feito por uma equipe multidisciplinar, na qual são envolvidos assalariados de áreas distintas e dos níveis operacionais aos gerenciais, "para que não se tenha paradigmas", nas palavras do gerente de Recursos Humanos. Sua finalidade é aprimorar a ergonomia dos locais de trabalho, aperfeiçoar o controle de qualidade sobre o que é produzido e aumentar a produtividade pela eliminação de tempo perdido entre operações, "liberando" força de trabalho, a princípio, a outros setores da empresa. Feitas as análises, tudo entra na aplicação das propostas: da automação de processos, inclusive pela criação de máquinas na própria empresa (fato bastante comum, segundo pudemos observar), à reorganização das atividades e dos postos de trabalho.

Existe o chamado "*kaizen* curto", que leva de algumas horas a um dia de trabalho, associado a problemas rotineiros e aplicado pelo gerente de Melhoria Contínua junto dos trabalhadores dos setores em questão. Mas as principais mudanças são as introduzidas nas "semanas *kaizen*", que ocorrem no mínimo duas vezes por mês e nas

---

[7]   Ribeiro, Jorge [Gerente de Recursos Humanos da American Company do Brasil], cit.

[8]   A fim de simplificarmos a exposição, detalhamos rapidamente aqui somente os cargos abaixo das gerências e, dentre esses, apenas os ligados à área de Produção. De modo que, daqui em diante, por estarmos discutindo a hierarquia atual, implantada em 2001, nos referiremos na maioria das vezes aos supervisores de produção, embora haja os de recursos humanos, de segurança no trabalho etc., ligados às demais áreas gerenciais.

quais são feitas análises e reformulações mais amplas. Iniciando-se numa segunda--feira e terminando na sexta-feira, podem abranger desde a reformulação de processos produtivos específicos até a de suas ramificações pela planta toda, envolvendo as esferas de Apoio e da Administração.

O *kaizen* é, desse modo, um dos instrumentos que gera a "corresponsabilidade entre gerência e níveis operacionais pelos fins do negócio", pois sua finalidade é aproximar as gerências assalariadas dos trabalhadores diretamente envolvidos na produção, com o objetivo de extrair de ambos, conjuntamente, na forma de sugestões de melhorias, o conhecimento tácito que acumulam em suas funções – conhecimento que, posteriormente, acaba se consolidando em projetos de grande envergadura para a empresa.

Para se ter uma ideia desse efeito na American Company do Brasil, antes do início do *kaizen*, a fábrica estava organizada no chamado *layout* "funcional": havia áreas inteiras com equipamentos similares, dedicados a operações restritas e conduzidos por trabalhadores especializados no seu manuseio, de modo que os produtos intermediários precisavam ser transportados de um lado para outro durante todo o tempo em que estivessem sendo fabricados.

Com o *kaizen*, os próprios operários, com as gerências, foram automatizando esses equipamentos. Automações simples, pois a planta de Campinas segue à risca as determinações de Ohno (1997) nesse aspecto: dispondo de equipamentos menores e antiquados em relação a outras plantas mais desenvolvidas (como a matriz, nos Estados Unidos), as gerências brasileiras realizaram um aproveitamento de capacidades, produzindo na própria fábrica, dispositivos de segurança e funcionamento automáticos, introduzidos nos equipamentos com a finalidade de facilitar o seu manuseio por trabalhadores não especializados nas suas operações. Esse tipo de automação[9] possibilitou a um número cada vez menor de trabalhadores a operação simultânea de uma quantidade maior e mais diversificada de máquinas, as quais foram sendo dispostas na forma de "células", ou seja, arranjadas de modo a concentrar processos complementares e a encerrar, no menor espaço possível, a fabricação dos produtos, reduzindo-se o translado de pessoas e materiais.

Percebe-se que essa corresponsabilização entre gerência e operariado na organização do trabalho foi conduzida diretamente para a realização dos interesses da empresa. Ao se automatizarem as máquinas e facilitar o seu manuseio por dispositivos de segurança, reduziram-se os riscos de interrupção da produção por quebra de equipamentos dedicados, pois se permite transferir rapidamente os trabalhadores neles ocupados a outros na ocorrência de tal evento. Por intermédio dessa automação e da organização celular, tornou-se também mais evidente às gerências o andamento de cada pedido e os estoques de materiais em processo, permitindo uma contínua eliminação dos "poros" das jornadas de trabalho – tarefas que "não geram valor", como o deslocamento de pessoas e produtos na fábrica. Por fim, reduzindo-se tal desloca-

---

[9] Chamado por Ohno, em sua experiência na Toyota Motor Company, de "autonomação" (Coriat, 1994).

84 *A máquina automotiva em suas partes*

mento pela aproximação de processos complementares, minimizou-se a contaminação de lotes[10], gerando enorme economia de força de trabalho antes empregada em verificações e rastreamentos.

O *kaizen*, portanto, é fundamentalmente a aplicação do conhecimento dos trabalhadores na direção traçada pela empresa rumo à redução de custos. E foi também nesse sentido que a American Company do Brasil, partindo da automação e da celularização obtidas pelo *kaizen*, atingiu uma determinada "polivalência" entre os operários. Estes, até então divididos por tipos específicos de máquinas, foram reunidos nas células na forma de times responsáveis pela fabricação completa de determinados produtos. Para isso, suas atividades foram reorganizadas em conjuntos de tarefas diárias que abrangem desde o manuseio de diferentes equipamentos (das operações às trocas de ferramentas e abastecimento de matéria-prima), até o apontamento da própria produção às gerências num sistema informatizado.

Isso permitiu o deslocamento de trabalhadores a qualquer ponto da fábrica, não somente devido à eventual quebra de máquinas, mas, sob quaisquer circunstâncias, conforme as demandas de cada uma das células – ou, o que dá no mesmo, conforme a demanda das empresas clientes[11]. Tal condição repercutiu sobre a organização celular, permitindo um processo de rearranjo constante das células que, aglomerando ora mais, ora menos equipamentos, de um e de outro tipo, terminou por obrigar os trabalhadores a se adaptar contínua e rapidamente às variações dos segmentos de mercado nos quais atua a empresa. De fato, a organização do chão de fábrica, envolvendo o formato e a disposição das células entre si, mudava perceptivelmente no andamento da nossa pesquisa de campo, conforme a empresa pegava ou dispensava negócios, sendo que muitas máquinas já haviam sido assentadas em rolamentos justamente para facilitar esse translado e realocação constantes junto a outras, a fim de formar novas células.

Os operários também passaram a receber treinamentos sobre controle de qualidade e a usar técnicas e instrumentos de aferição (calibradores, medidores, cartas CEP etc.) com os quais controlam a qualidade dos produtos no momento em que os fazem, reduzindo-se a posterior restauração de defeitos. Antes de 1998, isso era realizado numa só área da fábrica e, embora haja itens que ainda passem por inspeção final na Sala da Garantia da Qualidade (na qual trabalhadores especializados realizam inspeções por amostragem dos lotes), muitos dos produtos da American Company do Brasil são fornecidos com a chamada "Qualidade 100% Assegurada"

---

[10] Muitos produtos, especialmente molas, têm dimensões difíceis de serem diferenciadas a olho nu. Fabricam-se milhares por dia, formando-se lotes que, ou são examinados por amostragem na Sala da Garantia da Qualidade, ou são conferidos um a um e cuidadosamente ordenados em embalagens especiais para que as empresas clientes os utilizem prontamente (processo de "Qualidade 100% Assegurada"). Qualquer mistura de produtos diferentes ou defeituosos nos lotes é passível de multa aplicada pelas empresas clientes, mediante termos assinados nos contratos de fornecimento.

[11] Não é por acaso que algumas células levam os nomes das empresas clientes para as quais produzem, tais como "Célula Multibrás", "Célula Sthil", ou então o nome do produto, como "Célula Embreagem", "Célula Micromolas", "Célula Bico Injetor", entre outros casos.

(o controle final é realizado nas próprias células ou em salas imediatamente ao lado delas, como veremos adiante).

Todas essas informações, obtidas nas entrevistas com as gerências e em nossas observações do chão de fábrica, foram confirmadas com os operários mais experientes. Um dos operadores-ajustadores nos disse, acerca da sua rotina de trabalho:

> Para falar a verdade, eu trabalho no setor inteiro de estamparia. São dividas em "Ralo", "Peixe", "Água", "Cofap" e "Lingueta", cinco células, cada uma faz um produto. Só que eu trabalho em todas. Ajusto [a ferramenta na máquina], ponho para operar e libero o produto. E têm as inspeções [de qualidade], vamos supor, a cada dez mil [peças produzidas]. Depois precisamos preparar a próxima ferramenta, o próximo material: os desbobinadores lá são duplos; esse lado está trabalhando, e desse lado você tem que estar arrumando a outra [máquina]. A gente faz manutenção participativa também, para lubrificar, ver se tem algum defeito. E faz a limpeza semanal, que é na sexta-feira, em todo o local de trabalho, na máquina e no chão.[12]

A gerência de Recursos Humanos da planta de Campinas defende que essas realizações – a automação, a celularização e a polivalência –, ao permitirem a atribuição de um maior número de funções aos trabalhadores, vêm promovendo uma ruptura com a gestão do trabalho taylorista/fordista, pela via de uma "desespecialização". Ademais, entende que ao fomentar uma "visão global" da posição que ocupam na divisão do trabalho na empresa, obtêm-se dos assalariados uma responsabilidade maior pelo cumprimento de suas tarefas em face da importância que assumem na realização do negócio. Vejamos os alcances e limites disso.

As palavras de um operário que entrevistamos chamam a atenção sobre como certas habilidades tradicionais parecem estar se perdendo em face da automação:

> Hoje tem máquinas que não são mais o trabalho que você tinha antes. Um torneiro, antigamente, ele catava uma peça bruta, ele tinha que trabalhar ela, lapidar até chegar numa ferramenta. Hoje as máquinas, os tornos, são todos automáticos, então você aprende com mais facilidade, você opera apertando botão. Então, não é mais aquele serviço artesanal que era você catar uma peça e construir ela.[13]

A gerência de Produção da planta, por sua vez, também nos apontou algo bastante controverso: a existência de uma "rotinização" de atividades em moldes tayloristas e, o que é mais grave, uma rotinização que é intensificada pelo trabalho em células, pois nelas os trabalhadores, auxiliados pela automação, não realizam apenas uma, mas diferentes tarefas em variadas máquinas, as quais vão se modificando ao longo da jornada, embora todas estejam cronometradas dentro de tempos-padrão:

---

[12] Pedro, Luiz. Depoimento [entrevista realizada com trabalhador da esfera da Produção da American Company do Brasil em 2005]. Entrevistador: Geraldo Augusto Pinto. Campinas, SP: [s. n.], 2005. 2 cassetes sonoros (120 min.) [Arquivo pessoal do pesquisador].

[13] Augusto, Marcos. Depoimento [entrevista realizada com trabalhador da esfera da Produção da American Company do Brasil em 2006]. Entrevistador: Geraldo Augusto Pinto. Campinas, SP: [s. n.], 2006. 2 cassetes sonoros (120 min.) [Arquivo pessoal do pesquisador].

86　*A máquina automotiva em suas partes*

O que eu vejo, até hoje: a gente é bastante taylorista ainda. Eu acho que, na maneira da gente trabalhar aqui, usamos muito ainda da filosofia, da teoria de Taylor. Em relação à divisão das tarefas, dividimos muito as tarefas, cronometramos muito: a gente controla tempo. Ainda tem muito disso aqui. Porque como são altas produções, altas escalas, se você não trabalhar com essa teoria, você não consegue ter produtividade, ter produção. Então, em algumas células e em alguns postos de trabalho, se você for parar e ficar olhando, é Taylor puro! É assim, nós dividimos a tarefa: *"Olha, você só vai cortar, só vai montar, só vai dobrar, você vai embalar e para você fazer isso vai ter um tempo-padrão para essas atividades e você vai ser controlado por isso"*.[14]

É interessante como isso parece não contradizer as preocupações do responsável pelo funcionamento do *kaizen*, o gerente de Melhoria Contínua. Tecendo-nos comentários acerca da introdução da gestão flexível na planta de Campinas, ele nos disse, em dado momento:

Hoje, se a gente olhar nossa efetividade – que é a OEE, de *overall equipment effectiveness*, um conceito um pouco diferente de carga-máquina e que mede a atividade dos equipamentos – ainda estamos longe do objetivo. E qual é o objetivo? O objetivo mundial, na verdade, quem dita as regras, é de certa forma o Japão, é a Toyota. A Toyota é um exemplo para as demais empresas em nível mundial. Um bom índice seria 85% e nós, hoje, estamos trabalhando com equipamentos em 40% [da OEE]. Então, estamos muito longe do que seria o ideal.[15]

E quanto aos métodos – indagamos, nós – utilizados na planta de Campinas para se atingir esses índices da Toyota Motor Company?

Você tem que trabalhar a "cadeia que rege" aquele equipamento: se o operador não estiver lá, a máquina não funciona; se estiver faltando matéria-prima, a máquina não funciona; se a máquina quebrou, não funciona. Quer dizer, têm muitos agravantes que não deixam aquele equipamento funcionar e você tem que trabalhar isso para não deixá-lo cair em eficiência. Se, de repente, a capacidade da minha máquina é trabalhar vinte horas por dia, descontando almoço, café, alguma coisinha aí, você considera que a sua capacidade está em cima daquilo. É uma capacidade irreal! Você tem que descontar essas "intempéries" que têm no dia a dia e trabalhar sobre eles para atingir esse objetivo. Por isso [ao aplicarem a medida da Toyota] a gente falou assim: *"Nossa! Mas nossas máquinas parecem que não trabalham nada!"* E, realmente, nossas máquinas trabalham muito pouco. O que a gente tem feito hoje? Atacamos essas causas que estão ao nosso entorno e que não enxergávamos até então.[16]

Esses métodos foram espontaneamente lembrados pelo médico da American Company do Brasil na ocasião em que lhe apresentávamos a pesquisa. Com uma longa experiência de 33 anos ininterruptos de atendimento, desde que a planta pertencia à Bosch e aos sócios Rossmann e Berchtold[17], antes que fizéssemos qualquer

---

[14]　Munhoz, Walter [Gerente de Produção da American Company do Brasil], cit.

[15]　Ramos, Vitor [Gerente de Melhoria Contínua da American Company do Brasil], cit.

[16]　Idem.

[17]　Sua entrevista foi das mais interessantes, pois, embora tenha prestado serviços no ambulatório da planta de Campinas ao longo de todo esse tempo, ao nos receber, tinha encerrado seu contrato havia

comentário sobre o conteúdo das entrevistas com as gerências ou mencionássemos termos mais específicos, ele nos interrompeu dizendo o seguinte:

> Eu não sei se é uma "reestruturação" o que você está chamando de reestruturação produtiva. Mas eu diria que é o que ocorre na maioria das empresas: é uma sensação de que você tem que produzir cada vez mais, você tem que baratear custos, competir etc. etc. E faz que as pessoas consigam, no mesmo espaço de tempo, tirar o máximo possível de quem trabalha, de quem administra etc. Então, as pessoas trabalham num ritmo pesado, num ritmo em que se analisa, até, se vale mais a pena levar um cafezinho para o funcionário na máquina ou se botar o café num determinado ponto. Estuda-se até o tempo gasto entre tomar um café duas vezes por dia na máquina ou sair da máquina para tomar café. Até isso é estudado para que as coisas rendam o máximo possível, não é? Então, quer dizer, pequenos detalhes. E isso faz que as pessoas trabalhem sempre com uma pressão muito forte e trabalhem sempre buscando, sabendo que ele tem que produzir porque o trabalho dele é analisado sempre: se ele não produzir ele vai ser substituído, ou, pelo menos se não for substituído, ele não vai se destacar, não vai melhorar de nível etc. etc. Então, eu acho que isso ocorre e eu vejo não só na empresa em que eu trabalhei, mas também no consultório, em que eu atendo muita gente conveniada, que trabalha em empresa, a gente vê que a preocupação de muitos sempre é essa.[18]

De fato, como pudemos constatar ao longo das entrevistas e da observação dos postos de trabalho na fábrica, a automação, a celularização e a polivalência vêm conformando uma aglutinação de atividades já "rotinizadas" – ou seja, grupos de tarefas com tempos padronizados – aos trabalhadores, os quais, devendo realizá-las em maior número dentro da mesma jornada, vêm sofrendo uma significativa intensificação dos ritmos e volumes de trabalho. Disse-nos um dos operadores-ajustadores:

> Hoje é mais exigido. Na época [quando foi contratado, em 1986] tinha um funcionário de transporte [das matérias-primas e produtos acabados], tinha um cara que vinha e olhava se a peça estava boa. Hoje não: você acumula tudo! Foram tirando os inspetores [de qualidade], tirando o transporte e você foi agarrando tudo. Você tem que aprender rápido, não pode demorar muito: fazer a inspeção ficou para você, pegou o cargo do cara, embolou tudo... Levar as peças, somos nós que levamos de um lugar para o outro, você produz e já leva. Naquela época não.[19]

Ao invés de uma "desespecialização", o que parece estar em curso é um processo de "desprofissionalização", na acepção que tal termo confere à perda do controle pelos trabalhadores sobre um saber construído a partir do exercício constante de determinadas atividades. Ou, o que é também um efeito desse processo, à perda

---

poucas semanas, a fim de se dedicar integralmente como docente na área de Gastroenterologia na Unicamp, onde concedeu sua entrevista, em sala própria, na Faculdade de Medicina.

[18] Cavalcante, Mário. Depoimento [entrevista realizada com o médico do trabalho da American Company do Brasil em 2006]. Entrevistador: Geraldo Augusto Pinto. Campinas, SP: [s. n.], 2006. 2 cassetes sonoros (120 min.). [Arquivo pessoal do pesquisador].

[19] Arthur, José. Depoimento [entrevista realizada com trabalhador da esfera da Produção da American Company do Brasil em 2005]. Entrevistador: Geraldo Augusto Pinto. Campinas, SP: [s. n.], 2005. 2 cassetes sonoros (120 min.) [Arquivo pessoal do pesquisador].

88   *A máquina automotiva em suas partes*

de identidade entre o sujeito de um determinado trabalho e os predicados que lhes são exigidos na realização deste. Isso fica evidente na fala do operário, transcrita anteriormente, ao sublinhar que um torneiro, antigamente, de posse de uma peça bruta, "tinha que trabalhar ela, lapidar até chegar numa ferramenta", sendo que, "hoje, as máquinas, os tornos, são todos automáticos, então você aprende com mais facilidade, você opera apertando botão".

Nas entrelinhas dessa fala, o trabalhador mostra que gradativamente os operários estão perdendo uma especialidade que não apenas garantia aos mais experientes uma posição de destaque nas empresas, mas a todos fornecia uma base de identidade no conjunto do trabalho social do qual participam. Identidade que lhes diferenciava como profissionais, devido ao aprimoramento pessoal a que tinham de se dedicar ao longo de uma vida e não como o resultado do aperfeiçoamento de uma maquinaria que, de um momento para outro, absorveu a necessidade dessa vivência, tornando-a supérflua aos olhos de leigos.

Mais negativa ainda, nesse sentido, tem sido a atribuição de tarefas sem relação direta com as atividades de produção, como, por exemplo, a obrigação de limpar os locais onde trabalham, não apenas os gabinetes das máquinas ou bancadas, como o próprio chão das células. Segundo o gerente de Recursos Humanos:

> Sim, fazem, é a chamada "manutenção participativa" que nós chamamos. Eles fazem uma manutenção simples nas máquinas deles, uma lubrificação, uma limpeza na máquina e na própria área de trabalho deles. Se eles derrubaram alguma coisa, eles vão varrer e vão limpar. Tudo é participativo. A limpeza que eu tenho [terceirizada] dentro da fábrica são os escritórios, os banheiros e os corredores, vidros, essas coisas. No meio das máquinas, o pessoal da limpeza [terceirizada] não entra, mesmo porque não tem o contrato para isso. De modo que é cada operador que tem a responsabilidade de estar cuidando do asseio e conservação do seu local de trabalho.[20]

Poder-se-ia argumentar que essa manutenção preventiva (chamada pela gerência sugestivamente de "participativa") amplia o conhecimento sobre as condições de funcionamento das máquinas. Mas como a sua atribuição aos operários, dentro do tempo de sua jornada normal, poderia ser remunerada se nem mesmo o aumento da produtividade nas tarefas essenciais aos seus postos tem sido recompensado nos salários? Pois, segundo o gerente de Produção:

> Ele [o operador-ajustador] só não é pago a mais pela produção que ele tem a mais porque não dá [ver a seguir a explicação do gerente de Recursos Humanos sobre essa impossibilidade]. Porque o Taylor dividia as tarefas, cronometrava, tinha um tempo padrão e, se o cara produzisse a mais, ele tinha o mérito à bonificação, a recompensa de ganhar mais. Mas aqui a gente tem postos de trabalho bastante assim [cronometrados, mas sem bonificação]. Isso por causa da alta escala de produção. Lógico que tem uma abertura: o cara pode pensar, pode opinar, o cara pode ter ideias para melhorias em tudo e a gente incentiva muito isso. Mas existe, no fundo, uma base muito sólida no Taylor. Eu acho que a indústria, de uma maneira geral as autopeças, é bem taylorista ainda.[21]

---

[20] Ribeiro, Jorge [Gerente de Recursos Humanos da American Company do Brasil], cit.

[21] Munhoz, Walter [Gerente de Produção da American Company do Brasil], cit.

Os operários, de fato, não recebem salários como – efetivamente – polivalentes. Um dos operadores-ajustadores que entrevistamos, por exemplo, indagado se o seu pagamento foi ampliado pelo acúmulo de novas funções, ou se houve algum reconhecimento formal por parte da gerência quanto à maior complexidade do cargo, nos disse:

> Não teve não. Não que eu estou falando, assim, que é o pior salário de Campinas. Eu estou falando em termos de reconhecimento salarial. Não houve, para muitos casos aconteceu assim: a pessoa passou disso para aquilo e não teve aquele reconhecimento. Pode ser que tenha, mas até hoje... Eu não fui contratado para ser inspetor [de qualidade]. Na época, o inspetor ganhava até mais que o ajustador. Eu não fui, mas agora tenho que ser inspetor. A gente faz inspeção. Não fui contratado como mecânico, mas faço a lubrificação, a preventiva, e o transporte [das peças e matéria-prima no interior da fábrica].[22]

Indagado a respeito disso, o gerente de Recursos Humanos nos respondeu:

> Porque é muito complicado [um salário diferenciado para os polivalentes]. Nós já estudamos isso e é muito complicado. E há problemas legais ainda no Brasil, principalmente a nível sindical, que não reconhece isso. Mas eu acredito que em termos de futuro, não só nós, mas o mercado já estará migrando para isso.[23]

Em suma, a automação, a celularização e a polivalência resultaram em redução de custos à empresa, aperfeiçoamento do controle e da flexibilidade da produção, bem como elevação da produtividade do trabalho em todas as esferas. Não geraram, contudo, ganhos aos assalariados, principalmente na esfera da Produção, onde, além de estarem trabalhando de forma mais intensa e vigiada, não perceberam quaisquer mudanças nos seus vencimentos, cuja variação permanece atrelada apenas às variáveis exógenas à economia da empresa como a inflação e o custo de vida, numa clara explicitação do salário como preço da mercadoria força de trabalho, destinado a provê-la na reprodução das suas condições mínimas de subsistência.

Trata-se, portanto, de formas de precarização dos contratos e das condições de trabalho impostas aos assalariados, paralelamente ao aumento da produção material, da acumulação de capital e da riqueza sob o controle de grupos oligopólicos transnacionais. Foi-nos relatado, pelo presidente do Sindicato dos Metalúrgicos de Campinas, como muitas empresas da região insistiram, ao implantar a polivalência, em alterar as descrições de cargos de suas hierarquias, mediante a reunião de atividades distintas num só cargo designado "operador multifuncional", exatamente para descaracterizar as qualificações precedentes dos trabalhadores nelas ocupados para, num segundo momento, promover um "rateio por baixo" dos salários:

> As empresas passaram a absorver cada vez mais o nosso conhecimento – eu costumo dizer isso em porta de fábrica – o conhecimento do operário. E não estão pagando por isso.

---

[22] César, Paulo. Depoimento [entrevista realizada com trabalhador da esfera da Produção da American Company do Brasil em 2006]. Entrevistador: Geraldo Augusto Pinto. Campinas, SP: [s. n.], 2006. 2 cassetes sonoros (120 min.) [Arquivo pessoal do pesquisador].

[23] Ribeiro, Jorge [Gerente de Recursos Humanos da American Company do Brasil], cit.

90 *A máquina automotiva em suas partes*

> Porque quando elas eliminaram funções como os inspetores de qualidade, de linha, ou os chamados preparadores de máquina, elas diminuíram a quantidade de mecânicos de manutenção, eliminaram os empilhadeiristas, e toda uma série de funções que os trabalhadores acabaram fazendo. É uma lógica em que as empresas tentaram até descaracterizar mesmo a função. Então, elas queriam "operadores multifuncionais". Foi uma briga do sindicato para que isso não se alterasse. Ao invés de ser, por exemplo, um operador de máquina, um operador de centro de usinagem ou um operador de torno CNC [com "Controle Numérico Computadorizado"], elas queriam como definição desse cargo "operadores multifuncionais", exatamente porque você faz várias funções.[24]

Essas mudanças não se limitaram a áreas específicas na American Company do Brasil. A intenção ao tornar a força de trabalho intercambiável entre processos distintos e, portanto, passível de ser deslocada dentro da empresa, não foi apenas estreitar as relações entre os setores da produção pelas características dos processos que concentram, mas unir todos os trabalhadores mediante a mesma coesão que lhes é imposta enquanto membros das células, organizadas como times. Assim, o controle por pares surge como uma realidade que ultrapassa as células e o chão de fábrica, tecendo uma teia de compromissos que abrange toda a planta como um "grande time", reproduzindo, nos diversos níveis hierárquicos, o comprometimento dos assalariados com os resultados da empresa no mercado. Nas palavras do gerente de Produção:

> Os próprios supervisores e gerentes absorveram trabalhos pelos quais não eram responsáveis. E aí você também acaba tendo uma visão global de todo o negócio da empresa. Porque hoje, o cara de manutenção não pode só pensar em consertar máquina, tem que ter uma visão global de toda a empresa, de atendimento ao cliente, de produtividade. A gente também, o gerente de Produção, tem que ter uma visão global de custo, sempre estar envolvido com os custos, com o planejamento geral da empresa. Você tem que ter uma visão geral de tudo.[25]

A intenção imanente a este sistema, buscando "transplantar" para as relações entre os trabalhadores um ideário baseado nas relações de troca mantidas pelas empresas no mercado, fica ainda mais evidente em trechos como o que segue, com o gerente de Recursos Humanos:

> O que nós procuramos colocar para eles é: *"É importante o resultado dentro da célula? Sim, é importante"*. Mas é importante salientar que o produto que sai da célula dele vai para outra célula: então essa outra célula é "cliente" dele. Ou seja, é a figura do "cliente interno" e de que tudo se interliga. E o que manda é o resultado final da empresa, quando a peça foi faturada exclusiva para um cliente. Então, dentro dessa situação, há sim, entre o pessoal, esse sentimento do trabalho em equipe, mesmo fora da célula.[26]

---

[24] Santos, Jair dos. Depoimento [entrevista realizada com o presidente do Sindicato dos Metalúrgicos de Campinas em 2007]. Entrevistador: Geraldo Augusto Pinto. Campinas, SP: [s. n.], 2007. 2 cassetes sonoros (120 min.) [Arquivo pessoal do pesquisador].

[25] Munhoz, Walter [Gerente de Produção da American Company do Brasil], cit.

[26] Ribeiro, Jorge [Gerente de Recursos Humanos da American Company do Brasil], cit.

Aqui estão dados os elementos centrais da implantação do sistema toyotista na American Company do Brasil. Cotejando nosso estudo anterior:

> Em termos dos processos produtivos internos às empresas, organizar a produção sob o regime *just in time* significa que, na montagem de um produto, todos os seus componentes, fabricados em processos distintos de submontagem, devem chegar aí no momento exato e na quantidade estritamente necessária, sem a formação de estoques nem tempo de espera entre os postos de trabalho.
>
> Portanto, ao contrário do sistema taylorista/fordista, no qual o somatório do tempo das mínimas operações de cada um dos trabalhadores era previamente fixada e determinava a capacidade produtiva do sistema como um todo, no sistema toyotista, *o que importa é o tempo de "ciclo das atividades" realizadas em cada célula e, consequentemente, em cada posto de trabalho, sendo ambos variáveis, ou restabelecidos permanentemente de acordo com a variação da demanda geral, isto é, do fluxo da cadeia produtiva.*
>
> Essa é a diferença quando se fala em produção "empurrada" ou "puxada". Muito menos abrangente do que a conhecida afirmação de que o sistema toyotista submeteu a produção às determinações do mercado consumidor, *a diferença marcante entre o sistema taylorista/fordista e o toyotista, nessa questão, reside muito mais no fato de que o balanceamento do tempo do ciclo das atividades de trabalho, nos postos internos nas empresas, passou a ser realizado com base no fluxo da demanda nas cadeias produtivas, como um todo* (Pinto, 2007c, p. 83, grifos atuais).

Lancemos luz, agora, a algumas das características que vêm emergindo nas relações entre os trabalhadores e as gerências assalariadas, no desempenho das tarefas que lhes são postas nos diversos níveis da hierarquia que ocupam nessa nova organização do trabalho. Será interessante observarmos como a gestão flexível é precisamente a capacidade de combinar, de forma estratégica, a simplicidade e a complexidade, a rigidez e a fluidez em prol da acumulação capitalista.

Além do treinamento intenso realizado diretamente nos postos de trabalho pelos supervisores de produção, todas as atividades executadas nas células, embora organizadas pelos operários, seguem rigorosamente diretrizes pré-determinadas pelos departamentos de Engenharia e Desenvolvimento e de Qualidade, os quais elaboram um "plano de produção". Esse plano desce, degrau por degrau, a hierarquia da fábrica: encaminhado pelo Departamento de Engenharia e Desenvolvimento aos gerentes de Produção, estes o passam aos supervisores, que o repassam aos líderes de produção, chegando por meio destes aos operadores-ajustadores nas células. Além do plano de produção, para cada modelo de peça há uma "ficha-padrão", também elaborada pelas gerências e na qual estão prescritas aos operários todas as tarefas a serem realizadas, inclusive com os tempos a serem gastos, parcialmente e do começo ao fim do processo, das operações de fabricação às de controle de qualidade e apontamentos nos computadores, ao final de cada etapa.

Numa estrutura de controle aparentemente rígida como essa, que finalidades cumprem, então, os líderes de produção? Tal como os demais trabalhadores, eles atuam normalmente como operadores-ajustadores nas máquinas. Mas desfrutam de uma posição diferenciada. Em primeiro lugar, porque lhes é dado coordenar, dependendo dos seus conhecimentos, uma determinada área, como um setor (a manutenção corretiva das máquinas, ou das instalações da fábrica) ou um nicho de produtos

92 *A máquina automotiva em suas partes*

(células de itens específicos como micromolas, ou *flapper*, etc.), sempre sob a orientação de supervisores. Em segundo lugar, porque nessa função recebem um acréscimo de 10% em seus salários normais. Por fim, a mais importante distinção: assumem tal liderança por atribuição direta das gerências de área e de Recursos Humanos, passando pelo crivo da diretoria geral. Quais são, então, os requisitos para a sua escolha? Segundo o gerente de Recursos Humanos:

> No que tange à escolha dessas lideranças, são aqueles funcionários que se destacaram mais, aqueles que sem ninguém falar nada eles aprenderam o "beabá" das máquinas, eles tiveram a curiosidade de se desenvolver; eles fizeram quase todos os cursos que a empresa ofereceu, são pessoas interessadas, são pessoas que precisam ter o perfil de liderança.[27]

Vê-se que a autonomia em qualificar-se é um requisito necessário, mas não suficiente, pois é preciso "ter o perfil de liderança". E qual seria este? Segundo o mesmo gerente:

> São os caras batalhadores, os caras que vestem a camisa da empresa, no sentido de puxar a produção, de fazer tudo aquilo que está lá programado, seguir o plano de produção, mais ou menos dentro dessa linha.[28]

Como tais explicações permaneciam vagas demais para nós, pedimos um esclarecimento:

> Por exemplo, o cara é bom em micromolas [respondeu o gerente]. Então, em micromolas, por exemplo, tem o Norberto [nome fictício], que é um líder de produção. Tem várias máquinas e várias pessoas ali, então ele sempre procura estar dando uma coordenada. Apesar de que o líder não só lidera, ele trabalha em uma máquina normalmente.[29]

Prosseguiu o gerente, espontaneamente:

> O conceito nosso de líder é o conceito mais básico do trabalhador multifuncional: porque um líder, obrigatoriamente, tem de saber operar todas as máquinas de um setor. É uma obrigatoriedade dele. Por quê? Porque [se] um funcionário ficou doente, precisou sair da célula, teve algum problema, o líder sabe que ele pode sentar naquela máquina e fazer todo o trabalho normalmente. É esse o conceito que nos norteia.[30]

Tal pronunciamento dispensou novas perguntas. O líder de produção está entre os trabalhadores não apenas tecnicamente, mas ideologicamente preparados para assumir atividades diversas, em quaisquer circunstâncias. E é por isso que o tempo de trabalho na empresa e o preparo técnico não constituem por si mesmos um critério de escolha, podendo vir um líder de produção a receber, mesmo com o acréscimo de 10%, um salário menor que o de um trabalhador mais antigo na empresa, ainda que na mesma área de sua coordenação. Disse o gerente entrevistado:

---

[27] Idem.

[28] Idem.

[29] Idem.

[30] Idem.

Às vezes, nós temos um ajustador antigo naquela célula, mas é aquele cara que já está se aposentando, está tranquilo, dali ele só quer sombra e água fresca. Ele faz o trabalho dele normalmente, mas ele não tem aquela aspiração de querer ser um líder, um supervisor, um gerente. Ele já se aposentou, está bom para ele ali, é um cara superespecializado, conhece como poucos aquilo que faz, então pode acontecer do líder ganhar até menos do que ele.[31]

É perceptível, portanto, que nesse perfil de liderança deve haver algo mais que o conhecimento técnico: deve haver, sobretudo, o comprometimento com os ideais da empresa e o bom relacionamento no ambiente de trabalho. Na bagagem dos líderes de produção entram, portanto, elementos "comportamentais" que são definidos no dia a dia e em situações adversas. Retomando aqui apontamentos do gerente de Recursos Humanos, é possível ver que o bom relacionamento com os colegas mais novos e com a gerência, mesmo em momentos de pressão[32], o interesse e a autonomia em atualizar-se[33], o comprometimento e o desejo de ascensão[34], são requisitos dos líderes de produção. Todos, contudo, dificilmente mensuráveis. Encerrando o assunto, disse-nos, ainda, o gerente:

De qualquer modo, a eleição desses líderes não é feita a partir dos trabalhadores. No nosso sistema é a gerência da área que atribui, com base nos requisitos apontados, juntamente com o "RH" e decisão final do diretor geral. A assinatura, a decisão final, é do diretor: quem leva todas as informações para que ele decida é a gerência da área e o setor de "RH".[35]

Trata-se, portanto, de indicações das gerências de área, com base em elementos técnicos e, sobretudo, comportamentais, que, de alguma forma, são analisados pela gerência de Recursos Humanos e levados, por fim, à diretoria geral da planta. Uma possível resposta, então, pode ser dada à questão formulada acima – sobre as finalidades dos líderes de produção: mais que se responsabilizar tecnicamente pelo setor que representam, sua função é firmar-se como uma "correia de transmissão" das gerências aos níveis operacionais na hierarquia da planta.

Seja como for, o seu caso é interessante por ilustrar a paradoxal combinação entre, de um lado, a falta de rigidez na definição de critérios como os comportamentais e, de outro, a importância cabal que assumem na manutenção das estruturas organizacionais flexíveis. Por um outro ângulo, tais fatos ilustram que a obtenção de pro-

---

[31] Idem.

[32] Como nas seguintes palavras do gerente: "[se] um funcionário ficou doente, precisou sair da célula, teve algum problema, o líder sabe que ele pode sentar naquela máquina e fazer todo o trabalho normalmente", sendo, aliás, aquele que "sempre procura estar dando uma coordenada". Idem.

[33] Ou seja: "aqueles que sem ninguém falar nada eles aprenderam o "beabá" das máquinas, eles tiveram a curiosidade de se desenvolver; eles fizeram quase todos os cursos que a empresa ofereceu". Idem.

[34] Pois: "São os caras batalhadores, os caras que vestem a camisa da empresa", que têm "aquela aspiração de querer ser um líder, um supervisor, um gerente". Idem.

[35] Idem.

94   *A máquina automotiva em suas partes*

dutividade crescente e dedicação plena com a empresa não advêm da simples "compra" da força de trabalho, mediante bonificações ou salários. E se a exploração da subjetividade dos trabalhadores fora considerada um risco a ser neutralizado para Frederick Taylor, o mesmo não se pode dizer de Henry Ford e das pistas que deixou sobre isso nos seus escritos (levantadas por olhares tão diferentes, como o de Antonio Gramsci e o de Taiichi Ohno[36]).

Em termos mais objetivos, esse perfil específico de liderança que surge em um trabalhador dentre os demais assalariados no chão de fábrica interessa à empresa não somente pelo quanto ele é capaz de "puxar o trabalho", de "fazer tudo aquilo que está lá programado", mas, principalmente, enquanto procura "estar dando uma coordenada", promovendo um consentimento entre os seus pares e a eles retransmitindo, no lugar das gerências, a imagem do idealista, aquele que "veste a camisa da empresa". Por isso é preciso haver, também, "aquela aspiração de querer ser um líder, um supervisor, um gerente", enfim, um tamanho interesse em ocupar tais cargos que um aumento salarial de 10% torna-se simbólico.

Firmar essa "correia de transmissão" entre as esferas da Administração e da Produção é fundamental à organização industrial exploratória do trabalho no capitalismo. E, nesse ponto, se há algo que contraria as prescrições tayloristas e fordistas, é que a sua manutenção nos sistemas de gestão flexível parece depender muito mais de um contrato social "fluido". Têm razão, assim, autores como Sennett (2002), quando buscam problematizar a sutileza da relação entre a flexibilidade e o comprometimento, como na seguinte passagem:

> Na apropriada expressão da analista de negócios Rosabeth Moss Kantor, hoje os velhos "elefantes" burocráticos "estão aprendendo a dançar"[37]. Parte dessa nova dança é resistir a negociações categóricas em grandes instituições, e em vez disso traçar caminhos mais fluidos e individualizados para promoções ou salários (Sennett, 2002, p. 101).

A fluidez e a individualização nas relações de trabalho é o que mais se ajusta, quando não reforça, a ideia de "clientes" e "fornecedores" entre os trabalhadores divididos em vários níveis hierárquicos no interior de uma planta como a American Company do Brasil. É impressionante como a introdução desse ideário, ao tempo em que reforça o espírito de equipe, pelo compartilhamento maior de tarefas, amplia, na proporção inversa, a individualização dos seus executores.

A explicação desse aparente paradoxo está nos sistemas de avaliação. Quanto mais o foco da avaliação superior se afasta dos postos individuais de trabalho para o âmbito coletivo dos times, mais seus integrantes são mutuamente responsabilizados pelos resultados e, portanto, maior a sua dependência recíproca. Momento em que, con-

---

[36]   Referimo-nos aqui à clássica análise crítica do fordismo desenvolvida por Gramsci (1990) e, em sentido oposto, o próprio Ford (1995) e os comentários reverentes de Ohno (1997) a seu respeito. Sobre essa última questão, isto é, a relação entre Ohno e Ford, uma leitura inicial pode ser feita em Coriat (1993).

[37]   A citação que Sennett utiliza neste trecho foi extraída do livro da autora citada, intitulado *When giants dance*, publicado em Nova York, pela editora Simon & Schuster, em 1989.

traditoriamente, emerge uma ilusória autonomia individual, uma imparcialidade nas relações entre as pessoas no trabalho, análoga ao individualismo liberal, frio e calculista que as corporações estabelecem entre si nas relações que travam no mercado, como parceiras ou concorrentes. Autonomia e imparcialidades que autorizam um indivíduo a julgar os atos de outro na sua mesma condição, de forma positiva ou negativa, mas jamais indiferente, embora os fins da relação entre ambos pairem acima de suas cabeças. Nas palavras do gerente de Recursos Humanos da planta de Campinas:

> Sim, basicamente o trabalho de uma célula hoje está dentro desses requisitos. Porque o trabalho em célula é um trabalho em time, um trabalho em equipe – se um falhou, o resultado da célula não vai sair. O pessoal está ciente, está treinado, que todos têm de funcionar, de maneira correta para que o produto final saia, que é a peça. Então há essa consciência, há essa filosofia de trabalho.[38]

Individualizam-se, por essa via, as relações entre os pares no interior dos times e entre estes. Retomando algumas palavras desse mesmo gerente:

> Houve, portanto, essa grande mudança e isso melhorou muito os níveis de produtividade da empresa, bem como a rastreabilidade da qualidade, de problemas, de defeitos. O próprio controle em si ficou mais organizado.[39]

Quanto mais coesos os times de trabalhadores, mais facilmente são rastreáveis os problemas pessoais e detectáveis as falhas de cada um. Quanto mais polivalentes e assim reunidos, mais controlados estão, consequentemente, por si mesmos e pelos superiores na hierarquia da empresa. E como isso se torna perceptível, surge a necessidade das gerências em contar com o individualismo e abrir "oportunidades" aos interessados em "subir de cargo". A posição de líder de produção é, assim, um degrau que abre caminho à supervisão da produção; e esta, a cargos como a gerência de Produção.

Aqui se desvenda ainda outra tática gerencial na exploração do trabalho, agora no uso da legislação trabalhista. Esta impede a retirada posterior de aumento salarial concedido a um trabalhador – no caso em questão, os 10% ao líder de produção, ou o salário correspondente ao nível imediatamente superior, o de supervisor, e assim por diante. Nada se diz, entretanto, a respeito do tempo máximo de permanência em uma função ou cargo, ficando isso a critério da empresa. No caso da American Company do Brasil, aliás, segundo o gerente de Recursos Humanos, se há um critério "canônico" a ser seguido em todos os casos, sejam trabalhadores mensalistas ou horistas, diretos ou indiretos, em quaisquer esferas de trabalho, é jamais promover alguém por tempo de serviço na empresa.

Como essa planta prevê na sua hierarquia a função de líder de produção dentro do cargo de operador-ajustador, além dos cargos de supervisor, gerente etc., "abrir" uma vaga nessas posições significa ocupar uma parcela dos trabalhadores por um tempo indeterminado em tais funções, embora nada disso lhes garanta algo a não ser um proveitoso estímulo para trabalhar e se atualizar, individualmente, em função da empresa. Segundo o gerente de Recursos Humanos:

---

[38] Ribeiro, Jorge [Gerente de Recursos Humanos da American Company do Brasil], cit.

[39] Idem.

Só acontece [a promoção], por exemplo, mediante a abertura da vaga. Não está determinado: *"Ah, em cinco anos você vai ser gerente"*, se você é um supervisor. Não. O que está determinado é que, logicamente, nós trabalhamos com pessoas-chave. O João: *"Ah, o João é o supervisor hoje, supervisor de produção. O que ele pode ser? Ele pode ser gerente de Produção, gerente de Qualidade, gerente de Engenharia, pelo grau de conhecimento que ele tem, pelo nível técnico ou de estudo que ele tem, pela proficiência ou não em línguas"*. Então isso é o que está determinado. E isso acontece mediante a abertura da vaga, uma promoção de alguém para um outro cargo, uma promoção de alguém para uma unidade lá fora, uma transferência ou alguém que saia da empresa.[40]

Nesse caso, para estar aptos no momento da seleção, os trabalhadores devem manter-se em preparo constante, atualizando-se e destacando-se em suas relações no ambiente de trabalho. Tal situação ficou explícita no caso de um dos entrevistados: trata-se de um operário do setor de estampagem, na empresa desde 1986 e que, segundo nos relatou, assumiu há cerca de dois anos atividades relativas à função de líder de produção, sem, contudo, ter sido reconhecido formalmente como tal, perfazendo uma espécie de estágio probatório sem fim. Nas suas palavras:

> São as gerências que elegem, não tem votação [por parte dos trabalhadores], essa pessoa [o líder de produção] que, não sou eu ainda, não sei se vou ser. Mas o cara, esse líder, é o porta-voz: ele chega nos operadores, passa o pedido e fala *"Você tem que fazer isso"*. E não é só falar, lógico! É fazer também, não é? Não é só chegar e falar *"Faz isso"*, sem dar condições. Eu sou, no meu caso aqui, sou eu quem faz isso hoje; levo pedido, vou atrás de matéria-prima, mando o cara ver matéria-prima. É..., eu sou o líder, ... não sou ainda. [*"Como assim?"*, perguntamos:] Porque ainda não foi passado na carteira [de trabalho]. [*"Ah, o líder ganha um pouquinho mais, não é?"*] É... Não, mas tem operador mais velho da noite que ganha mais que eu. Só que não é o caso, assim... Eu não esquento, para mim está bom, o cara é mais velho... Então, mas falta passar... Falta, nem sei se falta: foi o que me prometeram, não é? Agora estou esperando, não é...?[41]

As dúvidas e inquietações expressas em sua fala podem ser pistas, é claro, de uma insegurança quanto à nossa pesquisa, afinal, por mais que tivéssemos esclarecido os objetivos do estudo e sua necessária isenção com relação à empresa, é razoável supor que os entrevistados, principalmente nos níveis operacionais, suspeitem de alguma ligação com as gerências. Isso ficou claro quando perguntamos a esse trabalhador se ele se considerava um "operário polivalente":

> Já ouvi essa palavra. "Polivalente" é aquele que topa tudo, que faz tudo? Ainda não. Eu tenho bastante conhecimento na minha área, conheço bastante: conheço máquina, na parte elétrica, na parte mecânica, conheço no dia a dia de aprender com o sistema; conheço o produto, conheço a ferramenta. Conheço quase todas as máquinas. Tem que ser. [...] [Mas eu mesmo] não sou um "polivalente", que seria muito, não é? Mas eu acho que "poli-50%", porque o cara pelo menos 50% ele tem que conhecer ali do setor dele. Não precisa ser o inteligente, "o mais", mas acho que a pessoa tem que conhecer um pouco mais do que aquilo que ela fica fazendo ali.[42]

---

[40] Idem.

[41] Arthur, José [Trabalhador da esfera da Produção da American Company do Brasil], cit.

[42] Idem.

Esse excesso de cautela ao falar das próprias capacidades parece demonstrar, de fato, uma preocupação em estar sendo avaliado pela empresa; por outro lado, evidencia ainda mais a ausência de reconhecimento pelo seu trabalho, ou de critérios para isso, por parte das gerências. O trabalhador assume conhecer quase todas as máquinas. Exerce as atividades de um líder de produção e por isso mesmo é certo que esteja entre os "polivalentes" da esfera da Produção, pelo que já expusemos. Mas a falta de formalidade a respeito o deixa inseguro e o leva a crer que ainda deve adquirir novos conhecimentos e assumir mais funções para poder considerar-se um trabalhador exemplar para a empresa.

Se tudo isso nos foi dito pelo entrevistado por receio de que o estivéssemos avaliando no lugar das gerências, o caso em nada invalida, senão reflete a presença dessa preocupação no seu dia a dia. Uma incerteza constante acerca das suas próprias capacidades em face do reconhecimento gerencial, uma espécie de "cortina de fumaça" que as gerências utilizam para pré-dispor os trabalhadores à autoexploração, uma vez que os parâmetros delimitadores das funções desaparecem.

Em síntese, a aplicação metódica do *kaizen* pela American Company do Brasil, ao promover a cooperação do operariado com as metas gerenciais, engendrou, junto de toda a sua prole – automação, celularização e polivalência –, um sistema de gestão que explora intensivamente a força de trabalho, suprimindo poros das jornadas pela sobrecarga de múltiplas atividades, incitando uma vigilância panóptica por meio da paradoxal individualização de responsabilidades nos times e, por fim, introjetando um comprometimento ideológico entre os trabalhadores com a situação da empresa, uma espécie de envolvimento entre os seus interesses pessoais e o negócio da corporação que leva, em última instância, à configuração de relações de mercado no cotidiano das atividades de trabalho.

Esses últimos aspectos, o comprometimento ideológico e o envolvimento pessoal dos assalariados com as empresas, atuam como um nó, selando as relações sociais no trabalho como engrenagens da acumulação de capital. Ao ofuscar as contradições do assalariamento e da divisão do trabalho como manifestações da propriedade privada dos meios de produção, eles obscurecem aos sujeitos, gerentes e operariado assalariados, o quadro de exploração real no qual contracenam sob a imposição de funções e hierarquias cuja estrutura nada mais é do que uma projeção das relações que assumem os produtos do seu trabalho, deles totalmente apartados, no mercado. É a reificação das relações sociais, sobre a qual se firmam outros elementos, tal como o "mercado interno de trabalho" nas empresas. Diz o gerente de Recursos Humanos da planta de Campinas:

> A mensagem que nós passamos para todos os funcionários é: *"Esteja preparado para quando a vaga aparecer e você ser o melhor candidato, pois nós garantimos que só vamos buscar no mercado se a gente não encontrar internamente"*. Então, têm vários funcionários que estão estudando, voltaram a estudar. Tem duas pessoas nesse Telecurso aí, que se inscreveram, que têm 51 anos de idade, se inscreveram para fazer. Então, o pessoal está tendo uma consciência de que nem tudo dá para você determinar no papel.[43]

---

[43] Ribeiro, Jorge [Gerente de Recursos Humanos da American Company do Brasil], cit.

O mercado interno de trabalho é um elemento que, paralelamente ao uso intensivo da força de trabalho, promove o seu uso extensivo e em larga escala na acumulação de capital. Pois, pelo comprometimento em aproveitar ao máximo os próprios quadros, deve-se compreender não apenas as expectativas das empresas em elevar a intensidade da exploração do trabalho pelo desenvolvimento da polivalência, mas, a par disso, uma deliberada intenção de "servilizar" o corpo de trabalhadores dentro das suas relações de dominação.

Novamente, como em outras situações, "nem tudo dá para você determinar no papel", como diz o gerente. Aliás, subentende-se nessa fala um alerta para que os trabalhadores tenham "consciência" de que nada que parta unicamente deles garantirá uma promoção, pois o que lhes é possível angariar como qualificações educacionais, profissionais e comportamentais, são apenas pré-requisitos para essa eventualidade, podendo mudar ao longo do seu tempo de permanência na empresa. Permanência que lhes provê experiências profissionais e convívio social, mas que também nada lhes garante de concreto no mundo da efemeridade e da descartabilidade do capital, onde, contraditoriamente, se constroem lealdades comuns, enraizadas e alimentadas por compromissos objetivos – todos, no entanto, passíveis de serem rescindidos, abruptamente, sob qualquer circunstância que interesse a apenas uma das partes.

Presente nos times e nas lideranças de produção, nos mercados internos de trabalho a combinação entre a rigidez e a fluidez reaparece. Onde estaria a rigidez? Em todos esses casos, na experiência técnica adquirida nas diversas funções, na formação profissional e na escolaridade dos trabalhadores. Daremos aqui alguns exemplos.

Por experiência profissional compreendemos o "conhecimento tácito", ou seja, aquele que em suas bases cognitiva e prática é desenvolvido espontaneamente pelos trabalhadores no contínuo exercício das suas atividades, sendo muitas vezes compartilhado, embora nem sempre de maneira formal, entre os colegas de trabalho. Por formação profissional nos referimos tanto aos treinamentos realizados pelos trabalhadores dentro e fora das empresas (de caráter técnico e voltados a uma atividade especializada), quanto aos cursos de formação tecnológica em nível médio e superior, assim como aos de graduação e pós-graduação por eles cumpridos.

Na American Company do Brasil há áreas que exigem da gerência de Recursos Humanos uma escolha diferenciada entre os trabalhadores, como as atividades de prensagem de estampos delicados e de enrolamento de micromolas. As *flapper*, principal produto de estampagem da planta, são de espessura muito fina, feitas com ligas delicadas, dimensões e traços de acabamento nos quais o controle de qualidade é extremamente sofisticado; o mesmo ocorre com as micromolas, destinadas a equipar aparelhos eletrônicos. Além do conhecimento teórico requerido, as prensas e enroladeiras da planta de Campinas não são de última geração e agregam pouca automação, o que exige uma experiência profissional ainda maior para que se atinjam as metas de qualidade e produtividade esperadas.

Um candidato a operador-ajustador de prensa ou enroladeira de micromolas, segundo o gerente de Recursos Humanos, necessita ter, no mínimo, a formação completa em nível médio e um curso técnico de ajustagem ou de mecânica, sendo desejável conhecimento de desenho e uma experiência profissional de pelo menos dois anos. Torna-se infausta uma busca por esse perfil no mercado e a empresa opta por manter nessas áreas operários com um contrato mais estável a fim de poder aproveitar da experiência profissional consolidada tanto pelo exercício dessas funções, quanto pelos investimentos em treinamentos que absorvem. O mesmo se aplica às áreas mais técnicas da esfera da Administração, como as gerências de Produção, pois já houve dificuldade em se encontrar engenheiros experientes nesses tipos de processos produtivos. Segundo o gerente de Recursos Humanos:

> Nós temos uma norma na empresa, isso desde o início de 1999, pela qual não contratamos ninguém sem esgotar todas as hipóteses de recrutamento interno. Então, existe essa valorização interna, mesmo porque isso se deve a esta situação da nossa atividade. Nós só vamos ao mercado se não encontramos ninguém internamente com capacidade para suprir as necessidades que temos.[44]

A situação exige, portanto, um desenvolvimento interno de profissionais. Até 1998, a planta de Campinas não dispunha de planos de treinamentos sistemáticos: estes eram elaborados muitas vezes como resultado de opiniões distintas e dispersas pelos setores da empresa, sem uma análise conjunta. Após 2001, passou-se a executar um plano anual, elaborado pela gerência de Recursos Humanos mediante, de um lado, o cruzamento das descrições de cargos e seus requisitos mínimos e, de outro, as necessidades de cada esfera de trabalho, levantadas pelas gerências e supervisões em seus respectivos setores. Nas palavras do mesmo gerente:

> Quem elabora esse plano é o setor de RH, mas ele parte do que é solicitado pelas gerências das várias áreas da empresa, pois são os gerentes das áreas técnicas que sabem efetivamente o que é necessário fazer. Eu tenho que respeitar isso, pois eles, que são os técnicos e que estão no dia a dia com o pessoal, e cada um dos funcionários deles, como os supervisores, é que ajudam eles – ajudam aos gerentes de Produção, o gerente de Qualidade, o gerente de Engenharia etc. a montar isso [o plano anual]. Em cima disso, eu faço uma análise crítica e posso tanto acrescentar mais alguma coisa como retirar: *"Você está pedindo treinamento de programação para um cara que carrega caixas?"*, e eles podem questionar, defender o ponto de vista deles.[45]

Nesse plano anual, entram desde treinamentos específicos – como a prensagem de *flapper* e o enrolamento das micromolas, realizados *in loco* por trabalhadores mais experientes –, a cursos gerais como técnicas de controle de qualidade – para o que são contratadas consultorias ou utilizados os próprios quadros gerenciais, que adquirem tais conhecimentos em cursos de especialização fora da empresa. Ademais, após 2001 elaboraram-se projetos de médio e longo prazo para a elevação da escolaridade mínima em todos os níveis, do ensino médio aos trabalhadores da esfera da Produção à pós-graduação aos níveis gerenciais[46].

---

[44] Idem.

[45] Idem.

[46] Infelizmente todos os dados relativos à escolaridade solicitados nos questionários da pesquisa não foram fornecidos pela empresa, mas apenas alguns números relativos ao ano de 2004 que, a nosso, ver não permitem uma leitura satisfatória do assunto.

Contudo, se a experiência e a formação profissional, assim como a escolaridade, são objeto de um contínuo planejamento por parte das gerências da American Company do Brasil na qualificação do seu quadro de assalariados, sendo, da mesma forma, imprescindíveis às contratações, não se pode dizer o mesmo quando se trata de promoções no mercado interno de trabalho da planta. Aqui adentramos na fluidez.

Tomemos como referência o quadro 2 (apêndice B). Ele foi elaborado visando captar a importância de alguns critérios na contratação de trabalhadores para a esfera da Produção da empresa. Mas, segundo o gerente de Recursos Humanos (que o preencheu, tecendo comentários), as respostas podem ser consideradas representativas tanto para os casos de contratação, como de promoção (com algumas ressalvas neste, como veremos a seguir), em todas as esferas da planta.

Vê-se que a escolaridade, a formação e a experiência profissional compõem os três critérios mais importantes numa contratação. Aliás, nas descrições de cargos elaboradas pela planta de Campinas, junto da consultoria contratada em 2001, eles figuram como requisitos mínimos, de forma detalhada. Todavia, na opinião do gerente de Recursos Humanos da planta, embora sejam imprescindíveis nas contratações, não são os únicos critérios nas promoções. Nas suas palavras:

> Hoje em dia você procura – e é uma tendência que está aí – o autodidata. É uma pessoa que está cada vez mais valorizada. Você não precisa chegar nele e falar: *"Faça isso, faça aquilo..."*. Não, ele já está antevendo, é um visionário [...]. O que nós queremos são funcionários que não só olhem para dentro da empresa, mas olhem para o mercado também, seja pela carreira dele, pelo desenvolvimento dele, seja para estar trazendo esse conhecimento para dentro da empresa. No mercado hoje, [...] o profissional a ser procurado é:
> - Aquele que esteja sempre disposto a enfrentar desafios.
> - Que saiba trabalhar em equipe.
> - Que saiba trabalhar sob pressão.
> - Que saiba tomar as decisões nos momentos certos.
> - Que tenha autonomia de decisão, mas também que saiba trabalhar dentro de uma hierarquia.
> - Que trabalhe pela empresa.
> - Que cuide da sua carreira, não espere a empresa cuidar da carreira dele – se a empresa não fornece um curso, que ele corra e procure suprir essa necessidade dele.
> - Que tenha fluência em pelo menos duas línguas.
> - Que tenha uma visão globalizada.[47]

Eis, novamente, os perfis comportamentais. Mais especificamente quanto às promoções dos trabalhadores na esfera da Produção, além de uma escolaridade mínima em nível técnico, a empresa procura aqueles que:

> não fiquem esperando apenas as ordens dos chefes, que saibam trabalhar sem lideranças. Tem casos na fábrica que nós temos essa situação. Que saibam, por exemplo, que se estão fazendo um produto, não devem fazê-lo *"porque têm de fazê-lo"*, mas serem críticos e

---

[47] Ribeiro, Jorge [Gerente de Recursos Humanos da American Company do Brasil], cit.

questionarem-se: *"Será que o que estou fazendo está certo? Para que serve isto que estou fazendo?"* [...] Antigamente, se colocava que o cara tinha de ser vaquinha de presépio: era *"sim"*, *"não"*, e aquele cabresto. Hoje em dia, não: ninguém quer que ele olhe para a frente, quer que ele olhe para os lados, também. Que ele comece a questionar algumas coisas: *"Pô, esse roteiro de testes que eu estou fazendo aqui tem alguma coisa errada".* Ir lá no chefe dele e falar: *"Tem alguma coisa errada aqui"*, e não fazer trinta mil peças para depois falar: *"Ah, acho que está errado..."*, ou alguém pegar isso acontecendo.[48]

Em outras palavras, espera-se que os trabalhadores ultrapassem em boa medida os deveres que lhes cabem segundo os estatutos que regem os seus cargos. Espera-se que busquem, autonomamente, ampliar cada vez mais os seus conhecimentos acerca das funções que desempenham para, a partir daí, analisar, criticamente, tanto o próprio desempenho, quanto o papel exercido pelas suas funções na divisão do trabalho da empresa, análise que lhes permitirá intervir em outras funções acima e abaixo das suas na hierarquia de cargos, seja na prevenção de falhas, seja na sugestão de melhorias.

São vários os exemplos em que os aspectos rígidos e fluidos vão sendo combinados pelas análises gerenciais nas promoções da American Company do Brasil. Tomando-se aqui trechos de casos comentados pelo gerente de Recursos Humanos:

Nós temos hoje um supervisor na parte de estampados, o Pedrinho: ele entrou como aprendiz. [...] Hoje está como supervisor, pois está fazendo engenharia – para ser supervisor, tem de estar fazendo engenharia [aspecto rígido], porque nós precisamos de engenheiros lá embaixo [no chão de fábrica]; ele está fazendo engenharia no momento, mas, antes dele começar a cursar, ele já tinha sido promovido, porque ele é um cara acima da média, se destacou muito [aspecto fluido].[49]

Por exemplo, surgiu uma vaga de ajustador, sei lá, em prensa, que é o exemplo que nós temos usado, eu vou fazer uma avaliação, uma análise de quantas pessoas eu tenho com possibilidade para ocupar esse cargo. Eu levanto cinco pessoas. [...] Aí a gente vai ver: *"O João: tem escolaridade?"* Tem. *"Tem curso técnico?"* Tem. *"Tem experiência?"* [aspectos rígidos]. Não tem. Então, já segura. Até que você vai achar um que tenha todos os quesitos, aí você vai partir para a personalidade dele [aspecto fluido]: como que é o João, como que é o José, como que é o Manoel e tal. Aí você vai definir: *"Ah, não, olha, acho que aqui nesse cargo, nessa situação, a melhor situação é o José".* Aí, o José é promovido.[50]

Incide na avaliação geral do funcionário o comportamento pessoal dele, a postura, como que ele vê a empresa, como os outros veem ele dentro da empresa, qual é a visão que o gerente dele tem dele, dos outros gerentes, qual que é a visão do RH. Principalmente pesa a visão do gerente dele, do RH e do diretor geral [todos aspectos fluidos], e aí os atributos técnicos, a formação dele, a experiência [aspectos rígidos], é um somatório de todos os fatores.[51]

Mesmo nas contratações, nos deparamos com a fluidez dos perfis comportamentais. Critérios como a aprovação em testes, ocupam o terceiro lugar em importância

---

[48] Idem.

[49] Idem.

[50] Idem.

[51] Idem.

nessa empresa (quadro 2). Segundo a gerência de Recursos Humanos, havia roteiros para isso, abolidos no início da década de 1990 por demandarem pessoas para aplicá-los, algo inviável em meio ao enxugamento de quadros no qual a planta entrara, começando pelas terceirizações. Ademais, relatam-se casos de candidatos que foram bem nos testes, mas não no dia a dia de trabalho, podendo também ter ocorrido o inverso: foram reprovados, mesmo sendo excelentes profissionais. Assim, a referida gerência optou por algo mais "prático":

> O "teste" é: o supervisor leva o pretenso candidato a funcionário lá na máquina e fala: *"Esta máquina aqui, você conhece? Se formos fazer isso, faria o quê? E aquilo? Você acha que dá para trabalhar aqui? Etc."* [...] Então nós preferimos ter esse *feeling* de quem conhece a máquina e, eventualmente, o supervisor pode pedir a ajuda de um ajustador mais antigo, de um líder, para fazer um bate-bola ali com o candidato.[52]

Deixemos de lado a justificativa do quadro enxuto para entender o *"feeling"* que esse procedimento revela. Ele, de fato, envolve uma análise da competência técnica dos candidatos, mas, pela simulação de situações cotidianas, também abre margem à avaliação de alguns traços comportamentais. Nesse sentido, note-se que não apenas os supervisores, mas os trabalhadores mais experientes têm uma participação ativa no processo, o que, se por um lado amplia suas ações na divisão do trabalho na empresa, por outro os responsabiliza com relação ao desempenho futuro dos selecionados, haja vista que as metas de produtividade e de qualidade não são mais cobradas ao nível dos postos individuais, mas das células, organizadas internamente e entre si como times de novos e antigos trabalhadores. Novamente aqui transparece, portanto, o controle horizontalizado que se instala entre os próprios trabalhadores, travestido da incorporação de novos saberes e atuações.

Um outro ponto abordado no quadro 2 foram os objetivos de carreira. Pelas palavras do gerente de Recursos Humanos, em um processo de contratação, a demonstração de interesse dos candidatos quanto às possibilidades de crescimento na empresa não constitui um critério tão decisivo. O oposto, contudo, parece ocorrer quando se trata de avaliações nas promoções:

> Se a gente leva isso em consideração como critério de contratação, simplesmente? Não. Mas nós incentivamos as pessoas para que estudem, e não só os cursos que a empresa oferece, mas que façam cursos, que se desenvolvam, para quando surgir a oportunidade estarem preparados. Nós falamos: *"O conhecimento, não é só aqui dentro [da empresa], o conhecimento está dentro da cabeça e se você vai embora você o leva"*. Queremos que ele [o trabalhador] tenha objetivos de crescimento, de desenvolver uma carreira dentro da empresa. Não queremos contratar uma pessoa que entre hoje, mas que daqui a três meses vá embora, pois estamos investindo. [...] No primeiro mês, ele vai ter um ajustador mais antigo que vai estar acompanhando, o supervisor vai estar mais em cima. Têm os cursos, tem a integração, tem os cursos básicos de qualidade e tudo mais. Então a gente quer que ele entre e continue trabalhando.[53]

---

[52] Idem.

[53] Idem.

Tocando neste ponto, a continuidade dos trabalhadores na empresa, resta abordar alguns aspectos dos sistemas de avaliação e de incentivo ligados à celularização, à polivalência e aos times, bases para um mercado interno de trabalho bem preparado. Há diferenças entre a avaliação dos trabalhadores horistas, presentes nas esferas da Produção e de Apoio, e dos mensalistas, restritos à esfera da Administração, pois, no caso desta, como comentamos no início deste capítulo, as filiais seguem critérios da matriz nos Estados Unidos. Contudo, aqui nos referiremos aos aspectos gerais que, com exceção dos trabalhadores terceirizados, atingem praticamente da mesma forma todos os efetivos da planta de Campinas.

Nem a avaliação dos mensalistas, nem a dos horistas é feita "por pares", ou seja, pelos assalariados na mesma posição, pois no esquema dos times isso liquidaria a imparcialidade necessária às relações pessoais entre os membros. A ilusória autoridade de cada trabalhador responsabilizar o colega de equipe pelo cumprimento das metas gerenciais seria perigosamente dissuadida, tomando o seu lugar uma coletividade ofensiva que ofuscaria a visão gerencial, tirando o seu poder de ação por vias "fluidas". O objetivo das gerências, por isso, é concentrar em suas mãos o poder de avaliar, afastando o foco dos postos individuais para o âmbito coletivo dos times de trabalho e responsabilizando mutuamente seus integrantes por um resultado geral.

No caso da American Company do Brasil, tal resultado é composto por um conjunto de índices. Para os horistas, tais índices se baseiam no absenteísmo, no atendimento aos critérios de qualidade nos processos, nos volumes de refugos e de horas de retrabalho, nos excessos de tempo em operações e também em um indicador de "perdas por milhão de peças" (PPM) – que pode ser fornecido, inclusive, pelas empresas clientes à gerência da planta. Para os mensalistas, além do indicador de PPM àqueles cujas funções são "termômetros" entre a esfera da Produção e o faturamento da empresa, entram o absenteísmo e, principalmente, o desempenho em relação aos planos e metas de suas áreas ou setores. Por fim, tanto horistas como mensalistas são chamados ao final para discutir os resultados com os avaliadores, com vistas a chegar num consenso, após o que todos assinam a avaliação[54]. Segundo o gerente de Recursos Humanos:

> Ele [o avaliador] vai falar: *"Olha, tem um problema aqui que eu estou vendo, sempre no seu departamento tem um problema de devolução, que é um problema de qualidade, então eu vou colocar você para fazer um curso".* Ou então: *"Você tem que melhorar: você já fez três cursos e continua dando problema, o que está acontecendo?"* Ou: *"Você é uma pessoa não muito assídua, constantemente eu vejo que você tem faltas".* Ou: *"Olha, a empresa deu dez cursos, ela ofereceu e você fez um: por que você não está fazendo os cursos que a empresa oferece? Algum problema, alguma coisa?".*[55]

---

[54] No caso da esfera da Produção, as críticas ou elogios surgidos nessas ocasiões são levados pelos supervisores aos líderes de produção, que os repassam aos operários, momento em que se evidencia novamente o seu papel como "correias de transmissão" das gerências ao chão de fábrica.

[55] Ribeiro, Jorge [Gerente de Recursos Humanos da American Company do Brasil], cit.

Os incentivos são ainda outros elementos fluidos presentes na gestão flexível do trabalho, cuja função é instaurar nos times de trabalho responsabilidades e cobranças mútuas acerca das metas gerenciais. Na American Company do Brasil estão presentes dois dos mais conhecidos: as "premiações" e a "participação nos lucros e resultados" da empresa.

As premiações aos trabalhadores estão calcadas nos mesmos critérios de avaliação comentados. Na esfera da Produção, por exemplo, as células, conforme cumprem os planos de produção e os índices de qualidade, são classificadas (com placas acima de cada uma) em "ouro", "prata" ou "bronze". Distribuem-se também brindes, como em 2002, quando cinco trabalhadores horistas não apresentaram nem um minuto de falta no ano todo: ganharam uma camiseta, um *coffee break* junto com a diretoria e um agasalho com o *slogan* da empresa: "primeiro, para continuar a motivá-los; segundo, foi uma premiação mesmo, um reconhecimento; e terceiro, para que eles sirvam de exemplo positivo para aqueles que tiveram problemas de absenteísmo", relembra o gerente de Recursos Humanos[56].

A premiação por baixos índices de acidentes na esfera da Produção merece destaque por seu caráter controverso. Ela inclui, não sem motivo, os temporários[57]. Funciona como um bingo: cada trabalhador recebe um conjunto com três dezenas. A empresa cria um fundo de R$ 100,00 iniciais e a cada dia sem acidentes são acrescidos R$ 10,00. Diariamente é sorteado um número, postado em um placar: quem acertar primeiro as três dezenas ganha o prêmio acumulado – mas apenas o leva se estiver quite com alguns requisitos. Quinzenalmente é feita uma auditoria de segurança do trabalho nas células e setores, pela Comissão Interna para Prevenção de Acidentes (Cipa). Se encontrado algum problema, a célula ou setor é rotulado com um adesivo "amarelo"; se mais de um problema, "vermelho" (há falta de segurança e pode haver acidentes); se tudo estiver em ordem, "verde". Para levar, portanto, o prêmio, o operário sorteado tem de estar numa célula "verde", pois, se estiver numa "amarela", leva 50% e, caso esteja em uma "vermelha", não leva nada e o valor é acumulado.

Mais do que uma prevenção, esse sistema funciona, ao que nos parece, como um poderoso controle dos próprios trabalhadores sobre seus pares. Por um lado, a acumulação do prêmio em dinheiro pode tornar os acidentes um vexame e suas vítimas, alvos de estigma (sobretudo, se constatada sua responsabilidade pela ocorrência), o que perverte o sentido de prevenção em desunião em torno de uma causa que é comum aos trabalhadores e que em nada tem a ver com premiações, senão com uma responsabilidade que cabe diretamente à empresa. De outro lado, embora a premiação seja individual, além da própria sorte em jogos de azar, os ganhadores dependem do cumprimento de um conjunto de regras por todos os demais colegas, uma vez

---

[56] Idem.

[57] Afinal, embora seus contratos sejam com empresas que atuam como terceiras, se o trabalho é realizado nas dependências da contratante American Company do Brasil, a responsabilidade pelas condições de saúde e segurança é desta.

que, sendo constantemente deslocados entre as células, é praticamente impossível a cada um manter totalmente seguros os postos que ocupa. Paradoxalmente, no entanto, a premiação produz uma individualização das falhas, apontando os responsáveis e os penalizando por isso. Diz o gerente de Recursos Humanos:

> Porque, por exemplo, se ele [o trabalhador premiado pertencente a uma célula "vermelha"] falar assim: *"Olha, mas eu já pedi para a manutenção vir aqui e tirar esse fio desencapado"*. Então, nós respondemos: *"Ah, você pediu? Cadê a ordem de serviço?"*. *"Está aqui!"* Aí nós aceitamos, ele recebe o prêmio e nós vamos em cima do pessoal da manutenção: *"Por que vocês não fizeram isso?"*.[58]

Outro elemento fluido muito comum na gestão flexível do trabalho é a participação nos lucros e resultados da empresa (PLR). No caso da American Company do Brasil, as regras são determinadas num planejamento prévio realizado por uma comissão, cuja metade dos membros é eleita, em votação secreta, pelos trabalhadores operacionais e de apoio, sendo a outra metade indicada pela gerência. São levados em consideração nesse planejamento tanto os mecanismos de aferição dos resultados quanto um conjunto de metas de desempenho, coletivas e individuais, a serem cumpridas pelos assalariados, dentro de um dado período. Entre tais metas estão presentes índices de:

- Faturamento da empresa;
- PPM externo (fornecido pelas empresas clientes);
- Refugo (peças defeituosas detectadas dentro da planta);
- Retrabalho;
- Tempo excedente gasto em processos de trabalho;
- Acidentes de trabalho;
- Absenteísmo.

Tais índices são convertidos em valores monetários e calculados segundo patamares mínimos, médios e máximos, os quais, depois do período de tempo acordado, retornam divididos em montantes iguais tanto para os horistas, quanto para os mensalistas.

Evidentemente, o objetivo é levar os assalariados a atingir as metas propostas. A título de exemplo, o gerente de Recursos Humanos relembra que, na convenção coletiva de 1999, assinou-se uma cláusula pela qual o lapso de até meia hora de atraso ou saída antecipada na semana não retiraria dos trabalhadores o direito ao Descanso Semanal Remunerado (DSR), descontando-lhes apenas o tempo perdido, o que teria produzido um entendimento de que tais margens poderiam ser utilizadas sem qualquer justificativa. As gerências de áreas, supervisores e líderes de produção empreenderam, então, uma tarefa de "conscientização", buscando convencê-los de que se trata de um expediente a ser usado apenas emergencialmente. Foi quando se colo-

---

[58] Ribeiro, Jorge [Gerente de Recursos Humanos da American Company do Brasil], cit.

106 A máquina automotiva em suas partes

caram os índices de absenteísmo entre as metas individuais e coletivas da PLR. Entraram, aliás, nessa "conscientização", até os casos de atestados concedidos por médicos em consultas:

> Porque existe aquele funcionário que vai ao médico, pega duas horas de atestado médico, tempo suficiente para ele fazer uma consulta e voltar ao trabalho, como existe aquele funcionário que vai ao médico e pega um dia inteiro de atestado. Pois que o médico, muitas vezes, se for pedido pelo funcionário, ele fornece. [...] [Mas, após a introdução desse índice na PLR], têm funcionários que chegaram a um tal nível de conscientização que, considerando o horário normal de saída deles [da planta] – que é 16h48min, portanto, 17h10min conseguirão estar no centro da cidade – eles marcam as consultas deles às 17h30min, 18h00min, não tendo ausência no trabalho. Esse é um funcionário que já está conscientizado, é um funcionário que já recebeu um benefício e quer recebê-lo de novo – então, se conscientizou.[59]

Em síntese, as premiações e a PLR se apoiam, ao mesmo tempo em que complementam os demais elementos da gestão flexível. Como o mercado interno de trabalho e a combinação entre a rigidez e a fluidez nas promoções e contratações. A organização dos times em que os trabalhadores figuram como "clientes" e "fornecedores" e a celularização dos processos produtivos. A polivalência e, evidentemente, a aplicação da metodologia *kaizen*. Conforma-se, portanto, uma estrutura sistêmica, de caráter circular, amarrada em torno de um fim bem objetivo – a acumulação de capital –, mas dotada de uma ambiciosa capacidade de manipulação subjetiva dos envolvidos.

No entanto, assim como em outros processos que analisamos, a contradição não tarda em aparecer. A esperança em obter uma convicção dos trabalhadores em baixar os índices (próprios e dos colegas) de absenteísmo e acidentes de trabalho, em assumir maiores responsabilidades e elevar sua produtividade sem desfrutar de melhores salários (a fim de garantir certo destaque nas promoções), todos esses comportamentos, mais cedo ou mais tarde, acabam se defrontando com as ameaças dos mecanismos globais da acumulação de capital. Nas palavras do gerente de Recursos Humanos:

> Eu diria para você que, com a globalização, a abertura que houve em 1990, hoje nós não somos mais um fornecedor em nível de Brasil, somos um fornecedor em nível mundial, estamos aptos a fornecer para qualquer empresa em qualquer lugar do mundo. Então, se nós temos capacidade para fazer isso, temos de estar à altura em todos os requisitos: seja em equipamentos, seja em mão de obra, seja quanto às práticas de gerenciamento. Tudo isso tem de estar de acordo com o que se faz lá fora. Porque senão nós começamos a perder mercado, por exemplo, para a China, ou para os Tigres Asiáticos, que têm uma mão de obra superbarata.[60]

A mesma preocupação parece estar presente entre os trabalhadores. Indagado sobre quais foram os objetivos visados pelas gerências da American Company do Brasil ao implantar os elementos da gestão flexível, um operário nos respondeu:

---

[59] Idem.

[60] Idem.

Diminuir o quadro de funcionários e o gasto. Para poder vender um produto mais barato e para você se manter no mercado. Não adianta você ter mil funcionários aí e seu rendimento ser pequenininho, se você não consegue vender por um preço bom lá fora [no mercado internacional]. Então, você vai acabar o quê? Vai acabar "morrendo". Eu creio que foi um caminho do grupo para se manter no mercado.[61]

Se tais opiniões não advêm de um sistema de gestão manipulatório, como explicar então que as preocupações acima partem de um gerente assalariado e de um operário cujos custos do trabalho estão, para os oligopólios transnacionais da indústria automotiva, entre os menores do mundo? Afinal, segundo Olmos (2005), se tomarmos a média do custo da força de trabalho na indústria automotiva, incluindo benefícios, em países como Alemanha, Estados Unidos e Japão, temos uma faixa entre US$ 23,00 a US$ 27,00 por hora. Em regiões como Taiwan e Coreia do Sul, de US$ 10,00 a US$ 11,00. No Brasil, tal média chega a US$ 3,00 por hora, o que enquadra o país entre aqueles cujos custos são "ultrabaixos"!

É evidente, portanto, que as estratégias dos oligopólios transnacionais em extrair taxas extraordinárias de acumulação na periferia se assentam em uma combinação contraditória entre a precarização do trabalho e a expectativa de uma lealdade dos que vivem do trabalho. E aqui se explica a grande "inovação" de Ohno e seu salto em relação a Ford. Enquanto Ford, um dos principais idealizadores da indústria de massa no início do século XX, almejou servilizar os trabalhadores transformando-os, supostamente, em potenciais consumidores dos seus próprios produtos, Ohno, figura central entre os idealizadores da gestão flexível ao final daquele século, buscou servilizá-los transformando-os, supostamente, em potenciais sócios das empresas em que trabalham.

É curioso constatar que elementos fluidos da gestão do trabalho, como o estudo do comportamento dos trabalhadores para além dos portões da fábrica, já se contrapunham aos elementos rígidos tayloristas no próprio sistema de Ford. De fato, "vestir a camisa da empresa" foi tão comum em Detroit até meados do século XX, como o fora no ABC paulista a partir dos anos 1950[62]. Mas também é inegável que o contexto do qual partiu Ohno foi outro. O capital financeiro e uma nova classe de acionistas poderosos submeteram completamente o poder das gerências na atividade industrial. O consumo de massa já não mais alimentava aristocracias operárias e o poder de sindicatos corporativos, tampouco supria a insatisfação dos sindicatos classistas combativos e de setores como os desempregados e precarizados – que, após os anos 1970, explodiram mundo afora. A microeletrônica e a informática, como meios técnicos, permitiram o acirramento de uma colossal concorrência, aberta pela derrubada das muralhas protecionistas nacionais, num processo em que os Estados perifé-

---

[61] Carlos, Antônio. Depoimento [entrevista realizada com um dos trabalhadores da American Company do Brasil em 2005]. Entrevistador: Geraldo Augusto Pinto. Campinas, SP: [s. n.], 2005. 2 cassetes sonoros (120 min.) [Arquivo pessoal do pesquisador].

[62] Ver Gramsci (1990) a respeito da subjetividade no fordismo. No caso brasileiro, o incomparável estudo de Negro (2004), com suas passagens sobre a "família Willys".

108 *A máquina automotiva em suas partes*

ricos, junto das burguesias locais que protegem, parecem ter sucumbido ao poder do capital transnacional oligopólico.

Em suma, um contexto em que as leis da acumulação de capital avançaram de forma ofensiva sobre todas as trincheiras da vida social e individual. E no qual a difusão do sistema toyotista assumiu um considerável papel, dada a ambiciosa tarefa a que se propõe, qual seja, a transposição da equação [atendimento ao cliente] = [menores preços] + [prazos rígidos de entrega] + [maior qualidade] + [desenvolvimento de projetos em parceria], que rege as relações entre as empresas clientes e seus fornecedores no plano do comércio globalizado, para as relações entre os trabalhadores no plano local das plantas, na forma de [atendimento aos colegas de time e aos patrões] = [menores custos de trabalho] + [jornadas flexíveis] + [polivalência] + [corresponsabilidade entre gerência e níveis operacionais pelos fins do negócio].

Nesse plano local, das relações de trabalho no interior das empresas, em todas as instâncias, da polivalência aos mercados internos de trabalho, percebe-se hoje a existência de um mecanismo que promove nos trabalhadores uma atitude autoexploratória, em função de uma relação, a acumulação de capital, que, embora os atravesse, paira acima deles. Os trabalhadores ainda permanecem subsumidos, tal como sob o sistema taylorista/fordista, enquanto engrenagens semoventes dessa acumulação, mas num grau de complexidade muito maior, pois não estão subordinados a esse processo por formas coercitivas, físicas ou intelectuais, impostas por uma organização que se lhes defronta objetivamente e com regras frias e racionalistas. Mais do que regras claras, certamente ainda presentes, o que a gestão flexível, em especial a toyotista, impõe aos trabalhadores é a transmutação de seus costumes, de suas paixões e de seus caracteres mais profundos, mediante uma introjeção subjetiva de princípios de conduta moral, de um *ethos*.

Trata-se de um sistema de gestão que constitui, nesse sentido, muito mais do que uma metodologia de organização técnica do trabalho, o grande sonho de Taylor, mas uma "etognosia", estando suas formulações práticas não apenas limitadas a uma forma específica de cooperação no trabalho, mas edificadas na forma de um "governo", de uma "etocracia", na qual tanto operários quanto gerentes assalariados estão servilmente prostrados a um só soberano: o capital.

6

EMPRESA ENXUTA: CAPITAL SAUDÁVEL E TRABALHO ADOECIDO

A estrutura organizacional introduzida na American Company do Brasil em 2001 envolveu uma redução quantitativa de 60% dos níveis hierárquicos, pois, dos dez níveis anteriores, foram feitos quatro. Mais decisiva, contudo, foi a mudança qualitativa na divisão de cargos e funções. Considerando como "alta gerência" os cargos da esfera da Administração da planta, ou seja, as diretorias e gerências de área, o comando na hierarquia foi concentrado, pois houve a fusão de dois cargos de direção (diretor-presidente e diretor) em um só (diretor geral). Já a esfera da Produção, se considerada como uma composição entre "média gerência" (cargos de mestre, encarregado e líder de setor) e "produção" (cargos de preparador de máquinas, ajustador de máquinas, operador de máquinas e ajudante de produção), sofreu mudanças bem mais radicais. Os três cargos existentes na "média gerência" resultaram em um (supervisor), assim como os quatro cargos da "produção", também em apenas um (operador-ajustador). Esquematicamente: Alta Gerência (2 → 1), Média Gerência (3 → 1) e Produção (4 → 1).

Chama a atenção, portanto, uma centralização de poder na "alta gerência", com relação à "média gerência" e à "produção", pois, além de quantitativamente ter sofrido o menor impacto em número de cargos, a "alta gerência" (por meio das gerências de áreas, como a Engenharia e Desenvolvimento, a Qualidade e a Produção) prescreve qualitativamente, como vimos no capítulo anterior, todas as atividades realizadas na "média gerência" e na "produção", mediante um plano de produção que "desce", na forma de fichas-padrão, aos supervisores e destes aos operadores-ajustadores. Estes dois últimos cargos da esfera da Produção, aliás, foram os que absorveram o maior número de funções, advindas de três e quatro cargos, respectivamente, no caso dos supervisores e dos operadores-ajustadores,

110   *A máquina automotiva em suas partes*

mesmo porque os líderes de produção, escolhidos entre os últimos, também realizam atividades como o controle de qualidade *in loco*, os apontamentos da própria produção e a limpeza dos seus locais de trabalho, além do manuseio completo de uma diversidade de máquinas.

Poder-se-ia argumentar que os supervisores de produção e os operadores-ajustadores assumiram, então, um raio de ação maior sobre o trabalho da empresa. Quantitativamente, isso é verdade, pois cada cargo na "média gerência" e na "produção" recebeu, no mínimo, duas funções a mais. Qualitativamente, contudo, isso não ocorreu, pois as funções assumidas não compreendem, nem para os supervisores e tampouco para os operadores-ajustadores, um avanço sobre a "concepção" ou sobre o "controle do tempo" do seu trabalho, que continuam explicitamente concentrados na "alta gerência". Ou seja, a propalada aproximação entre "alta gerência" e "produção" não reduziu a distância entre os seus assalariados quanto ao poder decisório sobre o trabalho. Ao contrário, a "alta gerência" tem superexplorado a "produção", e não somente pelo incrível acúmulo de funções atribuídas, mas por meio de um processo de enxugamento de quadros no qual, contraditoriamente, os próprios operários atuam.

Nesse cenário, cabe perguntar: se o *kaizen*, assim como a polivalência e a organização do trabalho em times, se fundam na corresponsabilidade entre os níveis gerenciais e operacionais e na existência de um mercado interno de trabalho na empresa, tal processo de enxugamento de quadros não contradiz os princípios em questão? Lancemos uma hipótese a respeito. Consideremos que as demissões são evitadas e que todas as modificações analisadas no capítulo anterior foram feitas mantendo-se um quadro estável de trabalhadores efetivos na planta, por meio de um mercado interno de trabalho. Teríamos, então, uma polivalência plenamente implantada em toda a esfera da Produção da American Company do Brasil?

Segundo todos os gerentes de áreas que entrevistamos, a introdução do *kaizen* em 1998 envolveu um acordo com os trabalhadores pelo qual não haveria demissões como efeito das reformulações no *layout* da fábrica e nos processos de trabalho. Um acordo óbvio, visto que tais reformulações advêm de sugestões dos operários às gerências nos *kaizen*. Os dados da tabela 1 (apêndice B) informam, contudo, que o número de trabalhadores efetivos (isto é, excluídos os temporários e terceirizados) da esfera da Produção foi reduzido de 146 para 140 no primeiro ano do *kaizen*, ou seja, entre 1998 e 1999. Se o acordo foi mantido, resta supor que esses seis trabalhadores se desligaram voluntariamente do emprego naquele momento. De todo modo, nos anos seguintes até 2004, o volume de efetivos cresceu, oscilando em torno de uma média anual de aproximadamente 218 trabalhadores.

É difícil, contudo, saber o que realmente aconteceu: se não houve substituições de quadros (demissões seguidas de recontratações), deve ter havido mudanças nos contratos de trabalho, a fim de predispor a estrutura organizacional à hierarquia de cargos e salários mais enxuta a ser homologada, definitivamente, em 2001. Afinal de contas, no ano de 1998, com a inauguração do *kaizen*, houve um brutal deslocamento dos trabalhadores das atividades diretas às indiretas[1]: elevou-se em 100% os "efetivos-indiretos" em relação a 1997, enquanto os "efetivos-diretos" caíram 14,96%. Nos anos seguintes essa tendência gradualmente se inverteu, pois entre 1998 e 2004, enquanto os "efetivos-indiretos" tiveram uma elevação de 38 para 44 (+15,78%), os "efetivos-diretos" saltaram de 108 para 189 (+75%). Chama a atenção que o número de "efetivos-diretos" tenha retornado, em 2004, ao mesmo patamar do ano de 1990, enquanto o número de "efetivos-indiretos" foi reduzido em 65,89%. Aliás, após o *kaizen*, percebe-se certa estabilização do número de "efetivos-indiretos" em torno de uma média anual de aproximadamente 40 trabalhadores, ou seja, 35,48% abaixo dos cerca de 62 do período anterior, entre 1990 e 1997.

Se partirmos da hipótese de que a polivalência foi implantada na esfera da Produção da planta de Campinas, tais números sugerem ter se tratado, no entanto, de um processo seletivo, isto é, concentrado entre os operadores-ajustadores. Pois, além de serem os únicos que realizam atividades diretas, após o *kaizen* os mesmos passaram a assumir diversas atividades indiretas. Basta dizer que, além da operação de várias máquinas, cabe-lhes agora alimentá-las com as matérias-primas, realizar sua manutenção preventiva e trocar o seu ferramental para cada modelo de produto, sem contar o controle de qualidade *in loco*, a limpeza dos locais de trabalho e o apontamento da própria produção às gerências em um sistema informatizado. Como vimos no início deste capítulo e, sobretudo, no capítulo anterior, essas funções foram absorvidas dos quatro cargos da "produção" na hierarquia anterior a 2001 e, mesmo rotinizadas em tempos-padrão, foram atribuídas aos operadores-ajustadores. Isso explica a retomada dos contratos de "efetivos-diretos" no pós-*kaizen*, paralelamente à redução dos "efetivos-indiretos".

Devemos observar também que a empresa começou a dispor, principalmente a partir de 1998[2], de um quadro considerável de trabalhadores temporários na esfera da Produção. A tabela 1 (apêndice B) evidencia que a maioria esmagadora deles, em todos os anos, foi justamente contratada para assumir atividades "diretas", portanto, como operadores-ajustadores. Mesmo assim, embora em maior quantidade, a contratação desses "temporários-diretos", com pequenas oscilações, caiu entre 1998 e 2004 de 52 para 34 (-34,61%), enquanto que a de "temporários-indiretos", muito mais oscilante, se elevou de 05 para 09 contratados (+80%).

No capítulo anterior, vimos que as atividades "diretas" da planta de Campinas (como, por exemplo, as prensagens e enrolamentos de alta precisão) exigem elevados níveis de escolaridade, experiência e formação profissional, sendo que todas se restringem ao setor de Transformação. Contudo, nos demais setores da esfera da Produção, como nas supervisões e nos cargos operacionais da Ferramentaria, da Manutenção e do Controle de Qualidade (mais especificamente na Sala da Garantia da Qualidade e no Laboratório de Matérias-Primas), há atividades "indiretas" que

---

[1] Atividades definidas no apêndice A, cuja leitura é imprescindível à compreensão deste capítulo.

[2] Quando foi aprovada, pelo Poder Executivo Federal, a regulamentação do Contrato de Trabalho por Tempo Determinado, conforme vimos no capítulo 5.

também exigem maiores níveis de qualificação. Diferentemente dos setores de Montagem e Acabamento, de Empacotamento e de Almoxarifado e Logística, onde a maioria das atividades "indiretas" dispensa experiência prévia ou treinamentos elaborados.

O fato de que a contratação dos "temporários-diretos", mesmo partindo de um patamar alto, tenha caído 34,61% entre 1998 e 2004, enquanto a dos "efetivos-diretos" foi elevada em 75%, possibilita aventar que alguns dentre aqueles, após um período de experiência, foram contratados como efetivos para os cargos de operadores-ajustadores no setor de Transformação. Não se pode, contudo, aventar o mesmo no caso dos "temporários-indiretos", pois, enquanto as contratações desse tipo foram (muito instavelmente) ampliadas em 80% entre 1998 e 2004, as de "efetivos-indiretos" foram elevadas em apenas 15,78% (e com certa estabilidade, dada a redução estrutural desses contratos em relação ao início da década de 1990, como dissemos logo acima).

Por serem contratados temporariamente, é bem provável que os "temporários-indiretos" tenham sido alocados nos setores de Montagem e Acabamento, no Empacotamento, ou no Almoxarifado e Logística, onde estão as atividades cujo aprendizado é mais rápido. Mas, como mostram os números, as chances de serem contratados como efetivos são menores que a dos "temporários-diretos". E caso almejem cargos em atividades "indiretas" mais qualificadas, suas chances são ainda mais remotas, pois o ingresso em um setor de Manutenção, em uma Sala da Garantia da Qualidade ou em um Laboratório de Matérias-Primas (portas de entrada às supervisões), por exemplo, é geralmente feito pelo mercado interno de trabalho da empresa e, principalmente, pela promoção dos "efetivos-diretos", como o gerente de Recursos Humanos deixou claro (no capítulo anterior). Em suma, trata-se de uma força de trabalho contratada de forma estruturalmente precária, atuando como um amortecedor de impactos nas variações de demanda à empresa.

Essa contratação sistemática de trabalhadores temporários somente reforça a tese de que a implantação da polivalência é um processo que ocorre seletivamente na esfera da Produção da American Company do Brasil. Em síntese, a polivalência é uma estratégia organizacional que se destina a um grupo específico e reduzido de atividades, cujo exercício exige uma contratação relativamente estável de trabalhadores em vista de um nível de experiência e formação profissional que, não raro, requer longos treinamentos dentro da própria empresa. Fora desse grupo, nas demais atividades a polivalência é indesejável, pois a intenção é que sejam simplificadas o bastante a fim de poderem ser rapidamente assumidas ou pelos trabalhadores temporários nos picos de demanda, ou pelos trabalhadores efetivos – polivalentes e qualificados nos períodos de baixa demanda, especializados e não qualificados no restante do tempo.

A contratação de temporários é fundamental nesse processo e, muito além da redução de encargos trabalhistas, seu papel é embasar duas táticas complementares da gestão flexível do trabalho: o "enxugamento" (redução dos trabalhadores efetivos) e a "fragmentação" (constituição de um grupo de polivalentes em face de outro cujas atividades, além de rotinizadas, são desqualificantes e, em certos casos, intensamente repetitivas). Ocorre que a contratação sistemática de temporários promove uma flexibilidade obtida não apenas pelas horas extras dos trabalhadores efetivos, mas pela utilização de uma força de trabalho não pertencente à empresa.

Diz o gerente de Recursos Humanos da planta de Campinas:

> Nós temos muitos picos de produção em que temos que colocar um mês, dois meses a fábrica com três turnos rodando. Então, para você contratar um cara hoje e mandar ele embora daqui a trinta dias é complicado, não é? Então, o que fazemos: utilizamos a agência de empregos, para trabalharmos com o "colchão" de temporários nas oscilações que acontecem. Então, é uma coisa transitória. Temporários, nós trabalhamos de acordo com a Lei 6019, que é a que determina noventa dias, no máximo: de zero a noventa dias. O contratado não tem vínculo nenhum com a empresa, o vínculo é com a agência de emprego e é ela quem nos fornece o funcionário.[3]

O mecanismo, contudo, é bem mais sutil. Em períodos de baixa demanda do mercado, há um aproveitamento extensivo dos trabalhadores efetivos, pelo qual até os mais qualificados assumem atividades menos complexas. Numa primeira escalada da demanda, esse corpo de efetivos é chamado a realizar horas extras e, nesse período, por mais que tais horas extras sejam intercaladas e realizadas por grupos diferentes de trabalhadores, a divisão de funções perfaz uma estrutura praticamente idêntica à que a empresa dispõe durante as jornadas normais de trabalho. Quando a demanda atinge o pico, os efetivos se concentram somente nas atividades complexas, tanto nas jornadas normais quanto nas extras, sendo que as demais são então repassadas aos temporários. Nesse momento de uso intensivo da força de trabalho, os custos de cada atividade ficam em evidência. Sucessivos *kaizen* são realizados com os operários, colhendo informações e implantando novas formas de organização do trabalho, com vistas à redução dos tempos-padrão e ao melhor aproveitamento possível da maquinaria. Ora, como o grupo de temporários depende do auxílio dos efetivos experientes – para, inclusive, superá-los em custos –, abaixada a demanda e desligados os primeiros, os ganhos de produtividade obtidos são absorvidos pelos últimos, que os treinaram.

A reprodução contínua desses ciclos de expansão e retração da demanda, absorvidos sob pressão por um quadro sempre mínimo de trabalhadores, promove dois resultados. Um deles é a imposição de uma crescente produtividade nos trabalhadores efetivos, não apenas nas atividades "diretas", mas também nas "indiretas". A contratação de temporários tende, assim, a ser cada vez mais tardia e reduzida conforme se sucedem os picos de demandas, o que se evidencia não apenas pelos números acima analisados (sobretudo, com relação às atividades "diretas"), mas pelas palavras do gerente de Recursos Humanos, apesar de não tocarem no centro da questão:

> Com relação ao maior ou menor número de contratações, talvez hoje tenhamos menos contratações [de temporários], pois melhorou muito o nosso sistema de planejamento, a fábrica está mais informatizada, também. [...] Antes, às vezes por uma falha de planejamento, precisava-se correr e contratar temporários de última hora. [...] Então, acho que por isso

---

[3]   Ribeiro, Jorge [Gerente de Recursos Humanos da American Company do Brasil], cit.

114 *A máquina automotiva em suas partes*

talvez tenha diminuído a incidência de contratações temporárias nos últimos anos. Mas não foi uma diminuição muito grande, não, pois muitas coisas estão ligadas às necessidades do cliente, então você tem de atender ao cliente.[4]

Num cenário em que a demanda à empresa é crescente, não obstante as oscilações sazonais, o quadro de efetivos pode ser aparentemente mantido ou ampliado sob tal mecanismo. É o que ocorreu na American Company do Brasil na retomada do seu número de "efetivos-diretos" entre 1998 e 2004. Frisamos, contudo, que se trata apenas de aparências, pois, se em 1990 os efetivos diretos e indiretos somavam 318 trabalhadores, em 2004 não passavam de 233. Uma redução estrutural de 26,72%: quase um terço dos postos de trabalho da planta! Nos casos em que a demanda entra em estagnação ou queda, com picos sazonais cada vez mais baixos, os efetivos são brutalmente reduzidos, sendo exigida dos remanescentes a mesma produtividade dos períodos de crescimento, afinal, o objetivo do mecanismo exposto é que a exploração intensiva da força de trabalho permaneça no seu uso extensivo.

Note-se o importante papel que os temporários têm na gestão flexível. Por ser uma força de trabalho transitória, não pertencente ao quadro da empresa e, portanto, sem o conhecimento tácito dos efetivos, o seu uso produz uma espécie de "decantação" de funções "diluídas" pela polivalência, permitindo evidenciarem-se os seus custos e, sobre as mesmas, aplicarem-se novas e sucessivas racionalizações via *kaizen*.

Nesse processo, gradativamente uma parcela de atividades vai sendo rotinizada e absorvida pelos polivalentes, como ilustra o caso dos operadores-ajustadores, os quais, para além do setor de Transformação, assumiram uma gama de atividades concernentes às funções dos setores de Controle de Qualidade e de Manutenção (aliás, dependendo das células em que estão e do comportamento da demanda, podem também assumir atividades do setor de Montagem e Acabamento). Na mesma condição estão os trabalhadores da Sala da Garantia da Qualidade e do Laboratório de Matérias-Primas, aos quais cabe assumir, conforme as circunstâncias, atividades do âmbito das funções do Empacotamento ou do Almoxarifado e Logística.

O contrário, entretanto, não ocorre. Funções como as dos setores de Empacotamento, de Almoxarifado e Logística, de Montagem e Acabamento e mesmo algumas entre as que compõem o setor de Controle de Qualidade, compreendem um conjunto de atividades cujo desempenho ou exige um custo em termos de força de trabalho muito inferior ao dos polivalentes, ou exige uma produtividade que deve ser levada ao extremo por trabalhadores especializados. Uma função exemplar, em ambos os aspectos, na American Company do Brasil, é a "seleção visual" das *flapper* em salas contíguas às células, de importância cabal à empresa, mas cuja absorção pelos operadores-ajustadores ou pelos demais efetivos do setor de Controle de Qualidade não atinge os baixos custos nem a alta produtividade das trabalhadoras especializadas por ela responsáveis.

Cabe observar, aliás, nesses casos, a clareza com que os métodos tayloristas são resgatados pela gestão flexível do trabalho. A "seleção visual" dos produtos na orga-

---

[4] Idem.

nização celular da planta de Campinas é digna de nota, pois, além da extrema especialização operatória, da simplificação desqualificante e da intensa repetitividade imposta em seu exercício, a empresa aloca nessa função exclusivamente a força de trabalho feminina, em vista de requisitos como "sensibilidade", "atenção" e "minuciosidade", supostamente mais presentes nas mulheres do que nos homens. Veremos adiante os resultados disso sobre a saúde dessas trabalhadoras.

Eis, enfim, o segundo resultado, acima anunciado, da absorção estratégica da expansão e retração da demanda pela gestão flexível: a fragmentação do quadro de trabalhadores, pela qual se forma um grupo de polivalentes em face de outro cujas atividades, além de rotinizadas, são desqualificantes e – como no caso da "seleção visual" dos produtos na American Company do Brasil – intensamente repetitivas. Em ambas as situações, a tendência é a redução dos quadros de efetivos ao estritamente necessário, conformando um corpo de trabalhadores relativamente estável e "treinado" – embora seja óbvia a maior vulnerabilidade das funções desqualificantes aos contratos temporários e terceirizações. De fato, junto da função de manutenção corretiva, uma parte da "seleção visual" dos produtos, especificamente voltada à descontaminação de lotes com peças misturadas ou defeituosas (e seus pequenos trabalhos de reparo), foi terceirizada.

Fica definitivamente refutada, portanto, a hipótese de uma polivalência plenamente implantada em toda a esfera da Produção da planta de Campinas. Ao tempo em que cai por terra a ideia de que a combinação entre o enxugamento e a fragmentação do quadro de trabalhadores (entre polivalentes e especializados) contradiz o princípio da corresponsabilidade entre os níveis gerenciais e operacionais pressuposto pelo *kaizen*, pela organização do trabalho em times e pelo mercado interno de trabalho na empresa. Na verdade, em consonância com as análises do capítulo anterior, novamente verificamos que tais processos se complementam.

Os trabalhadores são colocados, por meio dessa combinação de táticas tão díspares, em um estado de tensão contínua. Tanto dos polivalentes quanto dos especializados são exigidos índices de produtividade e qualidade crescentes. Mas ambos estão trabalhando sob métodos de organização distintos e o fluxo da produção tem de ser balanceado pelos dois sistemas. Assim, por paradoxal que pareça, o taylorismo dos especializados controla a qualidade do trabalho dos polivalentes, enquanto o toyotismo destes impõe um tempo-padrão àqueles. Como? Por meio da organização em times de trabalho, com a tal "figura do cliente interno" e o controle horizontalizado que promove. De fato, as cobranças entre os trabalhadores também ocorrem no sentido inverso, ou seja: o taylorismo dos especializados acaba revelando poros nos tempos-padrão dos polivalentes, enquanto o toyotismo destes transfere uma alta responsabilidade pela qualidade do próprio trabalho àqueles.

As relações entre os trabalhadores são, dessa forma, enfeixadas por uma espécie de "nó asfixiante", gradualmente apertado pelos elementos fluidos a que nos referimos no capítulo anterior, das avaliações aos incentivos (como as premiações e a PLR, infestadas de índices de produtividade, qualidade, absenteísmo, PPM, retrabalho e acidentes). E tudo isso se desenrola enquanto o quadro geral dos efetivos da empresa é continuamente "enxuto". Nada melhor para se manter taxas extraordinárias de acumulação em uma planta filial no Brasil, país onde se combinam violentamente expansão e retração da economia. Nada melhor, então, à saúde financeira do Northern Group Inc. e de seus acionistas. Nada pior, entretanto, aos trabalhadores, em quaisquer níveis da hierarquia, mas principalmente na "gerência média" e, sobretudo, na "produção" dessa planta. O que mostraremos a seguir ilustra essa desigualdade de resultados, comprovando, ao mesmo tempo, as teses acima.

Embora a empresa não nos tivesse fornecido índices de produção ou valores de faturamento anuais, a elevação de 35,96% nos empregos da esfera da Produção (somando-se os temporários e efetivos), no período pós-*kaizen*, entre 1998 e 2004, já contrasta com uma redução dos gerentes assalariados em 6,66% na esfera da Administração. Note-se, aliás, que essa elevação do operariado é apenas aparente, pois, como mostram as tabelas 1 a 4 (apêndice B), no intervalo entre 1990 e 2004 o que houve foi um enxugamento brutal de efetivos em todas as esferas de trabalho, os quais passaram de 430 para 275 trabalhadores, uma redução de 36,04% em quinze anos. Vale a pena observar esses enxugamentos por períodos.

De 1990 a 1993, quando do impacto da abertura comercial e dos Acordos Automotivos sobre o setor de autopeças no país, houve uma redução drástica de trabalhadores na empresa em todas as esferas, de 430 para 251 (-41,39%). Na esfera da Produção, os postos passaram de 318 para 193 (-39,3%). De 1995 a 1999, sob os efeitos do câmbio sobrevalorizado, dos altos juros internos e do Regime Automotivo, os postos dessa esfera mantiveram-se praticamente constantes, numa média anual de aproximadamente 180 trabalhadores, ao passo que os da empresa, como um todo, diminuíram de 215 para 185 (-13,95%), em muito devido ao enxugamento da esfera da Administração, que passou de 51 para 45 assalariados (-11,76%).

O corte mais profundo de efetivos da planta ocorreu, porém, no intervalo entre 1990 e 1997, quando o número total caiu de 430 para 184 trabalhadores (-57,2%). Uma implosão que abriu e limpou o caminho à passagem do *kaizen*. Se considerarmos esse corte por esferas de trabalho, incluindo os trabalhadores terceirizados e os temporários, entre 1990 e 1997, veremos que:

- A esfera da Administração teve seu quadro reduzido em 65,17%, mantendo, nos anos seguintes até 2004, uma média irrisória de 38,77% do total de assalariados que havia em 1990;

- A esfera da Produção foi reduzida em 50,31%, oscilando a seguir em torno de 72,41% do que havia em 1990 até 2004, principalmente devido à grande contratação de temporários desse último ano;

- A esfera de Apoio, na qual todos os postos já haviam sido terceirizados, não sofreu modificações tão bruscas: uma redução de 14,58% no período, tendo as contratações sido retomadas em 2002, fechando 2004 com 93,75% do total de trabalhadores presentes em 1990.

É curioso ouvir o gerente de Recursos Humanos apontar como a causa desse enxugamento da planta de Campinas as terceirizações. Afinal, segundo as informações prestadas, só se contrataram terceirizados nas esferas de Apoio e da Produção, sendo que nesta exclusivamente em "atividades indiretas". No entanto, não nos foi fornecida a quantidade dessas contratações entre 1990 e 2004, como se pode ver pela tabela 1 (apêndice B). Sabemos, no entanto, pelo próprio gerente, que todos os efetivos da galvanoplastia, terceirizada em 1997, foram mantidos na planta. Isso nos leva, então, à seguinte conjectura: que, em 2004, no mínimo 110 trabalhadores terceirizados estavam distribuídos entre apenas duas funções, quais sejam, a manutenção corretiva e a descontaminação de lotes (que inclui pequenos retrabalhos em peças defeituosas). Ou seja, um total de 39,86% do quadro de trabalhadores empregados em todas as demais funções da esfera da Produção, incluindo-se os temporários.

Sem dúvida, não é algo plausível e se, de fato, ocorreu, a empresa tem seus motivos para não entrar em detalhes. Assim mesmo, o gerente parece insistir, gratuitamente, em eximir a American Company do Brasil da responsabilidade de terceirizar, como se tal processo nada mais fosse que um simples deslocamento da força de trabalho da indústria para o setor de serviços:

> Então, às vezes, você olha hoje e fala – como o pessoal do sindicato [dos Metalúrgicos de Campinas, entidade que representa os trabalhadores da planta]: *"Pô, a empresa tinha 600 e hoje tem 300, mandou todo mundo embora e colocou máquina"*. Não é isso! É aquele fenômeno que vem acontecendo de 1990 para cá, que é a migração da mão de obra da indústria para o ramo de serviços. E isso aconteceu aqui também, com certeza.[5]

Quem não se engana a respeito é o médico da planta, com sua longa experiência de atendimento, desde os tempos da Rossmann & Berchtold:

> [Essa planta] chegou a quinhentos e cinquenta funcionários. Hoje se produz muito mais com um número muito menor. Em parte pela qualidade e pela automação. Mas, em outra parte, pelo treinamento e técnicas de tirar o máximo de cada um.[6]

É praticamente consensual na literatura que a introdução dos sistemas de gestão flexível, em particular o toyotista, visa reduzir "estoques" no sentido mais amplo do termo: sejam insumos e matéria-prima em processo, seja força de trabalho. O mais interessante, nesse caso, é que nem todos os elementos da gestão flexível do trabalho foram implantados na American Company do Brasil, como, por exemplo, o Banco de Horas, veementemente recusado pelo Sindicato dos Metalúrgicos de Campinas nos acordos coletivos. A saída foi o uso sistemático da contratação de trabalhadores temporários como forma de reduzir custos e amortecer os choques das oscilações de demanda, com o que as gerências lograram enxugar o quadro de efetivos.

O caso dos produtos fornecidos à indústria automotiva ilustra bem este fato. Até 1995, uma das principais clientes da planta de Campinas, a Sachs (sistemista do ramo de embreagens), possuía um setor de fabricação de molas próprio. Nesse ano,

---

[5] Idem.

[6] Cavalcante, Mário [Médico do trabalho da American Company do Brasil], cit.

firmou um acordo de terceirização dessa produção com a American Company do Brasil, que assumiu uma quantidade alta de peças por mês a fim de compensar os investimentos necessários à ampliação de sua capacidade. Foram compradas máquinas enroladeiras com Controle Numérico Computadorizado (CNC), novos equipamentos de retífica, dois fornos de revenimento e duas máquinas de jatos de granalha também novas. Formou-se uma célula de grandes dimensões, específica para as molas de embreagem da Sachs.

A atividade da planta cresceu e sua maquinaria foi, conforme nos informou o gerente de Produção, praticamente dobrada. No entanto, tais transformações ocorreram justamente quando os trabalhadores efetivos estavam sendo fortemente reduzidos em todas as esferas, da Produção à Administração. De acordo com as tabelas 1 a 4 (apêndice B), na esfera da Produção o número de "efetivos-diretos" havia caído 35,97% (de 189 para 121) entre 1990 e 1995, tendo prosseguido em queda para 108 em 1998, ou seja, uma redução a mais de 10,74% nos três anos seguintes, após a maquinaria ter sido ampliada em 100%. Já o número de "efetivos-indiretos" havia caído 66,66% (de 129 para 43) entre 1990 e 1995, tendo diminuído para 38 em 1998, portanto, nova redução de 11,62% nos três anos que se seguiram ao acordo.

Os mensalistas da esfera da Administração também sofreram forte redução: entre 1990 e 1995 foram reduzidos em 54,46% (de 112 a 51), depois para 45 em 1998, isto é, uma queda de 11,76% nos três anos após o acordo com a Sachs. O único aumento foi nas contratações de temporários que, inexistentes em 1990, somaram 15 em 1995 e 57 em 1998: um crescimento de 280% em apenas três anos! Até mesmo os trabalhadores na esfera de Apoio, já totalmente terceirizada à época, sofreram redução. Entre 1990 e 1995, os postos de trabalho destinados ao transporte de trabalhadores foram reduzidos em 11,11% e, com tantos enxugamentos na planta, não se recuperaram até 2004. Os destinados ao restaurante, em 25%, também mantendo-se praticamente os mesmos até 2004. E mesmo que a produção tenha sido ampliada no acordo com a Sachs, os trabalhadores do transporte de produtos acabados, já reduzidos em 16,67% desde 1990, continuaram após 1995 em número constante até 2002.

Em suma: enquanto entre 1995 e 1998 o capital fixo da fábrica foi ampliado em 100%, os postos de trabalho efetivos e até mesmo os terceirizados sofreram uma redução que variou entre 10,74% e 11,76% negativos, ao passo que as contratações de temporários se elevaram em 280%. É de se notar que 1997 foi o pior ano da década aos trabalhadores: chegou-se ao poço de 184 o número de efetivos, que, somados aos 13 temporários e 41 terceirizados da esfera de Apoio, resultavam em 238 trabalhadores ao todo, ou apenas 49,79% do total do ano de 1990. É implausível que as contratações de terceirizados "não declaradas" da esfera da Produção tenham equilibrado esse quadro: se o fizeram, também não haveria aqui motivos para contentamento.

O ano de 1999 foi outro marco de vendas, sem, entretanto, ampliações significativas de postos de trabalho. Com a desvalorização da moeda nacional frente ao dólar, muitas montadoras passaram a comprar peças fabricadas no Brasil, ao invés de importá-las. A GM, que até então somente adquirira molas de válvulas para carros com 1.000 cilindradas cúbicas, passou a adquirir molas para seus motores mais potentes.

A American Company do Brasil também passou a fornecer às recém-instaladas plantas da Peugeot e da Renault no país, enquanto as sistemistas Tritec, Bosch e Valeo aumentavam seus pedidos, seguidas pelos clientes da linha branca Embraco e Tecumsh, que, com o mercado aberto e o câmbio desvalorizado, ampliaram suas exportações de compressores para os Estados Unidos, Europa e China.

De 1999 em diante, de fato, houve recuperação nas contratações, embora insuficientes frente à redução de postos ocorrida ao longo da década de 1990. Retomando novamente as tabelas 1 a 4 (apêndice B), entre 1999 e 2004, na esfera da Produção o número de "efetivos-diretos" subiu 78,3% (de 106 para 189) e o de "efetivos-indiretos" 29,41% (de 34 para 44). Os trabalhadores temporários (somados os "diretos" e os "indiretos") passaram de 38 para 43, crescendo 13,15%. Apenas os mensalistas da esfera da Administração foram reduzidos em 6,66% (de 45 para 42) e aos contratados como terceiros na esfera de Apoio acrescentaram-se somente quatro postos de trabalho: um no setor de alimentação, dois no de limpeza e um no transporte de produtos acabados. Em síntese, mesmo com o dobro de capital fixo após 1995 e com a demanda expandida após 1999, apenas as contratações de temporários foram elevadas em todos os períodos. Os postos de atividades "diretas" da esfera da Produção foram os únicos, entre os efetivos, a recuperarem em 2004 o mesmo número de 1990.

Esses dados apontam um severo enxugamento de quadros, acompanhado da adoção de formas precárias de contratação. O responsável pelo *kaizen*, indagado se buscava tornar a planta mais enxuta reduzindo tanto a quantidade de máquinas, quanto a força de trabalho efetiva, nos respondeu:

> A quantidade de máquinas a gente não está reduzindo: estamos aproveitando melhor o nosso equipamento. Que o diga eu! A quantidade de mão de obra sim. A gente está aproveitando ao máximo a nossa mão de obra e ao máximo o nosso equipamento. Mas, diminuindo a quantidade de máquinas, não. Muito pelo contrário: nos últimos três anos aí a gente está aumentando a quantidade de máquinas sem, proporcionalmente, estar aumentando o quadro de funcionários. A gente está aproveitando ao máximo o quadro de funcionários. E nisso, o que estou fazendo? Aumentando a minha produtividade.[7]

É interessante observar como o próprio gerente de Recursos Humanos percebe que o trabalho cotidiano na realidade atual da planta é "complicado" e exige "correr bastante", em vista do quadro enxuto de trabalhadores e da sobrecarga individual de tarefas e responsabilidades:

> Hoje em dia é complicado, até pelo fato de aqui na American Company [do Brasil] nós termos um quadro, no caso do RH, bastante enxuto. Enquanto a média no mercado gira entre quarenta e cinquenta funcionários por trabalhador no RH, nós aqui estamos com cem funcionários por trabalhador no RH, estamos praticamente com o dobro da média de mercado. E a nossa empresa, como um todo, em todas as áreas, ela é muito enxuta. Então, realmente, a gente tem de correr bastante.[8]

---

[7] Ramos, Vitor [Gerente de Melhoria Contínua da American Company do Brasil], cit.

[8] Ribeiro, Jorge [Gerente de Recursos Humanos da American Company do Brasil], cit.

120   A máquina automotiva em suas partes

Correr bastante. Vejamos o resultado disso não sobre a saúde financeira do Northern Group Inc. e seus acionistas, mas sobre a saúde dos trabalhadores dessa fábrica, cada vez mais reduzidos numericamente e submetidos às violentas tensões da combinação entre o taylorismo e o toyotismo, sob os contínuos ciclos de expansão e retração do mercado. O médico da planta de Campinas, indagado sobre a ocorrência de acidentes na década de 1990, nos disse:

> A gente nota um certo retardo na empresa em assumir o seu próprio crescimento. Então, quando ela começa a crescer [a produzir mais], antes de crescer fisicamente, ela começa a apertar as máquinas numa determinada área: *"Vamos fazer mais, vamos fazer mais!..."* Ela não faz a coisa assim: *"Vamos aumentar a área física, permanecer com um espaço conveniente"*. Não. Ela vai apertando, apertando, até na hora em que ela entra numa pletora tal que ela aumenta. Nesse intervalo de tempo, você tem áreas de maior risco, o barulho aumenta, a segurança diminui porque você passa pertinho da máquina funcionando. Então, primeiro ela [a empresa] cresce internamente e, depois quando ela vê, com segurança, que aquele crescimento é estável, ela aumenta. Nesse intervalo, você vê uma fábrica espremida, aumentando o número de acidentes. E uma outra coisa que a gente observa, é que ela começa a ter mais ruído.[9]

Os dados numéricos que conseguimos obter sobre a segurança e a saúde no trabalho na American Company do Brasil estão na tabela 5 (apêndice B). Os picos de ocorrências de acidentes ou doenças com afastamentos, entre 1990 e 2004, foram 11 no ano de 1995 e 10 em 1999. Equivocando-se com os números, o gerente de Recursos Humanos, ingresso em 1997 na planta, nos disse nunca ter ocorrido aí acidentes "graves". Frisa, inclusive, que a maioria resultou de falhas dos trabalhadores:

> Os acidentes de trabalho que nós tínhamos não eram acidentes tão graves: eram um corte de um dedo, esmagamento da ponta de outro, corte de mão[10], eram mais nesse sentido. E a maior parte dos acidentes, para você ter uma ideia, em 1999, quando nós tivemos onze acidentes, nove dentre essas ocorrências foram causadas por falhas dos funcionários e apenas dois foram considerados causados por condições inseguras. Ou seja, nove foram "atos inseguros", que são falhas dos funcionários, e apenas dois foram "condições inseguras", que são falhas nas máquinas.[11]

Entretanto, é possível constatar que tais "atos inseguros" ocorreram justamente nos anos em que foram introduzidas mais máquinas no espaço de trabalho (em 1995), ou em que houve maior pressão por produtividade durante a jornada (em 1999), a fim de se atender à ampliação da demanda, conforme vimos acima. E que tipo de ocorrências foram essas? Nas palavras da enfermeira que trabalha junto do médico no Ambulatório da planta:

> Os acidentes, se você relacionar com os antigos, é mais mão, corte... Este ano [2006] a gente teve quatro acidentes. Um foi corte no dedo, um foi corte na mão, foi tudo mão. Só

---

[9]   Cavalcante, Mário [Médico do trabalho da American Company do Brasil], cit.

[10]   Pelos gestos que fazia ao falar neste ponto da entrevista, percebia-se que estava se referindo a cortes nos dedos e nas mãos, e não ao decepamento destes.

[11]   Ribeiro, Jorge [Gerente de Recursos Humanos da American Company do Brasil], cit.

Empresa enxuta: capital saudável e trabalho adoecido   121

um que foi uma pancada no tórax. [...] Agora, o pessoal que trabalha na linha de *flapper*, tem [que manusear] um material que é muito cortante, sabe? Sempre tem corte. Estampados, dá mais acidentes. O pessoal que mexe mais com fita de aço.[12]

Lembremos, também, que na planta de Campinas a modernização do maquinário ocorreu muito mais pela adaptação de dispositivos de segurança em equipamentos antigos que pela aquisição de novos, segundo o gerente de Recursos Humanos:

> As máquinas antigas, quando elas saíam de fábrica, elas não vinham com muitas proteções e, quando vinham, os funcionários arrancavam, para ficar melhor para dar manutenção, lubrificar uma polia, alguma coisa. E era onde se deixava um ponto exposto. Com a aquisição de máquinas novas, elas já vêm com um equipamento de segurança: por exemplo, as prensas já vêm com sensores, se você abrir as portas elas já param. As máquinas antigas não tinham isso e nós tivemos muitas dificuldades com as nossas máquinas, para estarmos adequando-as a isso, pois nós temos muitas máquinas aí que têm trinta anos, vinte anos de uso.[13]

Soma-se a isso, evidentemente, o fato de que a gestão flexível impede a formação de estoques, de modo que o ritmo de entrada e saída de material é muito intenso. Nesse sentido, embora não tenha sido pensada exatamente para a proteção dos trabalhadores, a organização em células teve importante papel na diminuição de ocorrências, ao reduzir o translado de cargas e restringir o acesso a setores que ofereçam riscos à saúde. Diz o gerente de Recursos Humanos:

> Eu acredito que, de forma até indireta, fez que melhorasse, pois que antes [...] qualquer funcionário poderia, por exemplo, entrar na galvânica – na época nós tínhamos galvânica [seção de galvanoplastia] –, chegar perto de processos que não podia se aproximar, pois tinha emanação de gases como percloretileno, ou alguma outra reação química (pois nós fazíamos eletrodeposição, entre outras coisas aqui dentro), então havia reações químicas perto das quais os funcionários não poderiam estar entrando. Com o advento das células, isso não ocorre mais: o funcionário ficará trabalhando em seu lugar e o que trabalhar em processos perigosos, será especializado, terá treinamento, conhecimento para fazer aquilo. Então isso fez que, indiretamente, os índices de doenças profissionais diminuíssem. Há ainda o risco, mas diminuiu devido ao fato de que nem todo mundo agora está entrando naquela área. [Além disso,] antes o funcionário precisava ficar andando dentro da fábrica, passava do lado de uma máquina, encostava e se machucava. Ou escorregava e quando precisava pegar uma caixa para levar não sei para onde, tinha um problema de coluna: isso é um acidente de trabalho. Então, eu acredito que com o sistema de célula melhorou, pois ele [o trabalhador] não precisa mais transitar na fábrica.[14]

Mesmo na base de adaptações, entre 1999 e 2003 a American Company Division e o Northern Group Inc. investiram duzentos e cinquenta mil dólares na proteção

---

[12]   Beatriz, Maria. Depoimento [entrevista realizada com a enfermeira da American Company do Brasil em 2006]. Entrevistador: Geraldo Augusto Pinto. Campinas, SP: [s. n.], 2006. 2 cassetes sonoros (120 min.) [Arquivo pessoal do pesquisador].

[13]   Ribeiro, Jorge [Gerente de Recursos Humanos da American Company do Brasil], cit.

[14]   Idem.

122 *A máquina automotiva em suas partes*

das máquinas, nos programas de auditoria de segurança (feitos a cada quinze dias em todos os setores da esfera da Produção) e nos laudos ambientais e de equipamentos da planta de Campinas. Os resultados têm sido cobrados, das gerências locais, à altura dos investimentos, segundo o gerente entrevistado:

> Enfim, tudo o que você possa imaginar, tudo o que a legislação exige e mais um pouco, nós fizemos [com os investimentos recebidos da matriz]. Então, se acontecer algum acidente de trabalho hoje, por exemplo, o técnico [supervisor] de segurança imediatamente me comunica, pois ele responde para mim, eu comunico o diretor geral da planta e ele, imediatamente, a qualquer hora do dia ou da noite, tem de pegar o telefone e ligar para o presidente do Northern Group. Não é nem da American Company [Division]! Ele comunica a American Company [Division] também, mas é o presidente do Northern Group que quer saber, a qualquer hora do dia ou da noite, se houve algum acidente. Logicamente, são os casos mais graves: se o camarada tomou um corte e botou um *band-aid*, se reporta no dia seguinte; mas se o acidente for o corte da ponta de um dedo, tem que ser imediatamente reportado. E todo e qualquer acidente com afastamento nós temos vinte e quatro horas para reportarmos aos Estados Unidos, pois nós temos uma diretora mundial de Saúde, Segurança e Meio Ambiente, que tem de ser informada de imediato por telefone, também, além do presidente do Northern Group. E essa diretora tem de ser informada de como foi o acidente, via relatório, no dia seguinte, no máximo. Nós temos também estatísticas que fazemos e reportamos. Mesmo os acidentes sem afastamentos nós temos que reportar mensalmente para os Estados Unidos e a política do Northern Group e da American Company [Division] é de "zero acidentes": *"Estão aí o dinheiro, os recursos. Façam o que for necessário, mas eliminem os acidentes"*.[15]

Esses recursos são utilizados em planos próprios elaborados pelas plantas filiais, de acordo com as condições dos seus processos produtivos e com as exigências legais de cada país. O Northern Group Inc., no entanto, também dispõe de um planejamento mínimo que tem de ser seguido e de acordo com o qual as plantas de todas as divisões são auditadas anualmente, por meio de uma diretoria mundial do grupo. Todos os anos, seus membros passam quatro dias em cada planta, analisando quesitos de segurança e atribuindo pontos: "vermelhos" em lugares que consideraram de alto risco; "amarelos" para chamarem atenção; "verdes", onde tudo está tudo de acordo com os critérios do Northern Group Inc. Segundo o gerente de Recursos Humanos da planta de Campinas:

> Tivemos quatro pontos vermelhos em 2000, em 2001 tivemos dois e em 2002 já não tivemos nenhum. Hoje a nossa fábrica, olhando pelo aspecto da segurança no trabalho, é a melhor planta de todo o grupo, em todo o mundo: nós somos *benchmarking* para as empresas do grupo.[16]

A política de utilização de Equipamentos de Proteção Individual (EPI) pelos trabalhadores faz parte desse empreendimento internacional e sua cobrança é severa, mesmo porque as Normas de Regulamentação de Segurança no Trabalho no Brasil

---

[15] Idem.

[16] Idem.

obrigam as empresas a dispô-los aos trabalhadores e a cobrarem sua utilização correta. A planta de Campinas elaborou, para isso, um Manual de Segurança, distribuído e debatido entre todos os trabalhadores. Há diariamente palestras de cinco minutos em cada célula pelo supervisor de segurança, abordando variados temas, além de palestras esporádicas mais longas e de uma semana especial por ano dedicada ao assunto: os "setes dias" de análise de acidentes de trabalho.

Quando os trabalhadores entram na planta, devem assinar, no Almoxarifado, uma ficha de todos os EPI que recebem e, conforme as áreas em que trabalharão no dia, são obrigados a pedir a sua reposição quando se fizer necessário:

- Para os que trabalham na esfera da Produção: jaleco, calçado de segurança, óculos e protetor auricular (há o de uso diário, o de concha e o de uso contínuo, sempre trocado).
- Nas áreas onde é necessário o uso de luvas, existem as de malhas (que evitam cortes com fita), as cirúrgicas ou de látex (para manuseio de solventes químicos), as de raspa (para o transporte de pesos) e as de raspa com protetores (para o trabalho com solda).
- Onde houver emanação de gases ou a presença de produtos químicos, máscaras especiais e, em qualquer lugar que tenha pó, máscaras comuns.
- Para todas as pessoas (trabalhadores da empresa ou não) que necessitarem ir ao chão de fábrica, é obrigatório o uso de protetor auricular e óculos de segurança, fornecidos na portaria.

Com relação à obrigatoriedade dos EPI, diz o gerente de Recursos Humanos:

Tudo é colocado à disposição. Eles [os trabalhadores] assinam que receberam e são obrigados a usar. O técnico [supervisor] de segurança e a CIPA, constantemente estão passando e verificando: se pegarem alguém, na primeira situação é conversar, perguntar por que não está usando; na segunda reincidência, é uma advertência escrita; na terceira, suspensão de um dia; na quarta, suspensão de três dias; na quinta, já caberia uma demissão por justa causa. Mas nós nunca chegamos a esse ponto ainda, não foi necessário: ou o funcionário se enquadrou, ou ele mesmo achou que aquilo não era para ele e saiu da empresa. Mas não temos nenhum caso registrado assim, pois geralmente o pessoal se conscientiza mesmo.[17]

A planta também possui um setor específico de atendimento à saúde: o Ambulatório, onde um médico, contratado como autônomo e em tempo parcial (uma hora e meia por dia) atende aos trabalhadores, junto de uma enfermeira, contratada como efetiva em tempo integral. E há que se mencionar o supervisor de segurança no trabalho, também efetivo e em cujas funções recebe o auxílio de um suplente, o qual é, ao mesmo tempo, o próprio supervisor de recursos humanos (ou seja, o "braço direito" do gerente de Recursos Humanos).

---

[17] Idem.

O supervisor de segurança é o responsável, junto da Cipa, pelas palestras e verificações diárias da fábrica, pela elaboração dos laudos e pela introdução e coordenação dos programas de "conscientização" sobre segurança e saúde no trabalho. A empresa optou também por elaborar previamente uma série de procedimentos claros a todas as possíveis ocorrências, colocando descrições das ações de emergência em todas as áreas, tendo treinado, inclusive, "socorristas" entre os trabalhadores:

> Temos uma equipe de "socorristas", de funcionários que foram especificamente treinados para situações de emergência, têm capacidade de fazer pequenos curativos. Se for alguma coisa maior, já têm uma orientação por escrito: a empresa tem uma ambulância e têm as pessoas que são autorizadas a pegar essa ambulância – que é equipada com maca, balão de oxigênio – para estar levando nos hospitais, que também já são determinados.[18]

Portanto, é possível que pelo tipo de maquinaria[19], pelas condições gerais de trabalho e pelos altos investimentos feitos nessa planta, a ocorrência de acidentes com "perda de substância" tenha diminuído com o tempo. Não se pode supor o mesmo com relação à incidência de doenças decorrentes do manuseio de solventes químicos, de material pesado e da exposição prolongada a altos níveis de ruído, em ambientes mal ventilados e com variações extremas de temperatura. O setor de galvanoplastia, que continha processos com percloretileno, de alto risco de intoxicação, foi terceirizado em 1997, mas o manuseio de solventes ainda é comum e, apesar do uso obrigatório dos EPI, alguns trabalhadores acabaram desenvolvendo alergias, conforme relata o médico:

> Você tem às vezes uma dermatite de contato e até dermatites sérias com escoriação e tal. Mas, também, não é muito comum porque as pessoas usam luvas e as pessoas que são muito sensíveis a gente não deixa, troca [de atividade]. Se o funcionário é bom e não tolera o solvente, a gente aproveita em outro lugar. Agora, se ele não tolera e não pode trabalhar com aquilo, ou ele sofreu consequências com aquilo e se afasta por doença profissional, eu vou dizer a ele: *"Não é para você isso, você não pode trabalhar com isso, porque isso não vai mudar aqui dentro, você vai ser sempre alérgico ao solvente, não adianta você teimar, não é uma coisa que você adquiriu aqui, é uma coisa que veio com você, você é alérgico a esse tipo de solvente como tem gente que é alérgico a camarão, outro é alérgico a... Não adianta você teimar, você vai perder sempre".*[20]

Na esfera da Produção da planta de Campinas também é comum o transporte de material pesado, haja vista que as matérias-primas (rolos de arame, bobinas de fitas ou chapas de aço) e seus produtos (molas e estampos) são todos de metal. O seu translado no restrito espaço entre as máquinas, diretamente sustentados nas mãos dos operários, principalmente do setor de Almoxarifado e Logística ("especializados"

---

[18] Idem.

[19] As prensas são de tamanho médio e pequeno e, assim como as furadeiras, retíficas, tornos da ferramentaria e enroladeiras (que torcem e cortam arames nelas introduzidos por bobinas automáticas), não permitem atingir áreas extensas do corpo. Os fornos de revenimento, pelas informações que obtivemos, há muito estão equipados com alimentação por esteira automática.

[20] Cavalcante, Mário [Médico do trabalho da American Company do Brasil], cit.

nessas atividades desqualificantes), causa-lhes dores na coluna vertebral e nos membros superiores. Segundo o médico:

> Há um problema importante de lombalgia. É um problema decorrente da profissão. É impossível evitar isso, se você for encher de máquina para pegar todos os "pesinhos" que têm, um cesto de molas de vinte quilos, imagine o espaço que você precisaria ter, com aquela máquina andando para lá e para cá levando coisa, e não pode ter ninguém perto...! Então, acaba tendo algumas coisas que eles [os trabalhadores] têm que fazer esforço.[21]

Lembremo-nos de que a capacidade de alterar seu *mix* de produção velozmente é uma das características dessa planta. Isso sem dúvida exige operações frequentes de carga (produtos acabados) e descarga (matérias-primas) nas células. O chamado tamboreamento, por exemplo, processo de acabamento feito em grandes tambores giratórios, envolve o manuseio humano direto de material pesado, quando os tambores são abastecidos e descarregados, tarefas que, segundo o médico, causam lesões graves nos membros superiores, dependendo da altura do trabalhador que as realiza:

> Eu tinha um baixinho lá, que trabalhou no tambor o tempo inteiro. Pô! Precisou operar o ombro! Por quê? Porque [era] o tempo inteiro aqui [imitava o levantamento do material ao tambor]. Pô! Não dá! Ele era um baixinho forte, sacudido! *"Pô, doutor, o senhor acha que eu não posso?"* Eu dizia: *"Eu acho que você pode. Mas é um tipo de exercício contínuo. Uma coisa é você levantar até aqui [na altura do peito]; outra coisa era ir até lá [mais alto que o rosto, mostrava]. Aqui, você usa essa musculatura para levantar [o bíceps]; lá, você usa isso aqui [o trapézio]"*. Então, ultimamente eu dizia para o pessoal: *"Pô! Não me contrate um nego baixinho para fazer tamboreamento!"* Por quê? Porque tem que pegar um negócio lá em cima, ele tem que pegar aqui [na altura do chão] e jogar aqui [na altura do ombro]. E se você me dá um nego baixinho, ele vai pegar aqui e vai fazer um baita esforço [para levantar bem acima do ombro] [...]. Então, ultimamente, eu andava fazendo uma pressão para adequar um pouco. [...] Lógico, pois é certeza que se colocar esse baixinho lá, ele vai se sentir mal! [...] Agora, na hora de pedir o emprego, coitado, ele precisa trabalhar. Eu não vou impedir, eu não impedia, eu dizia para eles [da gerência de Recursos Humanos]: *"Vocês façam essa seleção antes!"* Eu não posso chegar e examinar: *"Não. Esse cara não pode porque é fraco!"* Aí é, realmente, fazer eugenia. Mas eu dizia: *"Se o cara é bom, aproveite ele em outro lugar"*.[22]

Se nem todos os trabalhadores na planta de Campinas manuseiam solventes químicos e transportam cargas, de modo que a ocorrência de dermatites e lombalgias são, então, mais "setoriais", há um elemento de risco que atinge a todos: o ruído. É o agente de maior nível de toxicidade na planta e atinge praticamente todos os postos de trabalho na esfera da Produção, salvo a "seleção visual" da qualidade, que é feita em minissalas acusticamente protegidas ao lado das células. Tão sério é o risco de perda auditiva que, embora tenha terceirizado a sua galvanoplastia, a planta mantém há vinte e cinco anos uma capela de audiometria própria no seu Ambulatório, usada por fonoaudiólogas contratadas periodicamente para realizar exames, que são obriga-

---

[21] Idem.

[22] Idem.

tórios, em todos os trabalhadores (aos da esfera da Produção, a cada seis meses; aos da Administração e de Apoio, a cada dois anos).

Segundo as declarações do médico, haveria a possibilidade de reduzir o ruído com melhorias nas máquinas, mas o custo é visto como alto pela empresa. O controle, então, é feito apenas com os EPI existentes no mercado:

> Esse negócio é um risco inerente ao trabalho [...]. Então, eu acho que precisava aplicar um pouco mais de grana para melhorar o ruído. Por exemplo, lá na fábrica tem uns lugares onde o ruído é pesadíssimo! Embora haja uma tendência de melhorar as características das máquinas, a supressão do ruído é uma coisa que custa muito: você cercar uma máquina e tal. Então, você acaba fazendo o quê? Protegendo o funcionário com concha [protetor auricular] [...]. Aquilo que a gente não consegue na fábrica [nas máquinas], a gente consegue na proteção [individual]. [...] Mas, de qualquer maneira, até a concha irrita mais, o barulho irrita, torna o ambiente mais inóspito. Isso também piora o bem-estar do funcionário.[23]

Percebe-se que, além das pressões gerenciais por produtividade, pelo controle do tempo e da qualidade sobre o próprio trabalho, exercidas mutuamente entre os colegas no interior das células e entre estas, os trabalhadores ainda têm de suportar um ambiente de alta insalubridade. E de uma insalubridade da qual não podem se proteger, como se evitassem um acidente ou uma intoxicação, pois nela estão "imersos", diariamente, desde o momento em que entram na fábrica. Afinal de contas, nem o rigor do controle gerencial no uso dos EPI pelos operários, nem o desconforto por eles causado impedem as perdas auditivas. O médico nos afirmou haver registros pormenorizados e sistematizados de muitos anos sobre isso, mas tais documentos não nos foram fornecidos pela empresa e tampouco comentados pelos demais entrevistados:

> Nos últimos tempos, a gente tem, assim, com a idade, a gente vê que aqueles negos que sofreram com o barulho, eles perderam um pouco de audição. À medida que vai ficando mais velho, a tendência é sofrer mais. [...] Tivemos problemas sérios. E quando eu vejo que houve uma piora, ele [o trabalhador] passa de protetor simples para concha, muda de local, isso nós conseguimos. Mas esse é um problema que existe. Existe e pode ser sério, porque é irreversível a perda que você teve, não volta mais. Mas não temos ninguém que durante todos esses anos se queixou objetivamente de perda da audição. A perda existe na curva audiométrica, entendeu? Mas, em geral, ele perde numa fase não muito acentuada, ele perde em frequências que não usa no dia a dia, então nem ele observa. Mas a gente sabe muito antes dele observar, a gente tem esse registro de todo mundo. [...] A empresa tem Unimed, então todos que perderam um pouco a gente manda para o "otorrino", até com a intenção de que o próprio funcionário saiba que ele tem: *"Então, cuide-se, entendeu? Você também tem o seu lado".*[24]

A perda auditiva, quando decorre da exposição prolongada a ruídos, geralmente vem acompanhada de zumbidos no ouvido interno (os tinidos), também incuráveis, pois resultam da morte de células ciliadas na cóclea, responsáveis pela transmissão

---

[23] Idem.

[24] Idem.

dos estímulos do ouvido externo aos nervos auditivos. Isso é, sem dúvida, a nosso ver, um caso de doença crônica nessa empresa, pois dela ninguém escapa. Quando o problema aparece na curva audiométrica, o número de células mortas na cóclea já é alto e ocorreu devido a uma exposição "prolongada", e não "aguda", a ruídos. Por ser um processo que demanda um tempo em si indeterminável, os trabalhadores que ainda não tiveram perdas apontadas na curva audiométrica certamente poderão tê-las mais rapidamente que outras pessoas em situações cotidianas como num concerto musical ao vivo, num salão de dança ou num baile de carnaval, por exemplo.

A má ventilação é outro problema na fábrica. Apesar das gerências não nos terem fornecido informações detalhadas a respeito, o número e o tamanho dos exaustores instalados indica uma situação no mínimo preocupante, mesmo porque entre os efeitos desses aparelhos está a elevação dos próprios riscos de perda auditiva, como apontam, inadvertidamente, as palavras do gerente de Recursos Humanos:

> Em 1998, nós colocamos um exaustor enorme, não sei se você andou pelos fundos da fábrica, ele faz um barulho ensurdecedor – mas é supereficiente. Então, poeira em suspensão, gases, nós não temos mais esse tipo de problema. Eu não tenho, entretanto, um histórico que me diga se nós já tivemos problemas desse tipo na fábrica, pois eu entrei aqui em 1997. Mas, de 1997 para cá, eu tenho certeza de que não houve nenhum caso nesse sentido. Mas, com certeza, as ocorrências que havia diminuíram e diminuiu o risco de haver isso aí – pois poderia não haver incidências, mas existir o "risco" e, hoje, o risco com certeza é mínimo.[25]

O primeiro exaustor automático da fábrica foi colocado em 1990. Mesmo pequeno para o local, até então não se dispunha de um sistema mecanizado. Disse-nos um trabalhador da esfera da Produção que a estrutura lateral da fábrica era aberta, permitindo uma ventilação natural, o que também amenizava o acúmulo de poeira. Realmente, é notável que um sistema de abertura lateral tenha feito parte do projeto arquitetônico da planta. Mais notável, entretanto, é que ele atualmente permanece cerrado. Ocorreu terem descoberto que a ventilação natural reduzia o "tempo de vida" das matérias-primas e dos produtos fabricados, especialmente pela facilidade de oxidação. Decidiu-se por lacrar, então, toda a parte do edifício que envolve o chão de fábrica, ventilando-a apenas por exaustores. É curioso o relato do médico sobre a incansável busca das causas dessa oxidação nas peças:

> Existia [inicialmente] uma crença de que o ácido úrico é que fazia isso [oxidava as peças]. Qualquer coisinha que você [o trabalhador] tinha aqui [na mão]: *"Ah! Isso é ácido úrico!"* Tudo mentira. Alguns caras têm uma composição de suor diferente, suam muito na mão e tal. Então, eu chamei a gerência e falei: *"Para com isso, que isso é bobagem! Vocês arrumam outra saída aí!"* Aí contrataram um cara daqui da Unicamp, que está lá até hoje [...]. [Ele] fez um estudo que acabou sendo chamado até para Londres para ensinar. Ele botou máscara aqui, botou luva assim e assado e mudou a forma de embalar. Um certo grau de ar condicionado, uma certa temperatura e tal. E conseguiu que não houvesse mais oxidação. E eles tiveram que fechar um pouco [a fábrica].[26]

---

[25] Ribeiro, Jorge [Gerente de Recursos Humanos da American Company do Brasil], cit.

[26] Cavalcante, Mário [Médico do trabalho da American Company do Brasil], cit.

128 *A máquina automotiva em suas partes*

A arquitetura que deu à planta de Campinas janelas amplas, que permanecem trancadas, também lhe legou um problema imenso de controle de temperatura, que varia rapidamente de acordo com as mudanças de clima. Diz o médico a respeito:

> Foi um erro no projeto: eles contrataram – eu acompanhei muito bem isso, porque eu já estava "na outra fábrica" [antiga Rossmann & Berchtold] – um cara de fora e tal. O cara não avaliou o calor brasileiro, entendeu? O arquiteto. É, ele veio junto com os americanos, um cara f... e tal, cheio de planos. Foi um calor aquela fábrica! E um frio, no frio![27]

Ora, com o lacre das janelas da fábrica e o aumento das inúmeras proteções individuais contra acidentes, perda auditiva e oxidação nos produtos, nos períodos quentes (a maior parte do ano em Campinas) tornou-se comum, no Ambulatório, o fornecimento de soro glicosado várias vezes ao dia aos trabalhadores, buscando contornar as falências nos seus músculos:

> Eles [os trabalhadores] são vítimas do calor e [...] passam duas ou três vezes por dia no Ambulatório e tomam soro. Eu tinha comprado, inicialmente, umas cápsulas de cloreto de sódio. Porque o que acontece quando o cara sua muito? Ele sua e toma água. Quando ele toma água, ele dilui o seu sódio e seu cloro. Então, ele tem certa falência muscular e precisa repor tudo, porque ele perde água, sódio, cloro, magnésio etc. etc. e só repõe água. Então às vezes o cara tem câimbra, astenia, falência muscular, entendeu? É falta de eletrólito. O que a gente faz? Duas ou três vezes por dia, o cara que está suando muito, ele passa no Ambulatório e toma um copo de soro, que tem todos esses ingredientes, entendeu? É como se ele estivesse desidratado, ele toma um soro oral, eu já dou um pouquinho de glicose nesse soro e tal, e os caras se sentem muito bem. Tem um consumo de soro lá enorme. A rigor, deveria ser mais fresco, mas, como não é, eu faço isso. E os caras não deixam de ir, porque se sentem melhor.[28]

Recapitulemos o que vimos até aqui acerca das condições de trabalho na esfera da Produção dessa empresa. Os trabalhadores aí estão submetidos, simultaneamente, por no mínimo oito horas diárias:

- Aos ciclos de expansão e retração da demanda e à combinação entre as exigências da polivalência e do controle taylorista do tempo.
- À cobrança panóptica das gerências e supervisões, mediante a pressão que os próprios pares exercem entre si nos times, inclusive quanto à redução do absenteísmo e dos acidentes.
- A um ruído intenso que lhes ensurdece cronicamente.
- À má ventilação e às variações bruscas de temperatura, que lhes obriga a hidratar-se com soro fisiológico glicosado, três vezes ao dia na maior parte do ano, pois têm câimbras, astenias e falências musculares.

---

[27] Idem.

[28] Idem.

- A usar obrigatoriamente máscaras no rosto, conchas nos ouvidos, óculos protetores nos olhos e variadas luvas nas mãos e a executar, mediante um *one best way* taylorista, tarefas rápidas como a embalagem das mercadorias de uma forma, no entanto, delicada e complexa, pois não podem tocá-las diretamente.

Quanto "tempo de vida" tem a mercadoria força de trabalho nessa fábrica? É o que caberia às gerências questionarem-se ao perceberem que até o aço mais puro é degradado aí. E foi realmente o que se perguntaram quando surgiu um problema de saúde entre os trabalhadores que está fora do controle de todas as proteções, treinamentos e programas preventivos de acidentes e doenças inerentes aos riscos descritos até aqui. Um problema que acabou absorvendo a maior parte dos duzentos e cinquenta mil dólares investidos pela matriz nas condições de trabalho da planta, embora, ao que pareça, apenas tenha contido um crescimento maior das ocorrências, que permanecem. São as Lesões por Esforços Repetitivos (LER). Indagado sobre os efeitos da organização celular, da polivalência, do enxugamento de cargos e postos de trabalho, entre outros aspectos que levantamos em nossa pesquisa na planta, o médico prontamente respondeu:

> Isso aumentou fundamentalmente um determinado número de acidentes, que é aquele acidente provocado por esforços contínuos e repetitivos, que é a LER, ou DORT [distúrbios osteomusculares relacionados ao trabalho]. [...] O INSS [Instituto Nacional da Seguridade Social] chama de acidentes, mas na verdade é doença ocupacional. A gente relata, quando se afasta [o trabalhador], como sendo acidente, mas é doença ocupacional. Não vamos chamar de acidente, não vamos dar a isso uma conotação de coisa "aguda". Isso aí é uma coisa que vem "cronicamente".[29]

Se a LER é uma doença crônica, que se desenvolve lentamente, a chance de advir da forma como o trabalho é organizado é muito grande. A gerência de Recursos Humanos da planta afirma que as exigências da polivalência e da celularização dos postos de trabalho na esfera da Produção auxiliaram na prevenção dessa ocorrência. Aliás, foi contratada uma empresa de consultoria em Ergonomia para acompanhar os *kaizen*:

> As máquinas foram colocadas de tal modo que eles [os trabalhadores] não precisam estar fazendo movimentos fora [delas]: ele [o operador] poderá trabalhar sentado, que tudo está dentro do campo de ação dele, pois foi organizado de maneira ergonômica. Hoje, quando nós fazemos um *kaizen* para formar ou modificar uma célula, um dos pontos que são levados em conta é a ergonomia do operador, pois o trabalho é colocado da maneira mais ergonomicamente correta, da melhor maneira possível para ele trabalhar. E até mesmo as proteções. Nós levantamos máquinas, abaixamos máquinas, levantamos e abaixamos bancadas, para atender melhor à ergonomia [do processo de trabalho].[30]

O projeto de reformulação ergonômica iniciou-se em 1999. Após dois anos entre a análise exploratória das condições de trabalho, a concepção e a implantação das

---

[29] Idem.

[30] Ribeiro, Jorge [Gerente de Recursos Humanos da American Company do Brasil], cit.

130 *A máquina automotiva em suas partes*

mudanças em todas as esferas, auditorias têm sido realizadas periodicamente[31]. Ademais, com base num levantamento das solicitações musculares de cada atividade, também se elaborou um plano de ginástica laboral a ser seguido em toda a planta. Para isso, trabalhadores foram treinados em cada setor a fim de coordenarem os demais em exercícios que devem ser realizados duas vezes por jornada e diariamente, sendo alterados semanal e mensalmente.

Segundo o supervisor de segurança do trabalho e o gerente de Recursos Humanos, nem todos receberam bem a ginástica. Aliás, isso seria perceptível a qualquer pessoa que pudesse observar a sua realização, ao menos à época das nossas visitas. Não se tratava de uma resistência exclusiva do chão de fábrica, onde a cunharam de "balé": na esfera da Administrativa se resistia mais, principalmente os trabalhadores mais antigos "da casa", simplesmente por descrédito quanto aos efeitos da terapia. O resultado foi o estabelecimento da obrigatoriedade.

Se computados todos os casos – não apenas os relacionados à LER –, houve após essas mudanças, segundo o gerente de Recursos Humanos, uma redução de 40% na procura do médico da empresa, tendo diminuído também em 30% os gastos com os planos de saúde. Ora, somente tal redução já demonstra a grande incidência que o problema tem na empresa. E a sua importância, cabe dizer, está na verdade ligada a questões de ordem econômica e sindical. Diz o gerente:

> As doenças do trabalho são uma questão de honra para nós eliminarmos. A LER, ela começou a aparecer a partir de 1990, quando houve um estouro de casos. Por que houve esse estouro de casos? Antes aparecia essa doença, mas era tratada de outras formas. Os sindicatos começaram então a cair de pau em cima, pois, como isso dá estabilidade ao emprego do portador – está equiparado ao acidente de trabalho –, tinha um monte de sindicatos que, através de médicos internos que a eles prestavam serviços, orientavam seus filiados a dizer que, se tinham LER, teriam estabilidade.[32]

Ou seja, a doença sempre atingiu os trabalhadores, a forma como é tratada nas negociações entre empresas e sindicatos de trabalhadores é que mudou nos anos 1990. E a American Company do Brasil, cujos trabalhadores estão na base do Sindicato dos Metalúrgicos de Campinas, de fato viveu essa mudança após a assunção dessa entidade pela Oposição Sindical Metalúrgica, em 1984. Desde então, as gestões desse sindicato não mais admitiram a distinção entre acidentes de trabalho, doenças ocupacionais e doenças profissionais.

Tradicionalmente, as doenças "profissionais" são definidas como aquelas cujas causas são agentes inerentes aos riscos das funções exercidas pelos trabalhadores, como o manuseio ou inalação de produtos químicos, poeiras suspensas, vapores, ruído, umidade, variações excessivas de temperatura, entre outras. Já as doenças "ocupacio-

---

[31] Após as modificações introduzidas pela primeira intervenção ergonômica, é feito um mapa de toda a planta, no qual ficam registradas as principais características dos processos de cada esfera, setor e posto de trabalho, junto a uma miríade de informações técnicas. A cada cinco anos, contudo, os sucessivos *kaizen* acabam reformulando a estrutura da planta, sendo necessária uma auditoria da empresa responsável pela intervenção inicial.

[32] Ribeiro, Jorge [Gerente de Recursos Humanos da American Company do Brasil], cit.

nais" teriam entre suas causas não os riscos decorrentes das funções em si, mas do seu exercício anormal, como a operação incorreta dos equipamentos ou sua inadequação ao corpo dos trabalhadores, o excessivo volume e ritmo de trabalho desempenhado nas jornadas etc.

O caso da American Company do Brasil deixa claro que todos os seus trabalhadores estão expostos aos riscos tanto das doenças profissionais quanto das ocupacionais. Em algumas atividades é possível estabelecer um nexo causal mais evidente entre as doenças e as funções, como as dermatites no manuseio de solventes ou as lombalgias no carregamento de cargas. Mas a exposição ao alto ruído e às variações de temperatura e, principalmente, os excessivos volumes e ritmos de trabalho desempenhados diariamente, devido ao quadro enxuto em todas as esferas, são condições arriscadas a que todos estão submetidos. Aqui reside o problema.

Para um dos diretores do Sindicato dos Metalúrgicos, essa diferenciação entre doenças ocupacionais e profissionais se baseia numa legislação antiquada, que exime das empresas a responsabilidade das doenças adquiridas pelos trabalhadores, justamente por tentar circunscrever os nexos causais das suas ocorrências a determinadas funções:

> Um exemplo bem claro, que está bem batido aí. O digitador que tem a LER, ele tem uma legislação que é só para o digitador. *"Você tem LER? Você é digitador?" "Não." "Você é metalúrgico, você trabalha em produção? Ah! Então você não tem LER, é qualquer outra coisa. Não é LER isso aí, é sei lá o quê, é uma coisa que você adquiriu, é degenerativo."* E aí depois, com o tempo, foi-se observando que não é da profissão, é da ocupação, é o movimento repetitivo. É um exemplo claro e aí, hoje, um lubrificador, têm vários produtos que ele precisa ter contato e ele não trabalha em indústria química. Ele abastece o tanque "x", "y" e falam: *"É um lubrificador".* É uma nomenclatura. Um lubrificador, o que é? Teoricamente, ele está só colocando uma graxinha aqui no biquinho do rolamento, num eixinho ali, num mancalzinho ali. Mas não é só isso, o que tem de produto químico naquilo lá! E é o que ele mais faz! Então, aí, eles falam: *"Ah! Mas esse produto químico é da indústria química. Meu ramo principal não é químico, é metalúrgico, então não tem nada a ver".* Então, isso é uma discussão muito complexa. Nós estamos ganhando, de alguma forma. Mas tem ainda – principalmente no judiciário – alguns técnicos que tentam usar isso aí. Para nós, não tem diferença: é no ambiente de trabalho que desencadeou? É do trabalho e ponto.[33]

A possibilidade de um trabalhador ser acusado por ter adquirido uma determinada doença fora do ambiente de trabalho, devido à mesma não corresponder "teoricamente" à sua função na empresa, fica explícito em falas como esta:

> Movimento repetitivo, muitas vezes, não é só dentro da empresa. Em casa, por exemplo: passar roupa é um movimento repetitivo; fazer crochê, movimento repetitivo; bordar, movimento repetitivo; arear uma panela, movimento repetitivo. Tanto que temos casos em que vimos camareiras de hotel entrando com solicitação de abertura de CAT

---

[33] Lopes, Mauro. Depoimento [entrevista realizada com um dos diretores do Sindicato dos Metalúrgicos de Campinas em 2007]. Entrevistador: Geraldo Augusto Pinto. Campinas, SP: [s. n.], 2007. 2 cassetes sonoros (120 min.) [Arquivo pessoal do pesquisador].

132 *A máquina automotiva em suas partes*

[Comunicação de Acidente de Trabalho[34]] por LER, por arrumar cama. Tudo bem que lá ela trabalha, mas a mulher tem a sobrejornada em casa.[35]

Segundo o diretor do Sindicado dos Metalúrgicos de Campinas, citado mais acima:

> Porque, se [a doença] é da ocupação e a ocupação não tem [prescrita tecnicamente aquela possibilidade de adoecimento], ele [o trabalhador] não tem como provar que é do trabalho. Se não for pelo trabalho, ele não tem como acionar a empresa. *"Você pegou em outro lugar, não dentro da empresa."* O pessoal não tem responsabilidade nenhuma para com essa doença, que supostamente não sabe onde ele [o trabalhador] adquiriu. É um discurso tecnicista! Você me desculpe. Porque nós entendemos que os problemas inerentes ao ambiente de trabalho, são todos causadores das doenças do trabalhador. E hoje, com a reestruturação produtiva, não tem como você dizer que a poeira não está dentro de uma metalúrgica, não tem como dizer que um produto químico não está dentro de uma metalúrgica, que está simplesmente numa indústria química. [...] As empresas fazem esse discurso, tentam pegar por esse viés, para descaracterizar as doenças do local de trabalho. Falam: *"Olha, é da profissão, só o soldador vai ter aquele tipo de doença. Se um mecânico tiver aquele tipo de doença, não é do trabalho, porque é da profissão, é do profissional, não é da ocupação, que é diferente".* No nível da ocupação, pode ter um mecânico ao lado de um soldador, ou o mecânico pode ter alguma doença por usar um produto que desenvolveu a doença. Então, como naqueles códigos da CBO [Classificação Brasileira de Ocupações], os códigos da ocupação, aquela coisa toda, às vezes, tem algumas doenças que são mais dirigidas para a profissão. Então, esse discurso, eles fizeram para tentar nos pegar, mas a gente tem isso muito bem claro: é um discurso tecnicista, feito a partir de alguns teóricos e as empresas captaram isso daí para poder tentar desmembrar isso e dizer que parte das doenças do trabalho não é do trabalho. E nós não fazemos diferenciação nenhuma. Porque hoje não tem como você dizer que é ou não é. Não tem como, o "ambiente de trabalho" é o "ambiente da ocupação": é a mesma coisa.[36]

A querela expõe um luta na qual não está em questão apenas o nexo causal das doenças, mas a estabilidade no emprego dos adoecidos. Até 1984, constava em lei a garantia de apenas um ano de estabilidade no emprego aos acometidos por acidente de trabalho. Na Convenção Coletiva de 1984, a Federação Estadual dos Metalúrgicos de São Paulo da Central Única dos Trabalhadores (CUT-FEM), conseguiu inserir a "cláusula 68", que garante estabilidade ao acidentado até a aposentadoria em suas carências máximas, sobrepondo-se, portanto, à lei anterior. As empresas assinaram, afinal, a redução dos acidentes era uma meta geral dos programas de certificação de qualidade. Ocorreu, no entanto, algo inesperado: *pari passu* à diminuição dos acidentes mais graves, emergiu um "surto" de LER, em vista da intensificação dos ritmos de trabalho em atividades especializadas e da elevação exorbitante do volume de tarefas e responsabilidades dos trabalhadores, com a polivalência.

---

[34] Documento que na ocorrência de acidente ou doença no trabalho deve ser obrigatoriamente emitido aos sindicatos e autoridades públicas competentes (como os órgãos fiscalizadores, previdenciários, de saúde etc.).

[35] Ribeiro, Jorge [Gerente de Recursos Humanos da American Company do Brasil], cit.

[36] Lopes, Mauro [Um dos diretores do Sindicato dos Metalúrgicos de Campinas em 2007], cit.

Empresa enxuta: capital saudável e trabalho adoecido   133

Pouco depois, modificações postas pela reforma da Previdência de 1991, equipararam as doenças ocupacionais aos acidentes de trabalho e, desde então, começaram os problemas nas convenções coletivas. Os sindicatos não abriam mão da "cláusula 68", que passou a garantir então estabilidade no emprego até a aposentadoria aos portadores de doenças ocupacionais. As empresas, por sua vez, lutavam pela retirada da cláusula, afirmando que as convenções coletivas, embora se sobrepusessem à legislação, eram acordos anuais e, nesse sentido, deveriam admitir renovações. O caso se estendeu ao longo de toda a década de 1990. A fala do gerente de Recursos Humanos expressa, em linhas gerais, a opinião sobre o assunto no meio empresarial:

> Então isso aí [os afastamentos por LER] foi muito usado politicamente e de tanto os próprios sindicatos patronais entrarem na Justiça e baterem de frente contra isso, do ano 2000 para cá isso começou também a cair. Por vários fatores. Primeiro, começou a desmistificar-se isso daí – o que é LER e o que não é. O próprio INSS começou a ter médicos mais aparelhados, mais desenvolvidos, para estar estudando e questionando realmente se era LER, porque antes se dizia LER, então era LER e se assinava. Outra coisa foram as empresas fazerem o que fizemos: começaram a investir para evitar isso, pois estava ficando caro para a produção, ficar com uma pessoa estável que tem de ser readequada em outra função e não pode mais exercer aquela. E, em terceiro lugar, as empresas começaram a ver os funcionários que realmente eram mal-intencionados e foram, pouco a pouco, tirando esse pessoal dos quadros. Então, foram esses três principais fatores – pois houve outros de menor importância – que fizeram com que isso caísse.[37]

Com relação ao INSS, segundo nos apontou um diretor do sindicato dos trabalhadores, são poucas as chances dos peritos desse instituto imputar às empresas a responsabilidade pelos adoecimentos, pois não estão impedidos de nelas trabalharem. Somente não podem avaliar um litígio no mesmo local onde trabalham. Forma-se, então, uma rede de informações privilegiadas entre tais peritos, cujo resultado só pode ser favorável às empresas, pois nelas prestam serviços ou mesmo estão empregados como assalariados na condição de médicos ou de técnicos em segurança do trabalho. Trabalhador do Bosch e responsável pelo Departamento de Saúde do Sindicato dos Metalúrgicos de Campinas, disse a respeito o diretor entrevistado:

> Na Bosch, tem um médico que é perito [do INSS]. Ele não me pericia [como trabalhador da Bosch, no caso de um litígio], porque ele é médico da Bosch também. Quem me pericia, por exemplo, é o médico da Singer ou o médico da Shell. Mas aí eles conversam entre eles, eles já têm uma "visão do patrão". [...] É diferente do juiz: o juiz, ele só pode lecionar, porque ele é um cargo de utilidade pública, ele não pode ter vínculos, ele tem que estar em função da sociedade. É a mesma coisa o perito do INSS, eu entendo isso. Só que não: eles [do INSS], quando abrem o concurso, eles colocam quem trabalha em empresa. Se fosse só lecionar, não teria problema: você pode ser médico e professor. Mas você não pode ser médico e trabalhar para mim e servir ao capital, porque você vai estar servindo a dois senhores. Se lá [nas empresas] o cara paga mais porque você é perito [do INSS], você acha que aqui [nos litígios no INSS] você vai ficar dando nexo causal para o trabalhador? É um problema que nós temos na legislação, uma legislação que aceita que os peritos do INSS

---

[37]   Ribeiro, Jorge [Gerente de Recursos Humanos da American Company do Brasil], cit.

134 *A máquina automotiva em suas partes*

trabalhem nas empresas, pois as empresas pagam bem e pagam mais ainda se ele é perito do INSS, porque eles vão ter aquele jogo para poder barrar as doenças e não atestar as doenças. A coisa é vergonhosa. É uma podridão![38]

Segundo esse diretor, o trabalhador pode requerer uma mudança de perito se isso for justificável ao INSS, ou seja: tem de apontar que houve um parecer parcial sobre o seu caso. Mas, além disso, obviamente, não resolver o problema em sua raiz – que é a rede privilegiada tecida entre os peritos –, a questão dificilmente atinge as empresas, pois, no máximo, um caso de fraude acaba circunscrito à figura do médico ou do técnico, findando com sua demissão por justa causa:

> A gente [o Sindicato dos Metalúrgicos de Campinas] tem advogados que estão fazendo denúncias diretas contra eles, contra o código de ética e tal. Já faz pouco tempo que a gente contratou uma advogada aqui no departamento e ela está pegando no pé deles, pega um e vai para cima. Nós vamos ter que pensar o que podemos fazer a médio e longo prazo para atacar "no coletivo" isso. Porque a saída está sendo penalizar o médico que faz isso, porque têm alguns dispositivos legais. Agora, você pega a empresa? Pega nada! Na hora que você tenta penalizar o indivíduo, o médico, ele leva uma ou duas cacetadas e a empresa, *"Opa, o sindicato está vindo para cima, está pegando"*, então começam a recuar um pouco e demitem o médico. Mas depois contratam outro.[39]

No que diz respeito ao melhor aparelhamento no diagnóstico de LER, conforme o médico da American Company do Brasil nos relatou, somente os casos mais graves aparecem em imagens de exames como ultrassom ou tomografias especiais, os quais, além de custosos, comprovam a existência da doença somente quando ela já atingiu a irreversibilidade:

> Na verdade, a maneira como é encarado o DORT, permite também que haja muito exagero: basta ter "nexo" e o paciente sentir, que fica caracterizado acidente de trabalho. Ora, isso é uma coisa que favorece muito o funcionário, porque se ele resolver dizer que tem dor e existir o nexo, está constatado. Então, isso gera alguma distorção. Mas, de qualquer maneira, é uma distorção que favorece o funcionário e ele tem pouca coisa que o favorece. Então, você tem que lidar com isso. Seria muito pior se colocássemos assim: *"Só vai ser considerado acidente de trabalho se eu puder demonstrar fisicamente isso, demonstrar por imagem."* E aí a gente sabe que uma grande parte deles não se demonstra por imagem, embora a pessoa sofra. Então, quer dizer, o contrário seria pior, pois aí se sacrificariam indivíduos que teriam o problema e a lesão só apareceria quando fosse quase irreversível.[40]

Essa fala mediadora do médico nos leva à seguinte indagação: se as empresas se negam a assinar acordos coletivos com cláusulas que equiparam as lesões aos acidentes de trabalho, arriscam sua imagem pública ao contratar peritos do INSS que lhes deem ganhos de causa contra trabalhadores lesionados, ou mesmo afastam estes somente sob ordem da Justiça, seria, então, tão difícil evitar tais incidentes no ambiente de trabalho, mesmo com investimentos milionários? Tudo aponta que sim. Aliás, é

---

[38] Lopes, Mauro [Um dos diretores do Sindicato dos Metalúrgicos de Campinas em 2007], cit.

[39] Idem.

[40] Cavalcante, Mário [Médico do trabalho da American Company do Brasil], cit.

razoável, senão evidente, que tais incidentes decorrem da exploração do trabalho. Como matéria viva posta diariamente sob a ação do enxugamento e da fragmentação, na trama contraditória tecida pelas empresas em suas estratégias de mercado, os trabalhadores são tratados como "peças" na engrenagem da acumulação de capital, cujo desgaste e substituição é cada vez mais rápido e visto como "banal", como aponta Dejours (2000).

A forma como os trabalhadores são atualmente explorados pela gestão flexível, em especial pela conjugação dos métodos tayloristas aos princípios do toyotismo, potencializados pela expansão das jornadas na forma de longos e sucessivos períodos de horas extras, nos remete à grotesca situação das zonas industriais inglesas do século XIX descrita por Engels (2008), sobretudo, se compararmos a atuação das "Comissões de Inquérito" nas fábricas à época com a dos atuais peritos do INSS no Brasil, conforme nos descreveu o diretor sindical acima. Tal analogia é ainda mais válida e alarmante se observarmos que o alastramento de doenças como a LER tem atingido especialmente as trabalhadoras. E nisso, a American Company do Brasil é exemplar. Segundo o seu gerente de Recursos Humanos, havia em 2005 cinco afastamentos da esfera da Produção por LER, todos de trabalhadoras, sendo que três foram realocadas na esfera da Administração, permanecendo as demais afastadas por licença médica:

> São [casos de afastamentos por LER] e, inclusive, dentre essas pessoas aqui – cá entre nós – a gente não sabe exatamente se foi comprovado que é LER, mas a gente não tem como provar se é, ou se não é. Então, na dúvida, ficou como LER. Mas são casos antigos, de 2000 para trás.[41]

E estão afastadas até hoje? "Estão. Têm pessoas que ficam dez, quinze anos. Têm pessoas que se aposentam", respondeu-nos o gerente. As atividades das duas trabalhadoras ainda afastadas não nos foram informadas. Informaram-nos, entretanto, que duas das três que já retornaram do afastamento adquiriram a doença no mesmo posto de trabalho: a máquina de retífica manual de molas, na qual as molas têm suas pontas chanfradas num rebolo. Segundo a empresa, após o afastamento da primeira trabalhadora lesionada, sua substituta adquiriu a doença no mesmo posto; só que, devido ao diagnóstico em estágio "inicial" (obviamente!), decidiu-se por transferi-la ao Almoxarifado. Ou seja, outro posto organizado sob o taylorismo! Mas, enfim, que opção caberia a essa trabalhadora após a empresa ter sido obrigada, pela Justiça do Trabalho, a readmiti-la? Uma empresa que a submeteu por anos aos métodos tayloristas iria, por acaso, readmiti-la como uma trabalhadora polivalente, depois de adoecida?

Essa trabalhadora nos concedeu uma entrevista, na qual fica muito sugestivo que ao menos uma das duas trabalhadoras ainda afastadas também adquiriu a doença nesse mesmo posto de trabalho, sendo que, além disso, houve aí o afastamento de um homem, num estágio bastante avançado de lesão:

---

[41] Ribeiro, Jorge [Gerente de Recursos Humanos da American Company do Brasil], cit.

136 *A máquina automotiva em suas partes*

> A máquina não existe mais, a que eu chanfrava mola. Ela causou muitas doenças ocupacionais, todos que passaram por lá foram afastados – inclusive eu fiquei afastada um ano, por tendinite no braço. Todos. A Marília, a Mônica, o Reginaldo [nomes fictícios] e eu. Foram os quatro que passaram lá, chanfrando mola. [...] O Reginaldo, que trabalhava pra caramba, está afastado até hoje, já faz quase oito anos de afastamento. E ele se lesionou em pouco tempo. Se afastou em 1999. Ele se lesionou mesmo! Uma lesão muita séria. [...] Porque era um serviço assim: era uma pecinha e você em movimento com a máquina. Então, você ficava assim [fez um movimento repetitivo com o braço direito]. Ficava o dia inteiro. E se você fizesse oito mil, você tinha chanfrado dezesseis mil, porque era duas vezes a mesma coisa, era dos dois lados. Hoje, houve uma mudança, tem uma máquina que faz isso. Automatizaram. Não tem mais a necessidade do homem. Foi assim que ocorreu o meu afastamento, em 1998. Trabalhei quatros anos nela para depois me afastar. Aí, quando eu retornei, eu não pude retornar mais para a produção [no caso, setor de Transformação], então eu retornei para o Almoxarifado.[42]

Que contradição: uma só máquina lesa irreversivelmente quatro seres humanos e, além de tardia, a primeira decisão tomada é substituí-los por outra máquina. Para a grande infelicidade de todos, contudo, o foco da epidemia de LER na American Company do Brasil não está na maquinaria, mas numa função estritamente manual e que não pode ser automatizada: a "seleção visual" dos produtos, feita exclusivamente por mulheres.

A força de trabalho na planta é majoritariamente masculina. Os únicos dados fornecidos pela empresa sobre gênero (no caso, pela gerência de Recursos Humanos), foram porcentagens por esferas de trabalho. Na esfera da Administração, as mulheres ocupam 25% dos postos e, segundo pudemos observar, não estão em nenhuma das gerências de áreas, nem na diretoria. Na esfera de Apoio, ocupam 36% e vê-se que sua presença é maior na limpeza e alimentação. Na esfera da Produção, ocupam apenas 19% dos postos e mesmo assim, a maioria das funções organizadas sob o princípio da polivalência, como o cargo de operador-ajustador, é estritamente reservada aos homens, devido a atividades nas máquinas como a troca de ferramental e a alimentação com as matérias-primas, que, segundo o gerente de Recursos Humanos, demandam "esforços físicos excessivos".

É provável, portanto – e seria perceptível a qualquer um se lhe fosse dado observar todos os setores da esfera da Produção –, que grande parte dessa marca de 19% das operárias estejam empregadas na função de "seleção visual" das *flapper*. Porque a chamada "Qualidade 100% Assegurada" só é feita *in loco* (ao "ao pé da máquina" pelos operadores-ajustadores, como dizem na empresa) no caso das molas e dos estampados mais grossos. No caso dos estampados delicados como as *flapper*, sua totalidade é encaminhada a pequenas salas adjacentes às células, separadas das máquinas por divisórias envidraçadas que as lacram completamente. Ali, sob temperatura e umidade controladas, com aventais, luvas e máscaras cirúrgicas, trabalhadoras inspecionam, em

---

[42] Luíza, Maria. Depoimento [entrevista realizada com trabalhadora da American Company do Brasil em 2006]. Entrevistador: Geraldo Augusto Pinto. Campinas, SP: [s. n.], 2006. 2 cassetes sonoros (120 min.) [Arquivo pessoal do pesquisador].

bancadas muito iluminadas e com o auxílio de lupas, uma por uma das *flapper*, em lotes de milhares por dia, antes de serem liberados às empresas clientes. Por que somente mulheres trabalham nesse local? Responde o gerente de Recursos Humanos:

> Nós já até tentamos colocar homens lá, mas não deu certo. Tem que ser mulher. Porque elas têm uma sensibilidade, uma atenção maior, elas são mais minuciosas, então, nessas áreas, que são determinadas, logicamente, é mulher que temos de contratar. No restante, tirando um lugar em que não se faça muito esforço, não fazemos nenhuma distinção.[43]

Além da discriminação de gênero nas contratações, a "naturalização" de tais aspectos acaba permitindo às gerências e supervisões exigir das mulheres contratadas um esforço físico desumano no trabalho. E como a "seleção visual" dos produtos é por excelência regida pelos métodos tayloristas, as lesões explodiram nessa função. Vale a pena destacar aqui a observação de um dos diretores do Sindicato dos Metalúrgicos de Campinas a respeito, feita de forma totalmente espontânea, pois tratávamos naquele momento da sua entrevista da inserção das mulheres no movimento sindical e não de acidentes ou doenças no trabalho:

> As mulheres começaram a ter espaço nas fábricas em muitos serviços em que o homem demorava mais. A mulher era mais ágil e foi quando ela começou a ter esse espaço. Eram os serviços de separar pequenas peças, esse tipo de seleção. Por isso foi que apareceu nos anos 1990 a tal da LER. Eram os serviços que as mulheres faziam com muito mais agilidade que os homens, serviços com esforços repetitivos e que veio trazer esse fenômeno. A mulher deve ter uma sensibilidade muito maior para esse tipo de serviço, de observar, de separar. E elas começaram a ter LER. Os homens não tinham LER porque eram lentos, mas as mulheres para fazer esse serviço eram muito mais ágeis. Acabou tendo esse problema, exigido o serviço repetitivo. Porque o homem fazia um pouquinho e saía, ia fazer outro serviço. E as mulheres vieram específicas para aquilo, ficavam lá o dia inteiro só separando pecinha.[44]

É estarrecedor como, ao mesmo tempo em que se lhes nega o acesso aos postos regidos pela polivalência na esfera da Produção, devido a um suposto "esforço físico excessivo", são as mulheres, por outro lado, "aproveitadas" em postos regidos pelo taylorismo mais escancarado, onde o sobretrabalho que se lhes extrai é fundado exatamente sobre a sua capacidade física. E isso fica ainda mais contrastante com a observação do gerente de Recursos Humanos de que as mulheres são mais suscetíveis às LER justamente pela sua estrutura física mais frágil:

> Eu diria que 90% dos casos que nós tivemos [de LER], e alguns casos realmente eram procedentes, a maior incidência eram mulheres, pois a mulher tem uma consistência osteomuscular mais frágil do que a do homem. Então, o homem não tem tanta incidência quanto a mulher. Isso também foi constatado, mediante estudos aí, que a gente se aprofundou mais e pôde entender que isso, realmente, tem fundamento.[45]

---

[43] Ribeiro, Jorge [Gerente de Recursos Humanos da American Company do Brasil], cit.

[44] Francisco, José [Um dos diretores do Sindicato dos Metalúrgicos de Campinas em 2006], cit.

[45] Ribeiro, Jorge [Gerente de Recursos Humanos da American Company do Brasil], cit.

138   *A máquina automotiva em suas partes*

A American Company do Brasil promoveu, devido ao "surto" de LER na "seleção visual" da qualidade, uma ampla reforma ergonômica nos postos de trabalho dessa função. Mas, apesar de ter diminuído a incidência de novos casos, o problema não foi solucionado, pois, evidentemente, não está na concepção do espaço físico, mas na própria gestão do processo de trabalho. O gerente de Recursos Humanos, em que pese seus elogios às condições ergonômicas da planta de Campinas, deixa transparecer, em suas palavras, que tem noção do que está por trás desses problemas, ao revelar que não apenas os ritmos e volumes de trabalho foram ampliados, como a retirada de trabalhadores com suspeita de lesão das funções de maior risco é uma decisão habitual na empresa:

> Com o advento da tecnologia, da globalização e tudo mais, também começou a se exigir maior produtividade, maior ritmo e volume de trabalho. Também se você não começar a olhar isso e aplicar as novas técnicas existentes, fazer um trabalho como nós fizemos [ou seja, levando em conta a Ergonomia], você pode aumentar os casos. Então, houve empresas que tiveram seus casos aumentados por não terem observado isso. E nós temos também um procedimento: quando começa a dar problemas, o pessoal começa a reclamar de dor, vai ao Ambulatório e o médico, tendo uma leve suspeita, mesmo que não seja alguma coisa relacionada aos movimentos do trabalho, ele pede para o funcionário trocar de função, onde não se trabalham aqueles grupos de músculos ou tendões. Então, nós fazemos um *job rotation* rápido: ele vê lá, muda por dez dias, quinze dias; mas, se é uma inflamação leve e não é devida ao trabalho, mas está se agravando, então muda por mais quinze dias, depois volta, tranquilo. Faz-se um acompanhamento.[46]

É incrível como a decisão de alterar a divisão das atividades ou mesmo a organização dos postos de trabalho, tal como estão, é tomada, ao que tudo aponta, em última instância. O que, no mínimo, denuncia o quanto a gestão do trabalho na planta de Campinas, com toda a sua aparente flexibilidade, é na verdade rigidamente ajustada para a maximização da produção de mercadorias, em detrimento da preservação da saúde dos trabalhadores. Enfim, as formas, o ritmo e o volume das atividades de trabalho nos postos que adoecem são mantidos intactos e uma prova contundente disso são as gerências, contrariamente ao que dizem, se verem sem saída ao buscar realocar em outras funções as trabalhadoras adoecidas na "seleção visual" da qualidade, como atesta o médico:

> Só quando a pessoa tem alguma coisa [sintoma da doença], ela vai, fala comigo e aí eu mando uma cartinha [à gerência de Recursos Humanos], dizendo que eu quero que durante três meses, pelo menos, ela não trabalhe nesse tipo de coisa. Aí gera problema! *"Mas, Doutor, onde eu vou pôr ela!?"* [retruca o gerente]. Aí eu chego lá [passado um tempo] e mudaram: em vez dela [a trabalhadora com suspeita de lesão] fazer "assim", agora ela está fazendo "assim" [ilustra, então, dois movimentos repetitivos feitos na "seleção visual" com a mão, com uma mudança inócua de sentido]. Entendeu? Por quê? Elas foram contratas para esse tipo de trabalho. Às vezes, eu até aceito, porque mudou o grupo muscular. Em vez de ela fazer "isso" [movimenta a mão como quem empurra], ela começou a fazer "isso" [movimenta a mão como quem gira uma manivela], então eu digo: *"Tudo bem, pelo menos é outro grupo*

---

[46] Idem.

muscular". Mas, no fundo, o trabalho é repetitivo para essa classe. Por quê? Porque esses indivíduos valem pela sua força física e pelo seu desempenho, não valem pela sua cabeça. Já o "grupo intermediário" [os operadores-ajustadores e os supervisores] pode valer pela sua cabeça.[47]

Ao falar assim, o médico nos lembrou o gerente de Produção que já havíamos entrevistado e cuja fala (exposta no capítulo anterior) reproduziremos novamente aqui:

O que eu vejo, até hoje: a gente é bastante taylorista ainda. Eu acho que na maneira da gente trabalhar aqui, usamos muito ainda da filosofia, da teoria de Taylor. Em relação à divisão das tarefas, dividimos muito as tarefas, cronometramos muito: a gente controla tempo. Ainda tem muito disso aqui. Porque como são altas produções, altas escalas, se você não trabalhar com essa teoria, você não consegue ter produtividade, ter produção. Então, em algumas células e em alguns postos de trabalho, se você for parar e ficar olhando, é Taylor puro! É assim, nós dividimos a tarefa: *"Olha, você só vai cortar, só vai montar, só vai dobrar, você vai embalar e para você fazer isto vai ter um tempo-padrão para essas atividades e você vai ser controlado por isso"*.[48]

Instigados por esta questão, isto é, o uso estratégico da combinação entre os métodos tayloristas e toyotistas na empresa, perguntamos ao médico, sem mencionar a opinião do gerente de Produção, o que ele achava sobre a atualidade do taylorismo na gestão do trabalho no chão de fábrica da planta de Campinas. Estas foram as suas palavras:

Agora ela [a planta de Campinas] está "mais japonesa", não é? Mas isso não é todo mundo. Aí estamos falando de grupos diferentes. O sujeito que faz isso [a polivalência], faz várias coisas ao mesmo tempo, esse não [se] acidenta muito, ele pertence ao "grupo médio" da empresa. O grupo "mais baixo", ele continua fazendo sempre a mesma coisa. [*"Trabalho rotinizado?"*, nós perguntamos] É. Aquele que trabalha no tamboreamento: é sempre o mesmo cara. O chefe dele está fazendo várias coisas, o intermediário está fazendo várias coisas. Mas a "parte baixa da pirâmide" está lá fazendo aquela mesma coisa. E, de preferência, não muda porque cai o rendimento, entendeu? Quer dizer: o cara que tamboreia é sempre o mesmo e as meninas que fazem aquilo [a "seleção visual" da qualidade], elas não fazem outra coisa, elas só fazem aquilo, porque elas são treinadinhas. Aquilo é uma rapidez! Milhares de peças por dia! Então, isso não muda, elas não.[49]

Esclarecendo-o acerca dos principais elementos dos sistemas de gestão flexível do trabalho, como o toyotista, indagamos ao médico se ele observou, no decorrer das mudanças advindas dos *kaizen* na American Company do Brasil, alguma variação nos tipos e níveis de sofrimento no trabalho, na acepção de Dejours (2004), pois, uma das finalidades dessas mudanças, ao que apontam as falas das gerências de Melhoria Contínua, de Produção e, principalmente, de Recursos Humanos, foi melhorar as próprias condições de trabalho, evitando-se, por exemplo, movimentos repetitivos. Sua resposta foi rápida e direta ao ponto:

---

[47] Cavalcante, Mário [Médico do trabalho da American Company do Brasil], cit.

[48] Munhoz, Walter [Gerente de Produção da American Company do Brasil], cit.

[49] Cavalcante, Mário [Médico do trabalho da American Company do Brasil], cit.

Não. A verdade é que [essas mudanças] foram feitas para melhorar rendimentos. Porque o trabalho repetitivo, pelo menos nesta empresa, continua igual. Na verdade, eu não estudei muito isso, até por falta de interesse. Uma razão pela qual deixei [de atender na empresa] é porque estou velho e não estou mais com cabeça para aprender coisa nova. Então, eu prefiro desenvolver minha área aqui [na Unicamp, como docente em Gastroenterologia]. Então, eu não tenho uma opinião formada sobre isso, não. Mas eu não vi diferença para o lado dos funcionários. Pelo contrário, até as coisas repetitivas pioraram! Então, veja: um funcionário fica assim [ilustra movimentos repetitivos] oito horas por dia, durante seis dias por semana, se não fizer hora extra, o que frequentemente faz. Ele pode e, evidentemente, vai ter algum problema. Aí, a gente lida com uma possibilidade, você diz assim: *"Vamos alternar essas pessoas?"* A empresa faz um pouco isso, mas ela alega o seguinte: *"Esse funcionário está treinado, se eu for fazer todo mundo rodar por isso aqui a minha produtividade cai demais, entendeu? Se cada vez eu for botar um novo [trabalhador] para fazer isso..."*. É obvio que aquele que está lá, treinadinho, ele faz. Então, esse tipo de "acidente" [a LER] aumentou, embora, na minha visão, a empresa também melhorou: contratou fisioterapeutas, contratou pessoas que dão ginásticas. Então, essas pessoas que fazem as coisas repetidas, elas param, religiosamente, duas ou três vezes por dia para fazer alongamento. Inclusive os chefes param, para dar exemplo. Mas isso não tem sido suficiente. Por quê? Porque a empresa, quando tem um aperto qualquer de produção, ela praticamente obriga as pessoas a fazer hora extra. "Obriga", entre aspas, porque ela fala assim: *"Quem pode fazer hora extra?"* O cara que reiteradas vezes não puder, ele fica meio marcado, entendeu? Isso os funcionários falam, isso não é a minha visão, isso é o que os caras me falam.[50]

Aqui, aliás, está dada a chave para a compreensão do avanço de doenças crônicas como a LER não apenas nas funções da planta de Campinas organizadas sob os métodos tayloristas, mas nas demais. Sim, porque tais doenças surgiram primeiramente em alguns postos críticos, depois se alastraram na "seleção visual" da qualidade. Combatida a sua elevação (não sua incidência) setorial, elas se manifestaram generalizadamente na planta, levando as gerências e supervisões a reorganizar de forma ergonômica todos os postos de trabalho e a instituir a obrigatoriedade da ginástica laboral em todas as esferas de trabalho.

A chave está em observar que esse "surto" de doenças, como a LER, na indústria automotiva brasileira, ocorreu num contexto – a década de 1990 – em que as empresas foram extremamente pressionadas pelas adversidades da abertura comercial e da concorrência globalizada, pelos altos juros e baixo crescimento interno do país. Pressões que, evidentemente, foram repassadas aos trabalhadores, os quais, além da desindexação salarial, também enfrentaram o elevado desemprego e as sucessivas terceirizações. Um contexto em que os elementos fluidos nas relações de trabalho (relembrando o capítulo anterior), como a lealdade dos trabalhadores com as empresas, assumiram formas coercitivas – sutis, sem dúvida, mas, por isso mesmo, muito eficazes. E, se retomarmos o quadro 2 (apêndice B), temos que em segundo lugar na escala de importância numa contratação para a esfera da Produção da American Company do Brasil, acima até mesmo da aprovação do candidato em testes de seleção da empresa, está a sua disponibilidade para turnos diferenciados.

---

[50] Idem.

Como já demonstramos, a empresa veio operando, ao longo dos anos 1990, com um quadro cada vez mais enxuto de trabalhadores efetivos, pois, nos picos de produção, utilizam-se de temporários. Estes somente são contratados quando se atinge o limite máximo de uso intensivo da força de trabalho da planta, ou seja, quando os seus efetivos estão totalmente concentrados nas atividades críticas e realizando, além das jornadas normais, longos períodos de horas extras. Tudo isso deixa claro que a realização de horas extras é, nessa empresa, um mecanismo central da sua gestão e os trabalhadores, realmente, têm de se submeter a isso desde o momento em que aí se candidatam para trabalhar, segundo diz o gerente de Recursos Humanos:

> Às vezes a pessoa, para trabalhar em três turnos, tem que trabalhar no sábado. Então, uma das coisas que a gente pede, como requisito na contratação, inclusive a pessoa coloca [no currículo], se concorda, é a disponibilidade de horário. Seja para trabalhar num certo turno, seja para fazer uma eventual hora extra num sábado ou até num domingo.[51]

As palavras do médico diferem um pouco das do gerente e vão ao encontro das nossas observações, ao enfatizarem mais a frequência "cíclica" do processo que a sua "eventualidade":

> É meio cíclico: tem períodos de muita hora extra e tem períodos de pouca hora extra. Mas tem períodos de muita hora extra! Tem períodos que, de sábado e domingo, parece que a fábrica está normal![52]

De fato, pudemos constatar junto aos trabalhadores exatamente essas mesmas opiniões. É tão sintomática, aliás, a gravidade desse assunto na empresa, que os trabalhadores que entrevistamos pareciam evitar ao máximo falar sobre isso, principalmente quando tentávamos demarcar o início desse processo de elevação das horas extras e seus motivos. Em nenhum outro momento, nem mesmo quando falamos sobre os acidentes de trabalho, percebemos tamanha insegurança em nos responder. Uma antiga trabalhadora da esfera da Produção, ingressa em 1983 na planta, falou-nos sobre como o aumento das horas extras passou a ser uma medida praticamente obrigatória na empresa, sem, contudo, apontar datas:

> Na minha época, eles [os gerentes] escalavam para fazer: *"Olha: estão precisando de tantas horas extras"*; *"Têm tantas peças para entregar"*; *"Têm algumas peças críticas, dá para você vir?"* Mas, hoje, agora, de uns tempos para cá, o que acontece é que as pessoas [as gerências] já nem falam. Você já está escalado: você vai vir sábado e domingo, entendeu?[53]

A mudança, na visão dessa trabalhadora, não tem sido apenas no modo como a gerência solicita (se não institui) as horas extras, mas também no modo como os trabalhadores disputam-nas, tanto por melhorias no salário quanto para manter um bom relacionamento dentro da empresa:

---

[51] Ribeiro, Jorge [Gerente de Recursos Humanos da American Company do Brasil], cit.

[52] Cavalcante, Mário [Médico do trabalho da American Company do Brasil], cit.

[53] Sílvia, Ana. Depoimento [entrevista realizada com trabalhadora da American Company do Brasil em 2006]. Entrevistador: Geraldo Augusto Pinto. Campinas, SP: [s. n.], 2006. 2 cassetes sonoros (120 min.) [Arquivo pessoal do pesquisador].

142 A máquina automotiva em suas partes

Porque na minha época [anos 1980] era assim: *"Olha, estão precisando, quem vai poder vir? Você pode vir?"* Porque às vezes você já tinha um compromisso, então você não vinha. Agora, eu, naquela época, eu me disponibilizava sim. Eu falava assim: *"Eu, durante a semana, se eu puder ficar, eu fico de segunda-feira a sexta-feira [além da jornada normal] e venho no sábado, até meio-dia, dependendo da necessidade das peças"*. E como eu, naquela época, fazia isso, creio que hoje também existam muitas outras pessoas que façam isso também, porque chega o final do mês, você tem um dinheiro a mais. Porque além da necessidade da empresa, tem muita gente que faz esse tipo de coisa: se coloca na frente para que o outro... Não é? *"Ah! Eu estou precisando, eu estou pagando a prestação do carro, eu estou reformando a casa, ou..."* Enfim. Como também existem pessoas que não gostam de fazer horas extras e fazem por causa, tipo assim, para não perder... para não ficar queimado, *"Não vou me queimar"*. Então, a pessoa vem. Acho que as duas coisas acontecem. E, logicamente, mais aquelas em que as pessoas se propõem a fazer.[54]

O médico da empresa, em sua entrevista, não somente aludiu a esse comportamento dos trabalhadores, como expôs as dificuldades por ele enfrentadas ao tentar inibi-los:

Então, eu falo para eles: *"Minha filha, se você está com dor, não vai fazer hora extra!"* Ela diz: *"Doutor, não dá para não fazer."* O nego chega para mim e fala que tem que fazer, ou *"Você não colabora..."* É meio sentimental o negócio. Mas sentimental é um disfarce. Na verdade, é muito prático: ou você entra no jogo ou você não serve! Mas ninguém fala isso. Então, esse tipo de acidente [LER] aumentou bastante. Embora, talvez seja, do lado do médico, do lado da empresa, a coisa que mais recebeu investimento no sentido de: *"Trabalhe que a gente cuida disso"*. Veja, não é um: *"Não trabalhe"*. É: *"Trabalhe, que a gente dá apoio, faz uma ginástica etc. etc."*.[55]

A realização de horas extras é também frequente na esfera da Administração e, apesar das melhores condições de trabalho de que dispõem seus assalariados, os casos de doenças crônicas como a LER para lá já se alastraram, também. Segundo a enfermeira da planta:

Quem mais emenda mesmo é a Administração. Então, ficou praticamente normal [as horas extras na planta]. [No caso da Administração, o esquema de horas extras] [...] é diferente: nós [da Produção], às 17h00min, nós vamos embora, e muitas vezes eles ficam até 17h30min, 18h00min, 19h00min e depois eles tiram essas horas. Quando emendam, são poucas as pessoas que vêm. Por quê? Porque já tem muita hora que tem que ser descontada. Mas a lesão existe lá.[56]

Forma-se uma "cadeia de pressão", em cujo vértice está o Northern Group Inc. e seus acionistas, que pressionam a alta administração da American Company Division por taxas elevadas de acumulação de capital, sendo que esta, por sua vez, retransmite tal pressão às diretorias e gerências das plantas filiais, como a de Campinas. Pela descrição do médico dessa planta, tal pressão contradiz os investimentos

---

[54] Idem.

[55] Cavalcante, Mário [Médico do trabalho da American Company do Brasil], cit.

[56] Beatriz, Maria [Enfermeira da American Company do Brasil], cit.

realizados pelo Northern Group Inc. em melhorias nas condições de segurança e saúde no trabalho:

> A pressão é muito mais do que você imagina. É muito mais! É assim, olha, eu já vi isso lá: *"Olha que ano bom! Aumentamos não sei o quê! Então, esse ano temos que dobrar isso."* Não é assim: *"Pô, legal e tal!"* Não: *"Pô, sem aumentar a fábrica vocês conseguiram isso? Então dá para mais! A gente aumenta 1/5 e vocês aumentam 2/5"* [Ele está interpretando aqui a American Company Division e sua direção geral, com relação às plantas, como a do Brasil e, por conseguinte, a atitude das gerências de fábrica para com os trabalhadores]. Entendeu? *"A gente faz um aumento físico, melhora isso e aquilo, mas vocês têm que produzir o triplo do que eu estou dando."* Entendeu? Então, essa é a pressão forte. E todo dia é assim: *"Olha, vão fechar a fábrica em tal lugar, porque o lucro caiu!"*, *"Olha, vamos pegar umas máquinas da empresa dos Estados Unidos que era decadente, não estava dando lucro e os caras fecharam."* Então, fica assim: todos os funcionários sabem que, ou dá lucro, ou acaba. [...] O diretor [da planta de Campinas] falava muito isso: *"Não adianta eu apresentar resultados ótimos achando que vêm cumprimentos pelo resultado."* Não. É assim: *"Se você conseguiu fazer isso, esse ano vai fazer o dobro."* Por quê? *"Porque precisa ter um lucro maior, porque os acionistas estão pressionado..."* Então, isso faz que a coisa [as doenças, como a LER] piore.[57]

Percebe-se, portanto, um conflito entre os níveis hierárquicos no mecanismo da acumulação de capital, entre as metas estabelecidas e as condições de realizá-las. Se há investimentos em segurança e saúde, a pressão para que se aumente a produtividade praticamente elimina toda segurança individual e deita por terra os esforços pela saúde dos trabalhadores. Prossegue em sua descrição o médico da planta de Campinas:

> E, mais recentemente, o que eu observei também, em função dessa "sanha de produzir", de aumentar o rendimento e tal, a gente observa pequenos acidentes decorrentes de um pouco de estafa, um pouco de distração: um machuca um dedo, outro corta um negocinho no braço. Eu não observei um aumento das coisas graves, até pelo contrário: as coisas graves foram prevenidas pela própria empresa. Embora tudo isso seja um jogo, assim, entre a economia e o bem-estar do funcionário: quer dizer, você vai até um ponto, também, em que a empresa possa fazer, afinal a finalidade dela é gerar lucro, e com isso gerar emprego. Se ela não gerar lucro e só conforto, ela cai. [...] Na empresa em que eu trabalho[58], existe essa "obsessão de produção" e eu discuto isso várias vezes com eles: *"Gente, eu não quero que as meninas da seção tal façam horas extras."* Não é possível trabalhar cinquenta horas por semana, fazendo a mesma coisa![59]

Entre as principais características do sistema toyotista, está a sua sustentação sobre um número mínimo de trabalhadores e na realização de pesadas cargas de horas extras, o que se revela pela impressionante quantidade de horas trabalhadas na Toyota: são 2.300 horas/ano em média, contra 1.650 dos operários da Volvo,

---

[57] Cavalcante, Mário [Médico do trabalho da American Company do Brasil], cit.

[58] Na ocasião da entrevista, fazia tão pouco tempo que o médico havia encerrado o seu contrato, em vista dos muitos anos em que atendeu na planta, que às vezes se referia à empresa como se nela ainda trabalhasse.

[59] Cavalcante, Mário [Médico do trabalho da American Company do Brasil], op. cit.

144 *A máquina automotiva em suas partes*

Volkswagen, Ford, GM e Renault, na Bélgica. Isso não raro resulta em mortes por excesso de trabalho, o *karoshi*, fato bastante conhecido nas empresas japonesas (Gounet, 1999). Na American Company do Brasil, as horas extras, feitas sob a pressão pelo aumento crescente da produtividade e da qualidade, num ambiente em que o controle horizontal entre os trabalhadores nos times é permeado pela combinação entre o cronômetro taylorista e a polivalência toyotista, formam, no mínimo, um grande nexo causal para as doenças do trabalho como a LER. E isso está expresso, de maneira contundente, na opinião geral dos entrevistados. Disse-nos a enfermeira da planta:

> Gerou muita hora extra [a introdução da gestão flexível]. Você trabalha no seu horário normal e você vem no sábado e no domingo. Você já está cansado e não descansa. Tem pessoas aí que trabalham de domingo a domingo! Ela não tem um descanso! Não tem um tempo para ela mesma. [...] Se você analisar, hoje – talvez eu nem poderia estar falando isso para você – a gente deve estar com uns 300 funcionários: eu acredito que 150 têm dores, pelo que eu observo.[60]

A mesma opinião é compartilhada por um trabalhador da esfera da Produção:

> Sabe o que eu penso? No meu modo de pensar, o que aconteceu? Não que antigamente não tivesse hora extra. Sim, sempre teve. Só que hoje é mais. Porque o pessoal trabalha sete dias por semana, não só os homens como as mulheres. A pessoa não tem tempo para se sentir em casa, para ter um lazer com a família, para nada. Ela simplesmente trabalha sete dias por semana e aqui também não tem... É só o horário de almoço e trabalhar, trabalhar e mais trabalhar. Então isso sufoca! Eu não acredito que com isso aí você produza mais. Por quê? Você trabalha cinco dias por semana e descansa dois, você dá uma relaxada. Quer dizer: na segunda-feira, terça-feira, quarta-feira..., lá para quinta-feira é que você começa, talvez, cair um pouquinho. Mas, se você trabalha toda a semana, direto, na terça-feira você já não tem mais pique. Então, eu não consigo entender como que eles veem isso daí. Então, eu acho que esse é o motivo da dor, que a pessoa tem mais dor.[61]

O médico da empresa, por fim, sem qualquer informação acerca das respostas obtidas nas entrevistas que realizamos, com os trabalhadores e gerentes, sobre esse assunto, declarou:

> A pressão de produção e o excesso de mão de obra, também são fatores que pioram: uma ansiedade danada para não ser mandando embora! Você trabalha mais do que pode, você se esforça mais do que pode. Então, eu tinha uma briga constante lá: *"Doutor, estou com dor nas costas, tenho que pegar [cargas pesadas]..."* Eu dizia: *"Mas por que é que você pega? Eu já não falei que não é para você pegar!"* E [o trabalhador] responde: *"Doutor, seu eu não pegar, eles me tiram de lá. E eles vão pegar um outro que aceita"*. Embora haja proibição, legal, porque eu estipulo lá, *"Você pode pegar até tanto"*, embora haja essas proibições, *"Se eu começar a negar, eles me trocam e me põem num lugar pior"*. Aí, você fala assim: *"Pô! Mas*

---

[60] Beatriz, Maria [Enfermeira da American Company do Brasil], cit.

[61] Flávio, José. Depoimento [entrevista realizada com trabalhador da American Company do Brasil em 2005]. Entrevistador: Geraldo Augusto Pinto. Campinas, SP: [s. n.], 2005. 2 cassetes sonoros (120 min.) [Arquivo pessoal do pesquisador].

o chefe é um sujeito de mau caráter!" Não. Não é não. Ele também é pressionado. É uma cadeia de pressão. E pesada, a pressão que vem lá de fora! [ou seja, da matriz e do grupo].[62]

Indagada sobre o efeito das mudanças advindas do *kaizen* (como a automação, a celularização, a polivalência e a organização do trabalho em times) e das intervenções ergonômicas sobre a incidência de doenças do trabalho na planta, a enfermeira nos respondeu:

> Pelo o que eu observo, houve toda essa mudança: tem ergonomia, tem cadeiras adequadas, mas as dores estão assim..., muitas! Pelo que eu tenho notado. Muitas dores. E em vários setores, não tem diferença de setores não. Dor de cabeça, dor muscular, dor relacionada ao trabalho. Houve toda essa mudança, mas as dores parece que aumentaram! [...] Entram hoje e com seis meses estão com dores. As pessoas vinham apresentar dores com anos [de trabalho], não era uma coisa que apresentava... [logo no início]. E o trabalho era mais rápido do que hoje.[63]

Essa fala nos permite adentrar em uma dimensão ainda mais poderosa da manipulação subjetiva operada pela gestão flexível. A polivalência, ao aglutinar funções pela compactação de suas atividades em um número menor de postos e deslocar, constantemente, os trabalhadores entre distintos setores, contribui para turvar a percepção que estes desenvolvem acerca da própria produtividade e, portanto, da exploração a que estão submetidos nas jornadas. Falamos aqui de algo que, no capítulo anterior, apontamos como uma espécie de "cortina de fumaça" que leva os trabalhadores à autoexploração.

Em outros termos, enquanto no taylorismo a associação visual que o trabalhador faz entre o ritmo das tarefas repetitivas e o volume de trabalho que produz, lhe dá certa noção da própria produtividade em uma jornada, no toyotismo, tal associação visual é rompida. Pois, ao agregar distintas funções, em constante mudança, sob a execução de um só trabalhador, a polivalência tende a lhe causar a percepção ilusória de que sua produtividade está fora de controle ou, o que é mais doloroso, estagnada ou reduzida. Mesmo porque, a fadiga decorrente do trabalho nessas condições, não está acompanhada de um parâmetro que deixe claro aos trabalhadores quanto estão se superando em sua produtividade.

A enfermeira entrevistada nos dá um exemplo disso. Com curso técnico concluído em enfermagem à época da pesquisa e preparando-se para o ingresso no ensino superior na mesma área, até 1998 ela havia trabalhado na função de "seleção visual" da qualidade na planta de Campinas. Apesar de tal função estar entre as mais taylorizadas da planta, as gerências – segundo deixa entrever o seu relato – também estão exigindo aí certa polivalência, no mesmo esquema de agregar mais atividades rotinizadas em menos postos. O interessante, contudo, é que embora tal aumento de atividades por postos chame a atenção da trabalhadora, isso ao mesmo tempo lhe confunde a percepção sobre a produtividade do trabalho:

---

[62] Cavalcante, Mário [Médico do trabalho da American Company do Brasil], cit.

[63] Beatriz, Maria [Enfermeira da American Company do Brasil], cit.

146 *A máquina automotiva em suas partes*

Eu acho que hoje melhorou. Era mais rápido. [...] Eu cheguei a trabalhar na sala das meninas [na "seleção visual" da qualidade]: a gente fazia doze mil peças no "visual". Uma fazia e a outra corrigia. Hoje, elas fazem todo esse processo: corrigem, embalam, fazem tudo. E fazem oito mil! Mas eu acho que as dores hoje estão piores, com toda essa mudança [ou seja, as trabalhadoras supostamente fazem menos e adoecem mais]. Eu, como trabalho no Ambulatório, comento sempre com o doutor: *"As dores estão piores, as pessoas estão reclamando mais. Será que é a pressão? Será que eles estão trabalhando com muita pressão e está ocorrendo tudo isso?"* Houve, sim, uma grande mudança. Mas as dores hoje estão maiores. Tem pessoas que acreditam: *"Ah, melhorou..."*. Não melhorou! Eu que estou no Ambulatório tenho certeza disso.[64]

Antonio Gramsci (1990), que vivenciara apenas o início da expansão da gestão taylorista/fordista do trabalho, observou genialmente que, embora esse sistema não permitisse aos trabalhadores uma compreensão global da complexa cadeia de labores na qual estavam inseridos, por outro lado, tal condição de extrema especialização, após certo período de experiência, lhes garantia um melhor controle das operações físicas e cognitivas que realizavam, permitindo-lhes, ao menos, adaptar-se melhor às jornadas diárias e ter uma noção mais tangível da própria produtividade, com base no tempo. Os sistemas de gestão flexível, como o toyotista, ao quebrarem rotinas e exigirem frequentes adaptações dos trabalhadores às funções, seja pela aglutinação de atividades e responsabilidades distintas num mesmo posto, seja pela alternância dos trabalhadores em postos diferentes, torna complexa e cada vez mais intangível uma noção da sua própria produtividade, com base no tempo da sua jornada diária. E, junto dessa constante sensação de incerteza, está a pressão das gerências, como expressa a fala desta trabalhadora da "seleção visual" da qualidade:

Antes a gente não tinha tanta pressão. [Era assim:] *"Olha, você tem que fazer isso"*, e a gente fazia. Hoje não, estão cobrando cada vez mais. Eu acho que... Não sei, quando você deixa a pessoa trabalhar mais à vontade, não é tão cobrada... A gente não era cobrada. Era um serviço gostoso, sabe? A gente trabalhava cantando, era assim uma turma animada. Hoje não, hoje é tudo diferente. E a gente sempre comenta daquela época: *"Como mudou, não é? A gente era diferente! A gente cantava, era uma alegria"*. Hoje não, cada um só pensa em produzir, produzir! E parece que o resultado não é o mesmo de antes.[65]

Os trabalhadores, ao passo que assumem mais funções nas empresas, mais perdem o sentido do seu trabalho, contradizendo todas as expectativas gerenciais, pois, a intenção de tais mudanças, supostamente, foi lhes atribuir maior poder de intervenção no destino da empresa e maior abertura à sua capacidade criativa. A tentativa de garantir sentido a tais mudanças e a ilusão de que suas capacidades foram estagnadas ou reduzidas – quando deveriam, acusam os proprietários dos meios de produção, aumentar – os impulsiona, contudo, a produzir e esgotar-se cada vez

---

[64] Idem.

[65] Tereza, Maria. Depoimento [entrevista realizada com trabalhadora da American Company do Brasil em 2006]. Entrevistador: Geraldo Augusto Pinto. Campinas, SP: [s. n.], 2006. 2 cassetes sonoros (120 min.) [Arquivo pessoal do pesquisador].

mais, perfazendo uma espiral autoexploratória que é elevada à máxima potência no ambiente dos times, das premiações e da PLR.

Em uma retrospectiva histórica, pode-se afirmar que a alienação do trabalho sob a acumulação capitalista – já decorrente da separação dos meios e das finalidades da produção dos próprios produtores e sua redução à condição de assalariados – sofreu uma significativa ampliação, em sua dimensão não apenas corpórea, mas cognitiva, quando, com o advento do taylorismo e do fordismo, a assimilação de parcela importante do conhecimento dos operários pelas gerências resultou na imposição, àqueles, em suas jornadas de trabalho, de planos rígidos e tarefas padronizadas, estritamente controladas pelo tempo.

O intuito do capital era extinguir definitivamente o conhecimento operário acerca dos resultados potenciais da produtividade do seu trabalho cooperado no nível coletivo mais global, ou seja, a noção do valor que sua força de trabalho agrega aos produtos e serviços ofertados pelas empresas no mercado. Não se atingiu, contudo, o conhecimento acumulado pelos trabalhadores acerca dos resultados potenciais da produtividade que alcançam ao nível dos postos que ocupam. Especializados em funções rigidamente determinadas pela padronização taylorista/fordista, os trabalhadores passaram a engendrar formas de labor "invisíveis" às gerências, moldando, a seu favor, as prescrições que lhes eram impostas. E, assim, "driblando" o cronômetro e a esteira rolante, lograram novamente intervir, ainda que parcialmente, na produtividade do seu trabalho cooperado em nível global.

A gestão flexível, em especial a toyotista, lançou-se exatamente sobre esse conflito de interesses entre operariado e gerências, buscando transformá-lo em algo proveitoso à acumulação de capital. Apoiados na concentração oligopólica da propriedade privada e amparados por medidas governamentais que flexibilizaram o comércio de mercadorias, entre as quais a própria força de trabalho, os atuais proprietários dos meios de produção foram sagazes em combinar a manipulação da subjetividade dos trabalhadores com a coerção sobre a sua condição de assalariamento, colocando com isso, gerências e operariado (ambos assalariados) como "parceiros competidores" na condução do destino das empresas no mercado. A polivalência foi fundamental nesse empreendimento, pois, ao promover, mesmo que no limite da coerção ou da artificialidade, a maior cooperação inter e intra níveis hierárquicos, ela permitiu ofuscar a apropriação desigual dos resultados dessa relação no nível dos postos individuais, facilitando às gerências a tarefa de extrair do operariado maiores taxas de sobretrabalho nas jornadas – pois este se torna intangível à observação mais direta baseada no tempo e no desempenho imediato das funções.

Em síntese, separados dos meios e das finalidades do seu labor pela instauração do assalariamento e tendo sofrido graves perdas do conhecimento que detinham acerca dos potenciais resultados da produtividade do seu trabalho cooperado no nível coletivo global do mercado, atualmente os trabalhadores enfrentam uma "cegueira epidêmica" que lhes atinge também de forma individual, na percepção dos resultados da produtividade do trabalho que exercem diariamente em suas funções. Ou seja, sofrem a alienação do conhecimento que detém sobre uma parcela já ínfima, frag-

148 *A máquina automotiva em suas partes*

mentária e epifenomêmica do trabalho cooperado que compõem, sob as formas contemporâneas de exploração do capital.

Essa questão é importante porque, sob a égide do taylorismo/fordismo, o conhecimento tácito ao nível das funções já era uma moeda de troca entre gerência e operariado; o acordo entre ambos, contudo, explicitava objetivos antagônicos que reduziam as expectativas a um mínimo de deveres bem claros e distintos. Na gestão flexível, o conhecimento tácito continua sendo uma moeda de troca entre gerência e operariado; mas num acordo agora não mais explícito e cujos objetivos, antes antagônicos, parecem se alinhar em torno de pontos comuns, com expectativas abrangentes e entre as quais está a ampliação mútua da produtividade para que, mediante isso, ambos, gerência e operariado, garantam seu emprego.

A PLR é, por excelência, uma das expressões institucionais disso. Como podem os trabalhadores negociar uma participação, com os proprietários dos meios de produção, nos resultados globais da produtividade do seu trabalho cooperado, se têm dificuldade até mesmo em mensurar o alcance dos resultados da produtividade do seu trabalho individual, no nível das funções cotidianas que exercem? Isso, contudo, é negociado. E às gerências ainda cabe o papel de interpolar, em tais acordos, metas fundamentalmente globais, como patamares mínimos de faturamento das empresas e índices, não somente individuais, mas coletivos de produtividade, de qualidade, de absenteísmo e até mesmo de acidentes de trabalho!

As gerências locais de plantas de grupos transnacionais hoje assumem, de fato, e talvez mais do que no passado, o papel de explorar ao máximo, não só o operariado, mas a si mesmas, nas plantas que administram. Seu poder de decisão foi, de certo modo, até ampliado localmente para que exerçam bem o papel de extrair, onde estiverem, taxas extraordinárias de acumulação de capital. E como isso não passa despercebido entre os seus subordinados, quanto estes lhes sentem a "aproximação", menos lhes compreendem as razões. De maneira que, embora seja possível observar os contornos de um novo acordo, mais abrangente e com pontos em comum, entre esses níveis hierárquicos, no fundo todos os trabalhadores, principalmente os operacionais, carregam dentro de si, num estado de latência, a sensação de uma incredulidade, de um diálogo cético e paradoxal, de que tudo melhorou, mas todos sabem que as coisas vão de mal a pior.

Nesse ambiente, pode muito bem soar como um capricho obrigar alguém a cumprir uma ginástica laboral, enquanto no dia todo, se cumprem funções ora rotinizadas e desqualificantes, ora complexas e eivadas de incertezas. E não é por acaso que os operários da American Company do Brasil, mesmo executando-a, a cunharam de "balé", enquanto alguns gerentes simplesmente se recusam a fazê-la, ficando de pé, a olhar o vazio, sem qualquer conotação mais cômica. Provavelmente isso exprima a tensão em ter de dar o exemplo de algo em que não se acredita, ou de "se aproximar", tendo de "esconder as garras".

Tudo isso é gerador de desgaste psíquico, afinal, a concentração oligopólica de capital e o advento da financeirização, colocou as gerências na condição de assalariadas de grupos de acionistas que não estão nem um pouco interessados em saber dos seus problemas, pois enxergam em tais pessoas apenas o reflexo de uma curva de resultados econômicos, como bem aponta a fala do médico sobre as pressões, ou mesmo a do gerente de Recursos Humanos, acerca da política do Northern Group Inc. sobre os acidentes: "Estão aí o dinheiro, os recursos. Façam o que for necessário, mas eliminem os acidentes". Ou – subentende-se – serão eliminados por eles. Inclusive, mas não apenas, se estiverem entre as vítimas, cabe acrescentar.

O ceticismo e a tensão atravessam toda a hierarquia da empresa. Entre os trabalhadores da esfera da Produção, os que estão submetidos ao regime da polivalência sabem que ocupam postos privilegiados relativamente aos demais da "parte baixa da pirâmide" (parafraseando aqui o médico). E que, de certa forma, serão aí mantidos até que um próximo ciclo de retração lhes reserve o cargo de líderes, ou então: um enxugamento. Poderão, nesse último caso, enquanto um "exército de reserva" (no sentido que Marx atribui a essa expressão), candidatar-se ao trabalho temporário regido pelo cronômetro taylorista. Ou mesmo, caso aí não adoeçam, assumir parcelas de um mercado de trabalho informal cada vez mais amplo, na forma de trabalhadores autônomos ou cooperados, prestadores de serviço.

Os gerentes, ao contrário do que muitos supõem, não têm uma perspectiva tão diferente. Suas condições de trabalho e salários são melhores, os seus horários são mais flexíveis, mas o *status* social que devem sustentar, no mundo das aparências e da efemeridade das relações do capitalismo flexível, também é uma clausura. Aliás, como também são assalariados, sofrem as pressões dos níveis hierárquicos superiores e a sua compreensão acerca dos resultados globais do trabalho (coletivo ou individual) que exercem na empresa, também não lhes mostra, nem lhes garante nada. As circunstâncias, enfim, não tardam a lhes informar que, como os operários, vestindo ou não a camisa da empresa, podem vir a estar, de uma hora para outra, "à deriva", como o diria Sennett (2002).

O gerente de Recursos Humanos que entrevistamos na American Company do Brasil, por exemplo, numa das últimas vezes em que almoçamos juntos, indagou-me – com ar preocupado acerca do planejamento da empresa que, atualmente, exige um curso de pós-graduação aos que ocupam cargos gerenciais – se eu considerava mais seguro à sua formação a escolha por uma pós-graduação *lato sensu* ou *stricto sensu*. Respondi-lhe que, no meu entender, pelo cargo que ocupava e, por conseguinte, pelo pouco tempo de que dispunha para os estudos, a opção por *lato sensu* seria a mais adequada, mesmo porque a pós-graduação *stricto sensu* visa formar pesquisadores ou futuros docentes de universidades, com dedicação exclusiva. Foi quando ele me confessou que não via futuro no seu mercado de trabalho, em vista da sua idade, e que pensava em começar a dar aulas no ensino superior para poder manter minimamente o padrão de vida da família (mensalidades dos estudos dos filhos, planos de saúde e previdência complementares, seguros, financiamentos etc.) no momento em que fosse demitido da empresa.

Essa tensão, portanto, que atualmente atravessa a hierarquia das empresas, revela mais que o incômodo inerente às relações hierárquicas: revela um ponto de fragilidade entre todos os assalariados. Se, na gestão taylorista/fordista, gerentes e operá-

150 *A máquina automotiva em suas partes*

rios estavam dentro de uma estrutura mais "inflexível", por outro lado se sentiam mais seguros e, portanto, mais "livres", não apenas porque pudessem driblar o cronômetro, a esteira rolante ou as planilhas, mas porque as competências exigidas nos seus cargos eram também mais previsíveis e avaliadas por critérios técnicos mais "rígidos", o que lhes garantia certo domínio da posição que ocupavam ao longo do tempo.

Com a compactação das hierarquias e a polivalência, gerentes e operários assumiram uma diversidade maior de funções, o que, no entanto, se não lhes restringiu mais a liberdade individual no controle das atividades que devem desempenhar, lhes retirou a previsibilidade acerca das competências cujo desenvolvimento lhes assegura certa estabilidade no emprego. Isso porque, apesar de alocados numa estrutura mais "flexível", estão "coagidos" sob uma teia de relações intangíveis, cumprindo metas e executando atividades cuja avaliação não se baseia apenas em desempenhos técnicos inquestionáveis, mas também em aspectos "fluidos", como os perfis comportamentais, os quais variam constantemente ao sabor de situações extremas em que se combinam o assédio moral e o oportunismo, num mundo do trabalho cujo acúmulo de experiências parece estar em desuso, conforme aponta Sennett (2002).

A incerteza quanto à própria produtividade, a intangibilidade de critérios de julgamento cada vez mais fluidos nas relações de trabalho, a insegurança quanto à imagem que devem ter – ou fazer, de si mesmos – nas empresas, num ambiente em que as premiações e o controle horizontalizado agride continuamente a autoestima, unidas à imprevisibilidade quanto ao futuro e ao desgaste físico e emocional que os intermináveis ciclos de expansão e retração lhes impõem, tornou os trabalhadores, em todos os níveis hierárquicos, enfermos crônicos da condição geral a que estão submetidos: a da acumulação de capital. Nas palavras de um dos diretores do Sindicato dos Metalúrgicos de Campinas, já citado:

> Você observa que os trabalhadores estão cada vez mais adoecidos e a faixa etária de idade está diminuindo muito, porque você precisa de pessoas jovens para aguentar o tranco. A "validade" do trabalhador está cada vez mais se reduzindo, porque o desgaste psíquico e físico está muito grande. [...] A LER, pela nossa avaliação aqui, não que ela vá parar, mas ela tende a perder o topo para as doenças psíquicas. Não vão cair [as lesões], vão ficar lá em cima, porque as empresas, elas diminuem o número de trabalhadores, então a LER vai ficar com os números lá em cima ainda, aquelas porcentagens. Só que umas doenças que não tinha, apareceram: estamos nos deparando com vários casos delas aqui, que são as doenças psíquicas.[66]

Eis um novo problema que se coloca aos trabalhadores, com perspectivas ainda mais incertas, pois, se a dificuldade em constatar nexos causais aparece entre os impeditivos dos casos de afastamentos por lesões osteomusculares, exigindo-se em situações extremas até mesmo provas materiais por imagens, o que esperar do estabelecimento de relações de causalidade entre determinadas doenças psíquicas e as atividades de trabalho exercidas pelos adoecidos? Prossegue o diretor sindical:

---

[66] Lopes, Mauro [Um dos diretores do Sindicato dos Metalúrgicos de Campinas em 2007], cit.

Começamos agora a observar que as doenças psíquicas estão aumentando muito, muito mesmo. Além de adoecer o corpo, eles [os métodos da gestão flexível] estão deixando o cara "morto vivo", que é pior do que você acabar com o braço de um trabalhador, uma perna. É ruim, não é? Mas agora é a mente! Você observa que, agora, muitos e muitos trabalhadores estão aí com problemas sérios com relação à questão das doenças psíquicas. Com essa reformulação, o "meio" afeta o corpo, e o "método" afeta a mente. E hoje os trabalhadores estão cada vez mais desenvolvendo novas doenças. E, até que você consiga provar que isso é do "ambiente de trabalho", vão anos e aí já estão todos no limite da perda. É a mesma coisa da LER. A LER não existe para alguns médicos aí; não existe. O que é LER? Não existe LER. Existe tendinite, mas não existe LER. *"Ah, é tendinite que você desenvolveu. Você poderia desenvolver assistindo televisão, por exemplo, parado."* E, como têm ainda esses técnicos que fazem esses livros, defendem essas teses, já fica difícil, imagina você conseguir provar que uma doença psíquica foi desenvolvida, desencadeada, dentro do trabalho?[67]

Segundo esse diretor sindical, a LER está, aliás, entre as primeiras causadoras de problemas como a depressão:

Porque a LER, quando atinge o seu grau máximo, as pessoas começam a desenvolver doenças psíquicas. É típico daquele que tem LER, que começa a se tratar da LER: ele não consegue mais fazer nada, inclusive na vida pessoal dele. E aí ele entra "em parafuso". Ele começa a ir no psiquiatra, tomar antidepressivos. Então, a LER é uma escadinha para a depressão e, em muitos casos, depois, [o trabalhador] fica afastado por depressão e nem volta mais ao trabalho. Imagina, não consegue mais pentear o cabelo, não consegue segurar um copo, não consegue brincar com o filho! Tinha um trabalhador daqui que dizia: *"Olha, tenho um filho pequeno e não consigo mais carregar ele no colo, recém-nascido e eu não aguento".* Aí começa a desenvolver. Agora você observa que têm muitos casos em que ele [o trabalhador] não está doente ainda nos membros inferiores ou superiores, mas ele já está com algum problema psíquico, porque o método de produção alterou muito e só com uma mudança no método eles ganharam muita produtividade. E aí ocupou aquele tempo livre que o trabalhador tinha de brincar, de espairecer, de distrair. E aí a empresa, até disso, do pensamento, eles estão se apropriando. [...] O trabalhador não tem mais aquele tempo de *"ufa!"*, de contar uma piada para o colega do lado. Hoje, a maneira como está organizada a produção, ele não tem mais tempo para isso. Ele tem que apontar. Ele tem que calcular. Ele tem que fazer a manutenção da mangueira que está furada ali. Enfim, deram-lhe várias outras atividades que ele tem que ficar sempre já pensando o que ele vai fazer daqui a um segundo, dois segundos. Pois, um segundo, dois segundos, já estão sendo muito tempo! [...] E eles [os trabalhadores] ainda têm que pensar nas melhorias: *"Olha, você está fazendo isso aqui, mas você olha ali e o que você pode fazer para melhorar...?".* Aqueles ciclos de qualidade, aquelas coisas todas.[68]

E quais seriam os casos de doenças psíquicas que têm sido mais observados?

Síndrome do pânico. Já vi muitos casos por aí. Têm uns [trabalhadores] que não conseguem chegar na fábrica. Têm bloqueios em várias coisas, ficam afastados. Quando chegam na fábrica choram, choram. Têm bloqueio, não conseguem entrar dentro da fábrica. O estresse,

---

[67] Idem.

[68] Idem.

você vê que [eles] ficam "a milhão". Com relação a isso, o estresse, você observa que o trabalhador fica muito mais irritado, qualquer coisinha ele explode e sai pancadaria entre os trabalhadores mesmo, ou com o chefe. Você observa que as empresas sabem disso, pois eles [os gerentes] estão mudando a cultura. Antes, quando tinha uns tapas na fábrica, diziam: *"Ah, não, dá uma suspensãozinha aí..."*, conversava, passava e tal, tranquilo. Agora não, é demissão! Demitem por justa causa e depois temos que negociar as condições todas. Por quê? Eles [os gerentes] falam abertamente que estão observando que: *"Se a gente não fizer isso, logo, logo vão matar a gente aqui dentro"*. Por quê? O trabalhador, ele está à beira da loucura e aí ele faz qualquer coisa. Pressão pelo desemprego, o cara [as gerências] aperta, aperta, aperta. O assédio moral está muito forte, muito forte! E aí, para você caracterizar e tentar trabalhar isso, é muito difícil. Têm algumas decisões isoladas, alguns avanços, alguns trabalhos, mas é muito difícil. Quando eles começaram a se apropriar mais ainda da mente, com esses modelos de produção, esses métodos, o assédio moral aumentou, com a questão do trabalho por metas. É uma briga.[69]

Até mesmo o confronto físico, portanto, tem se tornado frequente nas relações de trabalho e revela mais um impasse por parte das gerências, pois, ao invés de se "aproximarem", elas "repelem" os trabalhadores envolvidos com uma intensidade de violência psíquica ainda maior: por meio do desligamento e do desprezo pelas suas causas. Como se tais conflitos, assim como as doenças, enfim, não adviessem das próprias condições e do ambiente de trabalho, mas dos "indivíduos" por eles vitimados. No máximo, admite-se que os trabalhadores não suportaram "trabalhar sob pressão", como as gerências esperam.

A agressividade contida não raramente está mascarada entre os trabalhadores no seu empenho em atingir altas metas de produtividade e de qualidade, na postura de liderança que assumem entre os seus pares e na comunhão que fazem com os objetivos das empresas. Ser "agressivo", no mundo atual, principalmente dentro das relações de trabalho, mas conter essa agressividade, canalizando-a nos interesses da organização a que se pertence, tornou-se um valor cada vez mais requisitado e veiculado. Apesar de que, quando ela se exprime fisicamente e, portanto, expressa o grau de dilaceramento subjetivo em que os trabalhadores se encontram, ela simplesmente é tratada com desdém, como um caso de insanidade individual.

Eis, portanto, o nível de exploração sobre o qual se funda atualmente a acumulação de capital. A visão dos oligopólios transnacionais e dos governos neoliberais, aqui retratadas, exprimem valores como a inserção competitiva do país no mercado internacional, a capacitação e a aprendizagem tecnológica das empresas, a flexibilização das jornadas e a aproximação dos interesses entre os níveis hierárquicos das plantas, a abertura ao diálogo sobre melhorias no ambiente de trabalho, o estímulo ao desenvolvimento de lideranças e à autonomia dos trabalhadores em suas qualificações, as premiações e as participações nos lucros e resultados, tudo mediante a excitação de um espírito de equipe e de uma agressividade saudável, que faz da adversidade a pedra angular da criatividade.

---

[69] Idem.

Já os fatos, apontados tanto pela literatura quanto pelas informações que colhemos junto das gerências, do médico, da enfermeira e dos trabalhadores da empresa na qual realizamos nosso estudo de caso, assim como nas entrevistas que fizemos junto aos membros do Sindicato dos Metalúrgicos de Campinas, apontam uma outra realidade, na qual está em curso a consolidação de uma histórica divisão desigual do trabalho e uma elevada concentração de capital em nível internacional, as quais relegam aos países periféricos uma competitividade fundada no rebaixamento das suas condições de vida e na retirada dos direitos conquistados pelas suas classes trabalhadoras.

Uma realidade onde as inovações tecnológico-organizacionais das empresas atendem às necessidades de exportações e adaptações a crises cíclicas de expansão e retração. Onde a flexibilização das jornadas é feita mediante a terceirização e a precarização dos contratos de trabalho. Onde a aproximação entre gerência e operariado perfaz uma fragmentação e um enxugamento de quadros. Onde o diálogo sobre melhorias no ambiente de trabalho é cético e paradoxal. Onde o desenvolvimento de perfis de liderança e autonomia leva ao individualismo e ao isolamento. Onde o espírito de equipe se degenera em autoexploração, as premiações honram a fluidez moral e as participações nos resultados são precedidas de agressões físicas e psíquicas. E onde a criatividade humana, longe de ser emancipável, retrocede a um simples meio de sobrevivência.

7

CONSIDERAÇÕES FINAIS

O foco principal deste livro são as transformações em curso na gestão do trabalho no setor de autopeças. Todavia, como pudemos ver ao longo dos capítulos, tais transformações não podem ser satisfatoriamente explicadas se não as envolvermos num contexto analítico mais amplo, buscando compreender os interesses, as estratégias e as ações levada a cabo pelos vários sujeitos históricos em questão, ou seja, pelas corporações privadas nacionais e transnacionais, pela classe trabalhadora e pelos governos no âmbito do Estado.

A reestruturação produtiva, por isso, constitui um processo complexo, cujo avanço se desenvolve em frentes diversas e ao mesmo tempo complementares. Por um lado, envolve uma série de mudanças nas relações estabelecidas entre as empresas, tanto entre matrizes e filiais, quanto entre clientes e fornecedores e seus respectivos concorrentes nas cadeias produtivas. Tais mudanças, por sua vez, vêm sendo acompanhadas por reformulações na organização interna das plantas, nas diferentes funções e atividades desempenhadas pelos trabalhadores, desde os níveis operacionais até a alta administração, o que implica alterações nas relações estabelecidas no interior e entre essas esferas de trabalho.

Regulamentando essas mudanças, um conjunto de medidas interpostas pelo Estado nas relações entre as empresas no mercado, como a abertura comercial, ou entre estas e a classe trabalhadora, como a flexibilização da legislação trabalhista, têm sido levadas a efeito. E a classe trabalhadora e seus organismos de representação, em especial os sindicatos e centrais sindicais, têm reagido aos impactos de tais transformações de formas distintas, pois, embora haja setores moderados e setores combativos, no interior de cada um também é possível observar variações nos padrões de atuação sindical e mesmo rompimentos dentro das mesmas categorias.

A década de 1990 foi, sem dúvida, um período de grandes mudanças nas relações entre o Estado, as corporações privadas e os trabalhadores no Brasil. Em que pese as diferenças entre os governos empossados desde então, uma linha geral de pensamento e ação, ao menos com relação à indústria automotiva, permaneceu: amparar as diretrizes das corporações oligopólicas transnacionais, buscando-se, supostamente, atender também a interesses da classe trabalhadora do país. Uma atuação contraditória, pois tais diretrizes – enfim, a reestruturação produtiva – compõem um processo de superação de entraves, portanto de restauração e aprofundamento da expansão da acumulação de capital no plano internacional. De modo que o Estado brasileiro tem amparado, na verdade, uma intensa ofensiva do capital contra o trabalho.

Conforme expusemos nos capítulos 3 e 4, as corporações transnacionais da indústria automotiva têm redirecionado suas estratégias nas últimas décadas, perfazendo uma complexa teia de ações globais com vistas a uma intensa concentração de propriedade, poder tecnológico e domínio de mercado em nível mundial, contando, para isso, com a participação dos Estados e da própria classe trabalhadora nos muitos países onde está instalada (como exemplificou o caso da Câmara Setorial Automotiva no Brasil). Do seu surgimento em fins do século XIX, até o final do século XX, tal indústria, tanto montadoras quanto autopeças, esteve fundamentalmente sob o controle de oligopólios dos Estados Unidos e da Europa. A cadeia de autopeças, todavia, abrigava, antes da efetiva transnacionalização das montadoras, firmas autóctones nos países de economia periférica, como o Brasil, sendo que tais fábricas obtiveram uma fatia de mercado que lhes permitiu crescer e amparar os governos em políticas de industrialização como as de "substituição de importações".

A disputa de mercado imposta por essas empresas de autopeças de capital local às corporações transnacionais não era vista por estas, até então, como algo problemático. No Brasil, por exemplo, as montadoras europeias e estadunidenses estimularam, quando da instalação de suas plantas, a vinda de muitos dos seus tradicionais fornecedores de autopeças e, como o projeto dos veículos ainda permanecia sob o seu estrito controle, a concorrência entre as firmas locais e essas transnacionais tendia a provocar quedas nos preços – e mesmo, embora de forma mais lenta e indireta, elevações da capacidade produtiva e tecnológica na cadeia automotiva do país como um todo. O que convergia, por sua vez, com os interesses do Estado brasileiro, pois os governos desenvolvimentistas não só visavam a integração do parque industrial local com o incentivo à nacionalização dos veículos, como também promover uma efetiva ocupação de elos importantes das cadeias industriais por empresários do país, *pari passu* aos investimentos públicos custosos que já vinham sendo realizados em ramos como a siderurgia, a petroquímica, a energia elétrica, as telecomunicações e a infraestrutura de transportes.

As mudanças ocorridas na economia mundial após os anos 1970, alteraram, contudo, esse quadro. Como vimos no capítulo 1, o dólar, embora se mantivesse como moeda de referência internacional, sofreu bruscas oscilações, alterando o câmbio e os balanços de pagamento dos países capitalistas centrais e periféricos, o que, junto da elevação global dos preços do petróleo, favoreceu um movimento especulativo das finanças em detrimento do avanço dos investimentos diretos, principalmente os que se dirigiam das economias centrais à periferia do sistema.

A indústria automotiva, ainda concentrada no Ocidente, começava, por sua vez, a enfrentar uma estagnação crescente da sua capacidade de acumulação, pois os mercados de consumo nos países centrais mostravam-se mais saturados, ao passo que os dos países periféricos eram atingidos pela elevação dos preços do petróleo. Ademais, junto da crescente formação de estoques e capital fixo – contrariando a lógica financeira especulativa que então se iniciava –, as empresas automotivas ocidentais passaram a enfrentar também o engessamento da produtividade da sua força de trabalho, ainda organizada sob o taylorismo/fordismo, quando a Toyota Motor Company avançou sobre os seus mercados tradicionais, embasada em novas formas de gestão do trabalho e da produção.

Emergia à época um movimento no qual diversas experiências, sendo a mais radical a da Toyota[1], conformaram o que atualmente se compreende em linhas gerais como uma gestão "flexível", em contraposição à "rigidez" do taylorismo/fordismo. Um processo, como já o dissemos, amplo e complexo, pois, para além de uma transferência de tecnologia e de métodos organizacionais entre empresas, envolveu uma vasta articulação entre países centrais e periféricos no capitalismo mundial, tecida por corporações oligopólicas junto aos Estados nacionais e à classe trabalhadora, configurando, enfim, o que denominamos como uma ocidentalização da flexibilidade oriental.

De fato, em uma rápida retrospectiva, a indústria automotiva ocidental, acuada diante do avanço japonês, reagiu primeiramente automatizando ao máximo seus processos produtivos, principalmente nos Estados Unidos, sem grandes resultados. Num segundo momento, ajustou a organização interna de suas plantas com vistas à efetivação de uma gestão em moldes flexíveis e, com isso, obteve relativo êxito, pois mesmo elementos de experiências ocidentais como as de Kalmar, na Suécia, ou da Terceira Itália, exigiram mudanças que se tornaram inviáveis em curto prazo às gigantescas plantas tayloristas/fordistas dos centros produtores tradicionais[2]. O terceiro e, realmente exitoso passo das grandes corporações estadunidenses e europeias, foi partir da rede de plantas filiais sob sua propriedade instaladas em diversos países, ou seja, da sua capacidade produtiva e tecnológica mundial, para empreender uma série de estratégias globais de concentração de capital e domínio de mercados, em meio à lenta abertura comercial entre países centrais e periféricos, iniciada nos anos 1980, como meio de equilibrar tendências oscilatórias de câmbio e balanços de pagamento.

Foi quando surgiu o conceito de "plataforma global", pelo qual a indústria automotiva ocidental implantou, para além da gestão flexível da sua força de trabalho,

---

[1]   Aos que estudam a "crise" do toyotismo, após mais de três décadas de sua difusão internacional, a oscilação – desde meados da década de 2000 – entre a primeira e a segunda posição de liderança na produção mundial pela Toyota Motor Corp. (como montadora) e pelo Japão (como país produtor), deve ser levada em conta, ao menos como um dado sobre o poderio de produção e a influência que tal sistema é capaz de exercer sobre essa indústria.

[2]   Muitas dessas experiências (como as tentativas de automação integral em fábricas da GM, resultando em custos altíssimos, ou as *joint ventures* entre montadoras estadunidenses e japonesas) estão descritas em Keller (1994).

158   *A máquina automotiva em suas partes*

uma organização da sua rede de clientes e fornecedores em moldes próximos aos do sistema toyotista. Com uma diferença, no entanto, significativa: homogeneizando seus processos por meio de sistemas de qualidade e especializando suas plantas em produtos ou nichos de mercado complementares, por meio da abertura comercial e das "vantagens comparativas locais" de que dispunham (tecnologia avançada nos países centrais, matérias-primas e força de trabalho de baixo custo nos periféricos), as montadoras e autopeças ocidentais se lançaram em grandes aquisições e fusões de capital, constituindo oligopólios transnacionais ainda mais poderosos que os precedentes.

A intenção era, tal como nas experiências da Toyota, iniciar uma relação de parceria com fornecedores maiores e mais preparados, a fim de poder dividir riscos e investimentos, bem como reduzir estoques e diversificar rapidamente os produtos. E, de fato, as transnacionais do setor de autopeças, tradicionalmente fornecedoras diretas das montadoras, constituíram-se em "sistemistas" que, já em fins dos anos 1980, dominavam grandes porções de mercado, não apenas nos países centrais, mas nos periféricos. Prontas para um salto de expansão, restava-lhes apenas um obstáculo: nos primeiros níveis de fornecimento da cadeia automotiva de países periféricos com potencial de consumo e baixos custos de força de trabalho e matérias-primas, como o Brasil, havia grandes empresas de capital nacional.

No caso brasileiro, portanto, nada se adequou mais aos interesses das transnacionais do que a atuação dos presidentes Collor, Itamar Franco e Cardoso. O primeiro abriu a economia e expôs os fornecedores nacionais de autopeças a uma avalanche de importações. Com medidas recessivas, retraiu o mercado interno e provocou uma ilusória união de interesses entre empresariado e classe trabalhadora, por meio de acordos na Câmara Setorial Automotiva pelos quais as empresas se comprometeram a manter empregos e ampliar investimentos, conforme o Estado recuasse em sua tributação. Itamar Franco ainda foi além, no mesmo sentido, com o acordo dos "veículos populares". Por fim, ao reaquecimento da demanda interna resultante da estabilização da inflação após 1993 e desses acordos, somou-se o advento do Mercosul.

Essa confluência de fatores não deixou dúvidas aos grupos transnacionais quanto à necessidade de avançar rapidamente com suas estratégias a fim de controlar a produção e o mercado automotivo do país. Afinal de contas, o caminho aos seus interesses expansionistas já havia sido claramente "aplainado" pela desproteção tarifária do setor de autopeças em face do setor de montadoras, permitida pelo Estado brasileiro após a abertura comercial de 1990, junto das altas taxas de juros internas e da manutenção de um câmbio sobrevalorizado até 1999, elementos que levaram a um estrangulamento das empresas de autopeças de capital nacional.

As montadoras filiais instaladas no país, orientadas por suas matrizes no exterior, rapidamente introduziram as táticas *global sourcing* e *follow sourcing*, promovendo uma redução e uma hierarquização no fornecimento de autopeças, dando preferência aos fornecedores de seus países de origem, além das exigências do *just in time*, das certificações de qualidade e de preços cada vez menores. Mesmo adequando-se a esses requisitos e envidando esforços em atividades de P&D, as maiores companhias brasileiras de autopeças não dispuseram de capacidade financeira suficiente e, em que pesem as exportações volumosas que realizaram, não conseguiram enfrentar a concorrência imposta por uma rede de oligopólios mundiais do setor, concentradores dos mais avançados laboratórios e dos maiores faturamentos.

O resultado, ao final da década de 1990, conforme mostramos no capítulo 4, foi uma quase absoluta desnacionalização da indústria de autopeças brasileira, da qual resultou uma elevação do desemprego no setor e a passagem de importantes segmentos de mercado, de faturamento e de desenvolvimento tecnológico, das mãos de grandes sistemistas de capital nacional para o controle de grupos oligopólicos globais oriundos da tríade Estados Unidos, Europa e também Japão, alterando, com isso, a própria posição que o país havia galgado na divisão internacional do trabalho na indústria automotiva, mediante os esforços do período desenvolvimentista.

Esses fatos revelam, a nosso ver, dois movimentos. Primeiramente, uma reconcentração de poder tecnológico e de capital na indústria automotiva ocidental sob o domínio de corporações oriundas dos seus tradicionais centros produtores (Estados Unidos e Europa). Se considerarmos que isso impõe estratégias semelhantes às corporações japonesas e que estas, a exemplo da Toyota Motor Company, se firmaram exatamente sob tais padrões, podemos antever uma concentração e ao mesmo tempo uma grande disputa, em termos mundiais, de poder nessa indústria, entre as corporações estadunidenses, europeias e japonesas, em que pese haver números que indiquem uma grande concentração manufatureira em países como a China.

Em segundo lugar, ao contrário do tão propalado recuo intervencionista nas relações de mercado, tais fatos evidenciam, ao contrário, o quanto os Estados têm apoiado, cabalmente, as estratégias das corporações transnacionais na consecução desses objetivos, sobretudo, nos países periféricos, onde os governos neoliberais deliberadamente têm amparado uma "recolonização" de suas economias. Um processo, aliás, que assume dimensões revoltantes, uma vez que, para além do açambarcamento de propriedades, segmentos de mercado e capacidades tecnológicas, as corporações transnacionais explicitamente partem de (quando não impõem) condições de superexploração humilhantes, como os baixos custos da força de trabalho e das matérias-primas locais.

Provas contundentes de tais movimentos se assentam fartamente na atuação dos governos neoliberais brasileiros ao longo da década de 1990, assim como nas ações estratégicas de empresas transnacionais como a que pesquisamos em Campinas. Dentro da rede de relações entre matrizes e filiais na hierarquia mundial, o caso da American Company do Brasil nos permite esclarecer como as filiais situadas em países periféricos têm não apenas o papel de ampliar fatias de mercado aos seus grupos controladores no exterior, mas, fundamentalmente, o de gerar taxas extraordinárias de acumulação de capital que incrementem os dividendos de seus acionistas anônimos.

Nesse processo, todas as possíveis práticas são utilizadas pelas gerências assalariadas, da terceirização de atividades ao próprio posicionamento como empresas terceiras, o que pode incluir, ademais, a atuação em vários níveis dentro de uma mesma cadeia produtiva ou mesmo a atuação em mais de um tipo de cadeia (como a de autopeças, linha branca e bens de capital, segundo o exemplo do estudo de caso que realizamos), como meio de adaptação a baixas escalas de produção e a instabilidades dos mercados locais. Afora isso, como mostramos nos capítulos 5 e 6, a flexibilidade de seus processos produtivos é um elemento central à American Company do Brasil na conservação de sua posição no mercado, mesmo porque a gestão flexível, implantada nos *kaizen*, vem resultando não apenas em maiores índices de qualidade nos produtos, mas em enxugamentos de postos de trabalho, isto é, "produtividade" – aspecto muito caro à matriz e ao grupo controlador (sobretudo, aos acionistas que estão por trás de ambos, cobrando o seu quinhão).

Seja como for, cada grupo transnacional carrega consigo um estilo de gestão. No caso da empresa pesquisada, é interessante observar como uma centralização de comando nos postos mais altos do grupo e da matriz que a controlam é mantida sem que, no entanto, isso lhe retire, enquanto uma planta filial, poder decisório suficiente para tomar decisões necessárias ao cumprimento de metas em seus segmentos. Assim, vimos que a reestruturação produtiva empreendida pela planta de Campinas partiu de necessidades e ações locais, embora, enquanto uma filial, sua existência esteja em função de estratégias definidas pela expansão transnacional do Northern Group Inc., devendo por isso se adequar aos segmentos globais de mercado em que a American Company Division atua, ocupando determinadas posições entre as demais plantas em uma divisão do trabalho hierarquizada mundialmente.

Entre as diversas questões analisadas, exemplificam isso as preocupações com relação à segurança e à saúde dos trabalhadores. Há políticas mundiais relativas a esses aspectos que efetivamente são impostas às plantas filiais em todos os países, acompanhadas de investimentos financeiros e fiscalizadas por auditorias frequentes do grupo controlador. O fato, contudo, é que a imposição de normas rigorosas nesses assuntos evita às plantas filiais serem alvo de processos judiciais, comprometendo a competitividade do Northern Group Inc. no mercado financeiro. Ou seja, tanto as certificações de qualidade quanto o controle dos acidentes e doenças ligadas ao trabalho, estão intimamente relacionadas enquanto parte de um conjunto de estratégias financeiras globais, pelas quais se busca, de um lado, zelar pela confiança dos clientes nos produtos da American Company Division e, de outro, pelo crédito dos acionistas junto aos papéis do Northern Group Inc.

Recaímos aqui no âmbito da autonomia das filiais. Embora visando adequar-se às instabilidades do mercado local e regional, a planta de Campinas, ao investir na reformulação da sua hierarquia de cargos e salários e na celularização dos seus processos produtivos, caminhou exatamente dentro das estratégias financeiras da matriz ao buscar aprimorar seus sistemas de controle de qualidade e seus aparatos de segurança e saúde no trabalho, uma vez que, além de garantirem maior produtividade, tais aspectos funcionam como uma espécie de estandarte a ser aquilatado pelos acionistas nos mercados de capitais. Esses apontamentos vão ao encontro de estudos como Coutrot (2005, p. 36-7), o qual, tendo como base a experiência das transnacionais europeias, aponta:

> Este movimento em direção "à autonomia controlada", típica da "empresa neoliberal", tem, contudo, um forte grau de generalidade. Ele não foi diretamente imposto pela mun-

dialização financeira, mas é marcadamente congruente com os modos de controle desenvolvidos pelo próprio setor financeiro. Este focaliza sobre obrigações de resultado, guiando os gerentes por meio de sistemas sofisticados de medida e de antecipação de desempenho financeiros, ao mesmo tempo em que lhes credita confiança em decisões de gestão habituais e estratégicas. No controle do trabalho dos assalariados pelos gerentes, como no controle das performances das empresas pelas finanças, as palavras-chave são transparência e dirigibilidade.

Nem todas as práticas utilizadas pelas gerências locais na consecução das estratégias das matrizes e grupos controladores são, por outro lado, fundadas em questões como a flexibilidade produtiva e a capacidade tecnológica, o controle de qualidade ou a suposta – pois, ilusória – segurança e saúde dos trabalhadores. Como já aludimos, as taxas de acumulação de capital da American Company do Brasil também se fundamentam em condições locais como os baixos custos das matérias-primas e da força de trabalho, amparando-se na legislação brasileira. Chamam a atenção, nesse sentido, as palavras do seu gerente de Engenharia e Desenvolvimento, acerca das pressões que o baixo custo da força de trabalho brasileira – que, a seu ver, é relativamente qualificada em termos mundiais – exerce sobre os trabalhadores de plantas em países como os Estados Unidos, inclusive do Northern Group Inc.

Vale salientar, sobre esses aspectos, o papel central desempenhado pela enorme força de trabalho contratada em regime temporário após 1998, no deslanchar das práticas de enxugamento e fragmentação dos quadros de efetivos da planta de Campinas, que, atualmente, está entre as mais "flexíveis" de toda a American Company Division. Ademais, como vimos ao longo dos capítulos 5 e 6, o expressivo enxugamento que, na década de 1990, ocorreu em todas as esferas da planta, foi acompanhado da elevação das horas extras, o que trouxe sérias consequências à saúde aos trabalhadores, não obstante altos investimentos tenham sido feitos na área de ergonomia, buscando acompanhar a evolução dos *kaizen* e toda a reformulação que vem impondo não só aos processos produtivos, mas às atividades administrativas da planta.

A planta vem buscando, por essas vias, conservar um reduzido núcleo de trabalhadores qualificados em contratos relativamente estáveis, para o que conta com uma espécie de mercado interno de promoções e um plano de treinamento minucioso, cumprido anualmente. O objetivo é atribuir a esses trabalhadores atividades diversificadas e com isso ampliar a responsabilidade de cada um, tanto pelas próprias funções, quanto pelas funções dos demais, acima e abaixo deles na hierarquia. A viga mestra dessa gestão do trabalho está num sistema de avaliação que exige, além de competências técnicas aos trabalhadores, um comprometimento pessoal com o que deve ser compreendido como a "missão" e os "valores" da empresa. Espera-se deles, por isso, não apenas uma polivalência, em termos da assunção de várias funções, mas uma constante assiduidade no cumprimento das metas gerenciais, além de autonomia individual para qualificarem-se profissionalmente, independentemente das oportunidades oferecidas na empresa.

Ao mesmo tempo, um grande número de trabalhadores permanece limitado a tarefas que, além de rotinizadas, são desqualificantes e, não raro, intensamente repe-

162 *A máquina automotiva em suas partes*

titivas, gerando uma série de casos de lesões – não raro graves e seguidas por afastamentos. Aliás, de um modo geral, partindo das informações fornecidas pelos gerentes, pelo médico e pela enfermeira da planta, todas confirmadas nos depoimentos dos trabalhadores, a insalubridade, o ritmo e o volume de atividades, o excesso de horas extras e a pressão decorrente da organização em times voltada a metas crescentes, perfazem uma realidade comum a todas as esferas de trabalho da American Company do Brasil, de modo que o esgotamento físico, os acidentes e as lesões se tornaram aí um problema crônico, não obstante investimentos milionários terem sido feitos pelo Northern Group Inc. em programas de caráter preventivo.

O fato é que as causas de tais ocorrências não advêm apenas das condições objetivas da organização das atividades e dos locais de trabalho, mas da condição subjetiva na qual são colocados os trabalhadores, num sistema de gestão em que até mesmo o seu comportamento pessoal cotidiano deve estar voltado às finalidades da acumulação de capital. Isso explica a manifestação cada vez mais incontrolável não apenas de acidentes e lesões osteomusculares, mas, segundo nos relatou um diretor sindical, de episódios de violência nas empresas e casos de doenças psíquicas, como a síndrome do pânico. Afinal, não são poucas as causas de caráter subjetivo por trás disso: tomando-se aspectos como a formação educacional e a experiência profissional, percebe-se como até mesmo os trabalhadores mantidos no regime de polivalência, principalmente os mais antigos, sentem que os seus conhecimentos tácitos, embora imprescindíveis às promoções internas, estão sendo paulatinamente corroídos pelo advento da automação e da gestão flexível, num processo de "desespecialização" que traz, junto de si, uma "desprofissionalização".

Portanto, não bastassem as reduções de custos com salários mediante as demissões dos trabalhadores com maior tempo de casa, esse é mais um entre os motivos que têm levado as empresas à sua "substituição" por outros mais jovens, qual seja: a busca por trabalhadores que combinem experiência formal e pragmatismo cego para com os objetivos empresariais. Por trabalhadores que se excitem em competir agressivamente com os colegas, por meio dos mecanismos de avaliação dos times de trabalho. Que assumam como ameaça às suas próprias vidas, não a sociedade produtora de mercadorias, mas a expansão de empresas concorrentes em países periféricos como a China. E que tenham a coragem de pensar e agir assim mesmo vivendo em um país, como o Brasil, onde o custo da sua força de trabalho está entre os "ultrabaixos" na indústria automotiva em nível mundial.

Esse envolvimento ideológico com os objetivos empresariais não raro se perverte em uma cruel autoexploração, dada a "cegueira" em face das próprias capacidades que atinge os trabalhadores submetidos à conjugação entre a polivalência, os critérios fluidos de avaliação e as formas de incentivo as premiação e a PLR. O que indica estar a gestão flexível fundamentada em algo mais profundo que uma simples metodologia de organização técnica do trabalho cooperado. Pois, sem dispensar a objetividade das coerções físicas e intelectuais típicas do taylorismo/fordismo, seus mecanismos penetram na subjetividade dos trabalhadores, introjetando-lhes um *ethos*. Em última instância, a pretensão é constituir uma nova forma de "etocracia", na qual tanto operários quanto gerentes assalariados são postos em condições servis à acumulação de capital, num processo de reificação que os aliena dos parâmetros coletivos globais e até mesmo individuais e diários da produtividade do trabalho cooperado que exercem.

No âmbito desse tipo de gestão, a polarização de expectativas entre as gerências e o operariado parece alinhar-se em torno de fins comuns como a garantia de emprego. E, em meio a isso, os trabalhadores têm sido chamados a negociar com as empresas metas de faturamento, de produtividade e de qualidade, de absenteísmo e até mesmo de acidentes de trabalho, tudo em busca de se produzirem taxas sempre maiores de acumulação de capital, cujo fim é "manter o negócio de pé". Tal aproximação entre os níveis hierárquicos tem, contudo, gerado um diálogo cético e paradoxal em meio aos trabalhadores, pois, se por um lado impõe-se a uma parcela dos operários funções desqualificantes (e repetitivas), atribuindo-se aos demais funções mutáveis (embora rotinizadas), por outro lado, em todas as esferas de trabalho, inclusive nas gerenciais, permanece uma atmosfera geral de incertezas, dado que as competências exigidas em quaisquer cargos não são mais previsíveis e avaliadas por critérios puramente técnicos, mas por méritos comportamentais, o que abre margem ao assédio moral e ao oportunismo.

Assim como a competitividade agressiva, tais posturas são utilizadas e encorajadas continuamente pelas empresas entre os trabalhadores, até o limite em que podem canalizá-las em aumentos de produtividade. Transbordado esse limiar, na forma da violência no trabalho, os envolvidos são simplesmente tratados enquanto casos patológicos, de insanidade individual, assim como têm sido tratados os casos de portadores de doenças adquiridas no trabalho, cujas batalhas por afastamentos têm extravasado os tribunais e adentrado as convenções coletivas negociadas anualmente entre os sindicatos patronais e de trabalhadores, o que dá uma dimensão, no mínimo, nacional, ao problema da saúde no trabalho na indústria automotiva brasileira – e sua banalização pelo Estado e pelos oligopólios transnacionais.

Não se pode explicar, portanto, os acidentes e o adoecimento entre os trabalhadores nessas empresas tão somente pelas condições objetivas de trabalho. E, quando nos perguntamos acerca dos fatores subjetivos que entram em linha de determinação nesses casos, nos deparamos com um movimento de inserção, nas formas de sociabilidade humana, da própria lógica da concorrência capitalista, característica das relações entre as empresas no mercado. Em outras palavras, assistimos a um avanço das leis de mercado no interior das relações sociais entre os trabalhadores nas empresas, bem como nas relações entre o Estado e a sociedade civil, o que evidencia uma complementaridade objetiva e subjetiva entre a economia da reestruturação produtiva e a política do neoliberalismo. Uma complementaridade que expressa o caráter contraditório da acumulação de capital, na medida em que constrange e degenera as relações sociais entre os seres humanos na forma de relações entre coisas. Um fenômeno, enfim, que não obstante sua contemporaneidade, por diversos ângulos e de modo contundente, confirma e ao mesmo tempo atualiza análises clássicas como a de Marx (1998), no primeiro capítulo de *O capital*.

APÊNDICE A
Esferas e Atividades de Trabalho na American Company do Brasil

I Trabalhadores diretos e indiretos, mensalistas e horistas

Os documentos da American Company do Brasil consultados dividem os trabalhadores entre "mensalistas" e "horistas", os quais, respectivamente, recebem seus salários com base em um mês de trabalho ou no número de horas trabalhadas em um mês. Os horistas são ainda divididos em dois subgrupos: os "trabalhadores diretos" e os "trabalhadores indiretos", conforme a suas atividades estejam ligadas à transformação das matérias-primas em produtos:

- *Atividades diretas*: operação dos equipamentos que efetuam os processos mais complexos de transformação das matérias-primas em produtos (ainda que semi-acabados).

- *Atividades indiretas*: demais processos, inclusive, na esfera da Produção. Os trabalhadores da Ferramentaria, por exemplo, são "indiretos", pois confeccionam o ferramental que equipa as máquinas, estando indiretamente ligados ao processo de transformação acima aludido. Como eles, estão nessa condição os trabalhadores da Montagem e Acabamento, do Controle de Qualidade, da Supervisão, da Manutenção, do Empacotamento e do Almoxarifado e Logística. Os horistas da esfera de Apoio são todos trabalhadores indiretos.

O próximo tópico detalha as posições desses dois subgrupos de trabalhadores nas esferas e seus respectivos setores (ou locais de trabalho).

II Esferas de trabalho

Na medida em que a pesquisa de campo progredia, uma massa de informações, advinda de observações participantes, entrevistas e consultas em documentos da

166　*A máquina automotiva em suas partes*

American Company do Brasil (de organogramas a planilhas de custos) se acumulava. Assim, como um meio de organizar o estudo e, ao final, facilitar a exposição dos seus resultados, elaboramos uma conceituação da empresa pesquisada como uma organização composta por um conjunto de setores, cada qual agregando funções que, por sua vez, abrangem atividades de trabalho, realizadas em determinados espaços e com o auxílio de certos equipamentos.

Não se trata, portanto, de conceber tais elementos como entes separados no tempo e no espaço, pois, na realidade concreta da empresa, eles ocorrem de forma combinada e, na maioria dos casos, simultaneamente, quando não ocupam o mesmo espaço. A utilidade dessa conceituação está em organizar as informações empíricas acumuladas, permitindo, na sua confrontação com a realidade concreta, dar especial atenção à existência de uma divisão social e técnica do trabalho na empresa pesquisada, apontando-se as diferentes qualificações dos trabalhadores *pari passu* às formas com as quais sua força de trabalho é explorada.

II.1 Esfera da Produção: reúne os processos de trabalho relativos à fabricação dos produtos, do abastecimento de matérias-primas nas máquinas e sua transformação, passando pela confecção das ferramentas, manutenção da maquinaria e instalações fabris, até o controle de qualidade dos produtos e seu empacotamento final. Está dividida nos seguintes setores, tipos de atividades, funções e equipamentos:

II.1.1 Transformação (atividades diretas):
- Corte, perfuração e estampagem (prensas, puncionadeiras, furadeiras).
- Enrolamento (enroladeiras).
- Retífica (tornos).
- Jateamento (jatos de granalha).
- Tratamento térmico (fornos de assentamento a quente).
- Revenimento (fornos de revenimento).
- Tamboreamento (tambores giratórios que rebarbam e dão polimento).

II.1.2 Ferramentaria (atividades indiretas):
- Usinagem e elaboração de ferramental para as máquinas (tornos e equipamento de corte por eletroerosão).

II.1.3 Montagem e Acabamento (atividades indiretas):
- Colagens, soldagens, encaixes, fixação de parafusos, de rebites etc. (bancadas e ferramentas especiais).
- Banho e pintura final dos produtos (bancadas e ferramentas especiais).

II.1.4 Controle de Qualidade (atividades indiretas):
- Em todos os produtos da planta:

- Controle de qualidade das matérias-primas que entram na fábrica e administração do sistema de normas ambientais (Laboratório de Matérias-Primas: bancadas e ferramentas especiais).
- Testes de carga e fadiga – no caso das molas – feitos em amostras extraídas de lotes de produtos (Sala da Garantia da Qualidade: bancadas e ferramentas especiais).

• Nos produtos com a "Qualidade 100% Assegurada" (para uso imediato pelos clientes):
- *In loco*: inspeção feita imediatamente após a transformação das matérias-primas em produtos nas máquinas, incluindo testes dimensionais e de acabamento, junto da elaboração de cartas CEP (Células de produção: bancadas e ferramentas especiais).
- "Seleção visual": utilizada apenas nas *flapper*, trata-se de uma inspeção manual feita unidade por unidade, incluindo testes dimensionais e de acabamento (riscos, pontos de oxidação etc.) (Salas contíguas às células, com bancadas e ferramentas especiais).

• Nos produtos sem a "Qualidade 100% Assegurada":
- Testes dimensionais e de acabamento feitos em amostras extraídas de lotes de produtos (Sala da Garantia da Qualidade: bancadas e ferramentas especiais).

II.1.5 Supervisão (atividades indiretas):

• De produção: administração do trabalho dos líderes de produção e dos operadores-ajustadores na fábrica (ferramentas especiais).

• De manutenção: administração das atividades de manutenção corretiva – item II.1.6 – realizada por trabalhadores efetivos – líderes de produção e auxiliares – e terceirizados (ferramentas especiais).

II.1.6 Manutenção (atividades indiretas):

• Preventiva: limpeza, lubrificação e ajustes simples na maquinaria e nos instrumentos de trabalho, assim como o asseio das bancadas e do chão das células (ferramentas especiais).

• Corretiva: consertos ou revisão periódica da maquinaria (envolvendo troca de componentes complexos nos sistemas mecânico, hidráulico, pneumático e elétrico), além de reformas nas instalações do prédio da planta (ferramentas especiais).

II.1.7 Empacotamento (atividades indiretas):

• Lubrificação e proteção anticorrosiva dos produtos (bancadas e ferramentas especiais).

• Embalagem final após a verificação dos lotes na Sala da Garantia da Qualidade, ou montagem das caixas de *kan ban* dos clientes, no caso dos produtos com "Qualidade 100% Assegurada" – item II.1.4 (bancadas e ferramentas especiais).

II.1.8 Almoxarifado e Logística (atividades indiretas):

- Estocagem de matérias-primas e seu transporte às células, estocagem de insumos produtivos como óleos, fios, pequenas ferramentas de trabalho etc., deslocamento de produtos em fase intermediária entre os setores da fábrica (bancadas e ferramentas especiais).

II.2 Esfera da Administração: reúne o conjunto de funções gerenciais e de supervisão (no caso, fora da esfera da Produção) nos seguintes setores (ou áreas):

II.2.1 Diretoria
II.2.2 Controladoria
II.2.3 Gerência de Recursos Humanos
II.2.4 Gerência de Engenharia
e Desenvolvimento
II.2.5 Gerência de Produção
II.2.6 Gerência de Melhoria Contínua
II.2.7 Gerência de Vendas
II.2.8 Supervisão:
 	
   • De planejamento e controle
    da produção;
   • Do centro de processamento
    de dados;
	• De recursos humanos;
	• De segurança no trabalho;
	  – Estas duas últimas supervisões subordinam-se diretamente à gerência de Recursos Humanos, tendo sob sua responsabilidade o "Ambulatório" da planta, onde trabalham uma enfermeira (como efetiva) e um médico (contratado em tempo parcial);
	• Etc.[1]

II.3 Esfera de Apoio: agrega os serviços de suporte às esferas da Produção e da Administração, nos seguintes setores, tipos de atividades e locais:

II.3.1 Limpeza (atividades indiretas) *II.3.2 Alimentação (atividades indiretas):* • Restaurante.	*II.3.3 Segurança (atividades indiretas):* • Vigilância; • Portaria. *II.3.4 Transporte (atividades indiretas):* • De trabalhadores e produtos prontos.

---

[1] Na esfera da Administração há diversas supervisões e, tal como os operadores-ajustadores na esfera da Produção, também há cargos operacionais abaixo de cada uma delas (todos (as), contudo, mensalistas). Não os (as) listaremos para simplificarmos a exposição do estudo e porque sua análise não altera o sentido das teses aqui tratadas.

APÊNDICE B
Tabelas e Quadros com Informações
da American Company do Brasil

Com base nos objetivos da pesquisa e nas fontes de informação da empresa, as tabelas deste apêndice foram elaboradas utilizando-se de conceitos definidos no apêndice A, como: esfera da Produção, da Administração e de Apoio; trabalhadores diretos e indiretos, mensalistas e horistas. Todas as tabelas foram preenchidas com duas linhas de séries numéricas para as categorias indicadas na primeira coluna (horistas e mensalistas e também setores terceirizados, na tabela 3). Em todos os casos, a "linha de cima" corresponde ao número de trabalhadores "diretos", enquanto a "linha de baixo" ao número de "indiretos".

As tabelas 1, 2 e 3 foram preenchidas pelo supervisor de Recursos Humanos, com nosso auxílio, mediante a coleta de dados em arquivos da empresa, conforme os centros de custo correspondentes a cada um dos setores das esferas da Produção e da Administração, listadas no apêndice A. Na tabela 1, os contratos de trabalhadores terceirizados se restringem ao setor de manutenção da esfera da Produção (são todos, portanto, "indiretos"). As gerências, todavia, não nos forneceram informações que comprovassem a sua quantidade ao longo dos anos, de modo que consideramos tais dados "indetermináveis" (Ind.). Na tabela 3 ocorre situação semelhante, pois todos os trabalhadores na esfera de Apoio são contratados por empresas terceiras. Mas, nesse caso, as quantidades foram obtidas pela verificação de notas fiscais pagas a tais empresas. Mesmo assim, algumas notas não foram localizadas e aceitamos aproximações feitas pelo supervisor.

A tabela 5 foi preenchida pelo supervisor de segurança do trabalho, sem nosso auxílio, pois não tivemos acesso, mesmo acompanhados, aos arquivos com tais informações. Segundo nos relatou, os dados foram lançados após um levantamento de ocorrências em todas as doze atas mensais da Cipa, ano após ano, entre 1990 e 2004. No entanto, como nesses números de ocorrências estão inclusos tanto os casos de acidentes de trabalho quanto os de doenças profissionais e ocupacionais, informações discriminadas da ocorrência de cada um desses eventos não foram obtidas por falta de registro ou organização de tais estatísticas pela empresa.

170 *A máquina automotiva em suas partes*

Tabela 1 – Evolução do número de trabalhadores na esfera da Produção, por tipo de contrato – American Company do Brasil – 1990/2004

Trabalhadores	1990	1993	1995	1997	1998	1999	2000	2001	2002	2003	2004
Efetivos (contratados por tempo indeterminado pela planta)											
Horistas	189	126	121	127	108	106	151	182	176	184	189
	129	59	43	19	38	34	41	39	38	44	44
Mensalistas	00	00	00	00	00	00	00	00	00	00	00
	00	00	00	00	00	00	00	00	00	00	00
Temporários (contratados por tempo determinado pela planta)											
Todos	00	00	15	12	52	35	57	24	07	08	34
horistas	00	08	00	00	05	03	03	00	01	00	09
Terceirizados (contratados por empresas que prestam serviços dentro da planta)											
Todos	00	00	00	00	00	00	00	00	00	00	00
horistas	Ind.	Ind.	Ind.	Ind.	Ind.	Ind.	Ind.	Ind.	Ind.	Ind.	Ind.
Total	318	193	179	158	203	178	252	245	222	236	276

Fonte: Elaboração própria a partir de dados coletados nos arquivos da American Company do Brasil.

Tabela 2 – Evolução do número de trabalhadores na esfera da Administração, por tipo de contrato – American Company do Brasil – 1990/2004

Trabalhadores	1990	1993	1995	1997	1998	1999	2000	2001	2002	2003	2004
Efetivos (contratados por tempo indeterminado pela planta)											
Horistas	00	00	00	00	00	00	00	00	00	00	00
	00	00	00	00	00	00	00	00	00	00	00
Mensalistas	00	00	00	00	00	00	00	00	00	00	00
	112	66	51	38	45	45	46	42	42	42	42
Temporários (contratados por tempo determinado pela planta)											
Todos	00	00	00	00	00	00	00	00	00	00	00
horistas	00	04	00	01	00	00	00	00	00	00	00
Terceirizados (contratados por empresas que prestam serviços dentro da planta)											
Todos	00	00	00	00	00	00	00	00	00	00	00
horistas	00	00	00	00	00	00	00	00	00	00	00
Total	112	70	51	39	45	45	46	42	42	42	42

Fonte: Elaboração própria, a partir de dados coletados nos arquivos da American Company do Brasil.

Tabela 3 – Evolução do número de trabalhadores na esfera de Apoio, por tipo de contrato – American Company do Brasil – 1990/2004

Trabalhadores	1990	1993	1995	1997	1998	1999	2000	2001	2002	2003	2004
Efetivos (contratados por tempo indeterminado pela planta)											
Horistas	00 00	00 00	00 00	00 00	00 00	00 00	00 00	00 00	00 00	00 00	00 00
Mensalistas	00 00	00 00	00 00	00 00	00 00	00 00	00 00	00 00	00 00	00 00	00 00
Temporários (contratados por tempo determinado pela planta)											
Todos horistas	00 00	00 00	00 00	00 00	00 00	00 00	00 00	00 00	00 00	00 00	00 00
Terceirizados (contratados por empresas que prestam serviços dentro da planta) *											
Segurança	00 06	00 06	00 06	00 06	00 06	00 06	00 06	00 06	00 06	00 06	00 06
Alimentação	00 12	00 12	00 09	00 08	00 08	00 08	00 08	00 08	00 09	00 09	00 09
Limpeza	00 06	00 06	00 06	00 06	00 06	00 06	00 06	00 06	00 08	00 08	00 08
Transporte (trabalhadores)	00 18	00 16	00 16	00 16	00 16	00 16	00 16	00 16	00 16	00 16	00 16
Transporte (produtos)	00 06	00 05	00 05	00 05	00 05	00 05	00 05	00 05	00 05	00 06	00 06
Total	48	45	42	41	41	41	41	41	44	45	45

Fonte: Elaboração própria a partir de dados coletados nos arquivos da American Company do Brasil.

* Todos são horistas.

Tabela 4 – Evolução do número total de trabalhadores efetivos* da American Company do Brasil – 1990/2004

	1990	1993	1995	1997	1998	1999	2000	2001	2002	2003	2004
Total	430	251	215	184	191	185	238	263	256	270	275

Fonte: Elaboração própria a partir de dados coletados nos arquivos da American Company do Brasil.

* Não estão incluídos aqui os trabalhadores terceirizados e os temporários.

172 *A máquina automotiva em suas partes*

Tabela 5 – Número de acidentes de trabalho, doenças profissionais e ocupacionais em todas as esferas de trabalho na American Company do Brasil – 1990/2004

	1990	1993	1995	1997	1998	1999	2000	2001	2002	2003	2004
Esferas de Administração e Apoio											
Com afastamentos	00	00	00	00	00	00	00	00	00	00	00
Sem afastamentos	00	00	00	00	00	00	00	00	00	00	00
Esfera da Produção											
Com afastamentos	03	04	11	09	06	10	01	07	02	02	00
Sem afastamentos	63	28	13	09	06	10	03	14	13	07	17
Total	66	32	24	18	12	20	04	21	15	09	17

Fonte: Elaboração própria a partir de dados coletados nos arquivos da American Company do Brasil.

Quadro 1 – Grau de importância do preço, da qualidade, dos prazos de entrega, da flexibilidade e das inovações tecnológicas e organizacionais – American Company do Brasil – 2005

Grau de Importância →	Muito Grande	Grande	Médio	Pequeno	Nenhum
Preço dos produtos	--	--	X	--	--
Qualidade (seja a qualidade final dos produtos, seja a taxa de defeitos na sua fabricação)	X	--	--	--	--
Prazo de entrega	X	--	--	--	--
Flexibilidade (velocidade de mudança seja nos produtos, seja no *mix* de produção)	X	--	--	--	--
Inovações organizacionais	X	--	--	--	--
Inovações tecnológicas de processo e/ou produtos	X	--	--	--	--

Fonte: Elaboração própria a partir da aplicação de questionário à gerência de Produção na American Company do Brasil.

Quadro 2 – Critérios de qualificação na contratação de trabalhadores para a esfera da Produção* – American Company do Brasil – 2005

Critérios de qualificação	Importância segundo a gerência de Recursos Humanos (1 = mínima; 5 = máxima).
Nível de escolaridade	5
Formação profissional	5
Experiência profissional	5
Disponibilidade para turnos diferenciados	4
Aprovação em testes de seleção da empresa	3
Objetivos de carreira	2
Constituição física	2
Origem social	1
Idade	1
Sexo	1
Temperamento e disposição adequados	1

Fonte: Elaboração própria a partir da aplicação de questionário à gerência de Recursos Humanos na American Company do Brasil.

* Consultar o apêndice A.

ANEXO
Tabelas de outros estudos sobre o setor de autopeças no Brasil

Tabela 6 – Comércio exterior e participação das importações no consumo aparente de autopeças – Brasil – 1989/1999 (em US$ FOB milhões)

Ano	Exportações (a)	Importações (b)	Saldo na Balança Comercial (c = a - b)	Consumo Aparente (d)	Importações sobre o Consumo Aparente (e = b/d)
1989	2.119,7	708,2	1.411,5	14.132,5	5,0 %
1990	2.126,7	837,1	1.289,6	19.954,4	7,6 %
1991	2.047,8	843,8	1.204,0	8.644,0	9,8 %
1992	2.312,2	1.059,9	1.252,3	8.669,7	11,9 %
1993	2.665,1	1.549,5	1.115,6	12.106,4	12,8 %
1994	2.985,6	2.073,0	912,6	13.463,4	15,4 %
1995	3.262,1	2.789,4	472,7	16.111,3	17,3 %
1996	3.509,5	3.422,6	86,9	16.035,1	21,3 %
1997	4.041,5	4.394,1	(352,6)	17.810,6	24,7 %
1998	4.031,3	4.175,0	(143,7)	14.996,7	27,8 %
1999	3.557,5	3.642,0	(204,1)	11.297,5	32,5 %

Fonte: Conceição (2001, p. 121), a partir dos dados do Sindipeças.

Nota: Para o cálculo do consumo aparente, acrescentou-se o valor das importações ao faturamento nacional da indústria e se subtraiu o valor das exportações.

176 *A máquina automotiva em suas partes*

Tabela 7 – Principais autopeças importadas – Brasil – 1989/1999
(em US$ FOB milhões)

PRODUTO	1989	1991	1992	1994	1995	1996	1997	1998	1999
Caixas de marchas	178,6	174,9	201,6	425,8	502,1	493,4	364,3	238,8	200,5
Motores e suas partes	84,3	147,2	199,1	365,3	519,9	686,8	1037,5	989,9	819,1
Acessórios de veículos e suas partes	47,7	61,1	115,7	213,3	330,0	589,3	709,2	697,6	609,1
Freios e suas partes	18,1	24,7	26,6	68,8	87,3	93,0	106,3	101,5	77,7
Rolamentos diversos e suas partes	117,3	39,7	41,9	153,8	187,4	164,2	163,9	167,4	106,4
Juntas e semelhantes de borracha	22,9	8,6	18,8	67,0	57,2	69,5	101,5	93,1	71,2
Acessórios de carroçarias	...	...	14,9	65,7	74,2	89,8	97,1	139,9	218,5
Autorrádio, partes e peças	...	...	...	34,6	49,9	37,9	51,4	39,4	25,7
Painéis ou quadro p/ instrumentos	...	...	12,2	23,4	26,5	27,0	...	...	...
Dínamo e alternador	...	...	10,5	22,8	31,5	43,5	70,3	42,6	27,7
Eixos dianteiros, transmissão	...	14,3	12,4	22,0	...	22,8	64,2	74,6	52,3
Radiadores	...	13,2	...	18,4	22,3	...	30,8	27,2	...
Cintos de segurança	9,3	8,8	...	...	...	...	29,9	...	...
Partes de bombas de combustível	10,6	9,7	38,6	62,0	69,7	68,4	103,7	98,7	92,1
Quadros de chassis, longarinas, braçadeiras e semelhantes	...	...	...	18,9	32,4	...	...	...	...
Fios p/ velas de ignição e outros	...	...	...	...	29,0	...	31,2	...	...

Fonte: Conceição (2001, p. 123), com base em dados do Departamento de Operações de Comércio Exterior (DECEX) e Sindipeças.

Tabela 8 – Taxa de juro real *versus* margem de rentabilidade operacional (em %) das empresas de autopeças – Brasil – 1989/1999

Ano	Taxa de juro nominal ao ano overnight (a)	IGP–DI (b)	Taxa de juro real ao ano (a/b)	Margem de rentabilidade operacional*
1989	2.407,3	1.783,0	33,2	37
1990	1.153,2	1.476,7	(20,5)	26
1991	536,9	480,2	9,8	16
1992	1.549,2	1.157,5	31,2	15
1993	3.059,8	2.708,2	12,5	0
1994	1.154,0	909,7	24,2	0
1995	55,1	14,8	35,1	(1)
1996	27,1	9,3	16,3	(1)
1997	24,6	7,5	15,9	2
1998	28,6	1,7	26,4	0
1999	25,6	19,9	4,7	5

Fonte: Conceição (2001, p. 126), com base em banco de dados do Departamento Intersindical de Estatística e Estudos Socioeconômicos (Dieese) e Sindipeças.

* Percentual de lucros ou de perdas antes das receitas e despesas financeiras. Os lucros e perdas operacionais foram extraídos dos anuários do Sindipeças. Esta entidade realiza, anualmente, em conjunto com o Serasa, pesquisa amostral com cerca de duas centenas de empresas associadas.

Tabela 9 – Importação sobre o consumo aparente de autopeças – Brasil – 1989/1997

Ano	1989	1990	1991	1992	1993	1994	1995	1996	1997
Importação/ Consumo Aparente	6,57	9,66	11,98	13,68	14,44	17,19	20,07	24,1	26,79

Fonte: Costa e Queiroz (1998, p. 1077), a partir de dados do Sindipeças e da Secretaria de Comércio Exterior (SECEX).

178　*A máquina automotiva em suas partes*

Tabela 10 – Faturamento, emprego e produtividade da indústria de autopeças* - Brasil – 1989/1999

Ano	Faturamento (em US$ milhões) (a)	Emprego (b)	Produtividade (US$ anuais/emprego) (a/b)
1989	15.544	309.700	50.191
1990	12.244	285.200	42.931
1991	9.848	255.600	38.529
1992	10.122	231.000	43.818
1993	13.222	235.900	56.049
1994	14.376	236.600	60.761
1995	16.584	214.200	77.423
1996	16.122	192.700	83.664
1997	17.458	186.400	93.659
1998	14.853	167.000	88.940
1999	11.213	167.000	67.144

Fonte: Conceição (2001, p. 143), com base em informações dos anuários do Sindipeças.

* Empresas associadas ao Sindipeças.

Lista de tabelas

Tabela 1 – Evolução do número de trabalhadores na esfera da Produção, por tipo de contrato – American Company do Brasil – 1990/2004 170

Tabela 2 – Evolução do número de trabalhadores na esfera da Administração, por tipo de contrato – American Company do Brasil – 1990/2004 170

Tabela 3 – Evolução do número de trabalhadores na esfera de Apoio, por tipo de contrato – American Company do Brasil – 1990/2004 171

Tabela 4 – Evolução do número total de trabalhadores efetivos da American Company do Brasil – 1990/2004 171

Tabela 5 – Número de acidentes de trabalho, doenças profissionais e ocupacionais em todas as esferas de trabalho na American Company do Brasil – 1990/2004 .. 172

Tabela 6 – Comércio exterior e participação das importações no consumo aparente de autopeças – Brasil – 1989/1999 (em US$ FOB milhões) 175

Tabela 7 – Principais autopeças importadas – Brasil – 1989/1999 (em US$ FOB milhões) 176

Tabela 8 – Taxa de juro real *versus* margem de rentabilidade operacional (em %) das empresas de autopeças – Brasil – 1989/1999 177

Tabela 9 – Importação sobre o consumo aparente de autopeças – Brasil – 1989/1997 177

Tabela 10 – Faturamento, emprego e produtividade da indústria de autopeças – Brasil – 1989/1999 178

Lista de quadros

Quadro 1 – Grau de importância do preço, da qualidade, dos prazos de entrega, da flexibilidade e das inovações tecnológicas e organizacionais – American Company do Brasil – 2005... 172

Quadro 2 – Critérios de qualificação na contratação de trabalhadores para a esfera da Produção – American Company do Brasil – 2005................... 173

Lista de abreviaturas e siglas

ABC Paulista: parcela da Região Metropolitana de São Paulo composta pelos municípios de Santo André, São Bernardo do Campo e São Caetano do Sul

Anfavea: Associação Nacional dos Fabricantes de Veículos Automotores

CAD: *computer aided design*

CCQs: círculos de controle de qualidade

CEP: controle estatístico de processo

CPA: centro de pesquisa avançado

Cipa: Comissão Interna para Prevenção de Acidentes

CLP: controladores lógicos programáveis

Dieese: Departamento Intersindical de Estatística e Estudos Socioeconômicos

Dort: distúrbios osteomusculares relacionados ao trabalho

EPI: equipamentos de proteção individual

GM: General Motors

INSS: Instituto Nacional da Seguridade Social

IPI: imposto sobre produtos industrializados

ISO: International Standart Organization

LER: lesão por esforços repetitivos

Mercosul: Mercado Comum do Sul

MFCN: máquinas-ferramenta com comando numérico

MP: medida provisória

P&D: pesquisa e desenvolvimento

PLR: participação nos lucros e resultados

PPM: perdas por milhão de peças

Senai: Serviço Nacional de Aprendizagem Industrial

Sindipeças: Sindicato Nacional da Indústria de Componentes para Veículos Automotores

VW: Volkswagen

REFERÊNCIAS BIBLIOGRÁFICAS

ABREU, A. R. P. et al. Produção flexível e relações interfirmas: a indústria de autopeças em três regiões do Brasil. In: ABREU, A. R. P. (Org.). *Produção flexível e novas institucionalidades na América Latina*. Rio de Janeiro, Editora UFRJ, 2000. p. 27-73.

ACKERS et al. Against all Odds? British Trade Unions in the New Workplace. In: ACKERS et al. (Org.). *The New Workplace and Trade Unionism*. Londres, Routledge, 1996. p. 1-40.

ACKROYD, S.; WHITAKER, A. Manufacturing Decline and the Reorganisation of Manufacture in Britain. In: STEWART, P. et al. *Restructuring for Economic Flexibility*. Aldershot, Avebury, 1990.

ALVES, G. *O novo (e precário) mundo do trabalho*: reestruturação produtiva e crise do sindicalismo. São Paulo, Boitempo/Fapesp, 2000.

AMIN, A.; MALMBERG, A. Competing Structural and Institutional Influences on the Geography of Production in Europe. In: AMIN, A. (Org.). *Post-fordism*: a reader. Oxford, Blackwell, 1996.

AMIN, A.; SMITH, I. The British Car Components Industry: leaner and fitter? In: STEWART, P. et al. (Orgs.). *Restructuring for Economic Flexibility*. Aldershot, Avebury, 1990.

AMERICAN COMPANY DO BRASIL. [Documentos internos da empresa]. Campinas, [s. n.], 2005.

ANDERSON, P. *Câmaras setoriais*: histórico e acordos firmados (1991/1995). Brasília, Instituto de Pesquisa Econômica Aplicada (Ipea), 1998. (Texto para Discussão, 667.)

ANDRADE, A. M. C.; SANTOS, A. dos. Atuação sindical nos anos 90: propostas e negociações quanto à reestruturação produtiva no Estado de São Paulo. In: DEPARTAMENTO Intersindical de Estatística e Estudos Socioeconômicos; Centro de Estudos Sindicais e de Economia do Trabalho. *Emprego e desenvolvimento tecnológico*: artigos dos pesquisadores. Campinas: Cesit; São Paulo: Dieese, 1999. p. 309-326. (Seminários Internacional e Regional do Projeto Emprego e Desenvolvimento Tecnológico, n. 2.)

ANFAVEA – Associação Nacional dos Fabricantes de Veículos Automotores. *Anuário Estatístico da Indústria Automobilística Brasileira*. São Paulo, [s. n.], 2000.

_____. *Indústria automobilística brasileira*: 50 anos. São Paulo, Autodata, 2006. (Edição comemorativa dos 50 anos da Anfavea.)

182 A máquina automotiva em suas partes

ANTUNES, R. *O novo sindicalismo*. São Paulo, Brasil Urgente, 1991.

_____. *Adeus ao trabalho?*: ensaio sobre as metamorfoses e a centralidade do mundo do trabalho. São Paulo: Cortez; Campinas: Editora da Unicamp, 1995.

_____. Trabalho, reestruturação produtiva e algumas repercussões no sindicalismo brasileiro. In: _____. (Org.). *Neoliberalismo, trabalho e sindicatos*. São Paulo, Boitempo, 1998. p. 71-84.

_____. *Os sentidos do trabalho*: ensaio sobre a afirmação e a negação do trabalho. São Paulo, Boitempo, 1999.

_____. (Org.). *Riqueza e miséria do trabalho no Brasil*. São Paulo, Boitempo, 2006.

ARAÚJO, A. M. C.; CARTONI, D. M.; JUSTO, C. R. D. M. Reestruturação produtiva e negociação coletiva nos anos 90. *Revista Brasileira de Ciências Sociais*. [S. l.], Associação Nacional de Pós-graduação em Ciências Sociais (ANPOCS), v. 16, n. 45, p. 85-112, fev. 2001.

ATKINSON, J. The Changing Corporation. In: CLUTTERBURCK (Org.). *New Patterns of the Work*. Aldershot, Gower, 1985.

BABSON, S. Lean Production and Labor: Empowerment and Explotation. In: _____. (Org.). *Lean Work*: Empowerment and Explotation in the Global Industry. Detroit, Wayne State University Press, 1995.

BALTAR, P. E. A.; DEDECCA, C. S.; HENRIQUE, W. Mercado de trabalho e exclusão social no Brasil. In: MATTOSO, J. E. L.; OLIVEIRA, C. A. B. (Orgs.). *Crise e trabalho no Brasil*: modernidade ou volta ao passado? São Paulo, Scritta, 1996. p. 87-108.

BALTAR, P. E. A.; PRONI, M. W. Sobre o regime de trabalho no Brasil: rotatividade da mão de obra, emprego formal e estrutura salarial. In: MATTOSO, J. E. L.; OLIVEIRA, C. A. B. (Orgs.). *Crise e trabalho no Brasil*: modernidade ou volta ao passado? São Paulo, Scritta, 1996. p. 109-149.

BEDÊ, M. A. *A indústria automobilística no Brasil nos anos 90*: proteção efetiva, reestruturação e política industrial. Tese de Doutorado, São Paulo, Faculdade de Economia, Administração e Contabilidade, Universidade de São Paulo, 1996.

BEYNON, H.; GLAVANIS, P. Introduction. In: BEYNON, H.; GLAVANIS, P. (Orgs.). *Patterns of social inequality*. Londres, Longman, 1999.

BRESCIANI, L. P. Reestruturação industrial e negociação coletiva: o sindicalismo brasileiro vai à luta? In: RAMALHO, J. R.; MARTINS, H. (Orgs.). *Terceirização*: diversidade e negociação no mundo do trabalho. São Paulo, Hucitec/Nets-Cedi, 1994.

BRESCIANI, L. P.; GITAHY, L. Reestruturação produtiva e trabalho na indústria automobilística brasileira. *Cadernos do Instituto de Geociências*. Campinas, DPCT/IG/Unicamp, n. 24, ago. 1998.

BRUNO, L. Educação, qualificação e desenvolvimento econômico. In: _____. (Org.). *Educação e trabalho no capitalismo contemporâneo*: leituras selecionadas. São Paulo, Atlas, 1996. p. 91-123.

BURROWS, R. et al. Introduction: Fordism, Post-Fordism and Economic Flexibility. In: _____. (Orgs.). *Fordism and Flexibility*: Divisions and Changes. Londres, MacMillan Press LTD, 1994. p. 1-9.

CARDOSO, A. C. M. *Emprego*: estratégias e ação sindical nos anos 90, o caso dos metalúrgicos de São Paulo. Dissertação de Mestrado, São Paulo, Universidade de São Paulo, 1998.

Referências bibliográficas 183

CARVALHO, R. Q. *Projeto de primeiro mundo com conhecimento e trabalho de terceiro?* Campinas, DPCT/IG/Unicamp, 1992. (Texto para discussão, n. 12.)

CARVALHO, R. Q.; SCHMITZ, H. O fordismo está vivo no Brasil. *Novos Estudos CEBRAP*. São Paulo, n. 27, jul. 1990. p. 148-56.

CASTILLO, N. I. *Automação e qualificação do trabalho*: elementos para um enfoque dialético. Dissertação de Mestrado, Campinas,Instituto de Geociências, Unicamp, 1996.

_____. *Novos rumos do trabalho*: mudanças nas formas de controle e qualificação da força de trabalho brasileira. Tese de Doutorado, Campinas, DPCT/IG/Unicamp, 2000.

CASTRO, N. A. de. Modernização e trabalho no complexo automotivo brasileiro: reestruturação industrial ou japanização de ocasião? In: _____. (Org.). *A máquina e o equilibrista*: inovações na indústria automobilística brasileira. Rio de Janeiro, Paz e Terra, 1995.

CATTANI, A. D. *Trabalho e tecnologia*: dicionário crítico. Petrópolis: Vozes; Porto Alegre: Editora da UFRGS, 1999.

CHANDLER, A. D. *Strategy and Structure*: Chapters in the History of the Industrial Enterprise. Cambridge (Mass.), MIT, 1986.

_____. *La mano visible*: la revolución en la dirección de la empresa norteamericana. Madri, Ministerio de Trabajo y Seguridad Social, 1987. (Colección Historia Social.)

_____. *Scale and Scope:* the Dynamics of Industrial Capitalism. Cambridge (Mass.), Belknap Press of Harvard University, 1994.

CHANDLER, A. D.; McCRAW, T. K. *Alfred Chandler*: ensaios para uma teoria histórica da grande empresa. Rio de Janeiro, FGV, 1998.

CONCEIÇÃO, J. J. *As fábricas do ABC no olho do furacão*: a indústria de autopeças e a reestruturação da cadeia de produção automotiva nos anos 90. Dissertação de Mestrado em Administração, São Caetano do Sul, Centro de Estudos de Aperfeiçoamento e Pós-graduação do Centro Universitário Municipal de São Caetano do Sul, 2001.

CONFERÊNCIA MUNDIAL SOBRE EDUCAÇÃO PARA TODOS. *Declaração mundial sobre educação para todos e plano de ação para satisfazer as necessidades básicas de aprendizagem.* Jomtien, Tailândia, UNESCO, 1990. Disponível em: <http://unesdoc.unesco. org/images/0008/000862/086291por.pdf >. Acesso em 5 out. 2009.

CORIAT, B. *Pensar pelo avesso*: o modelo japonês de trabalho e organização. Rio de Janeiro, Revan/Editora da UFRJ, 1994.

CORIAT, B. Ohno e a escola japonesa de gestão da produção: um ponto de vista de conjunto. In: HIRATA, H. S. (Org.). *Sobre o "modelo" japonês*: automatização, novas formas de organização e de relações de trabalho. São Paulo, Edusp, 1993. p. 79-91.

COSTA, I.; QUEIROZ, S. *Autopeças no Brasil*: mudanças e competitividade na década de noventa. In: Simpósio de gestão da inovação tecnológica, São Paulo, nov. 1998. p. 1070-83. (Trabalho apresentado.)

COUTINHO, L.; FERRAZ, J. C. (Orgs.). *Estudo da competitividade da indústria brasileira*. Campinas: Papirus/Editora da Unicamp, 1994.

COUTROT, T. Organização do trabalho e financeirização das empresas: a experiência europeia. *Revista Outubro*. São Paulo, Instituto de Estudos Socialistas, n. 12, jan.-jun. 2005. p. 33-44.

CURRY, J. The Flexibility Fetish: A Review Essay on Flexible Specialisation. *Capital & Class*. n. 50, summer, 1993.

184   A máquina automotiva em suas partes

DEDECCA, C. S. Reestruturação produtiva e tendências de emprego. In: OLIVEIRA, M. A. (Org.). *Economia e trabalho*: textos básicos. Campinas, Cesit/IE/Editora da Unicamp, 1998. p. 163-86.

DEJOURS, C. *A banalização da injustiça social*. Rio de Janeiro, FGV, 2000.

_____. Sofrimento e prazer no trabalho: a abordagem pela psicopatologia do trabalho. In: LANCMAN, S.; SZNELWAR, L. (Orgs.). *Christophe Dejours*: da psicopatologia à psicodinâmica do trabalho. Rio de Janeiro: Editora Fiocruz; Brasília: Paralelo 15, 2004. p. 141-55.

ELGER, T.; SMITH, C. Global Japanization? Convergence and Competition in the Organization of the Labour Process. In: SMITH, C.; ELGER, T. (Orgs.). *Global Japanization? The Transnational Transformation of the Labour Process*. Londres, Routlegde, 1994. p. 31-59.

ENGELS, F. *A situação da classe trabalhadora em Inglaterra*. São Paulo, Boitempo, 2008.

FAIRBROTHER, P. British Trade Unions Facing the Future. *Capital & Class*. n. 71, summer, 2000.

FERNANDES, F. Padrões de dominação externa na América Latina. In: _____. *Capitalismo dependente e classes sociais na América Latina*. São Paulo, Global, 2009.

FERREIRA, C. G. O fordismo, sua crise e o caso brasileiro. *Cadernos do CESIT*. Campinas, IE/Unicamp, texto n. 13, mar. 1993.

FLEURY, A. C. C. Rotinização do trabalho: o caso das indústrias mecânicas. In: FLEURY, A.; VARGAS, N. (Orgs.). *Organização do trabalho*: uma abordagem interdisciplinar – sete estudos sobre a realidade brasileira. São Paulo, Atlas, 1983. p. 84-106.

_____. Organização do trabalho na indústria: recolocando a questão nos anos 80. In: FLEURY, M. T. L.; FISCHER, R. M. (Orgs.). *Processo de trabalho e relações de trabalho no Brasil*. São Paulo, Atlas, 1985. p. 51-66.

_____. *Impactos sobre a organização do trabalho, emprego e renda na indústria metal-mecânica*. São Paulo, Escola Politécnica da Universidade de São Paulo, 1988. Mimeografado.

FLEURY, A. C. C.; VARGAS, N. Aspectos conceituais. In: _____. (Orgs.). *Organização do trabalho*: uma abordagem interdisciplinar – sete estudos sobre a realidade brasileira. São Paulo, Atlas, 1983. p. 17-37.

FORD, H. Minha vida e minha obra. In: _____. *Henry Ford*: por ele mesmo. São Paulo, Martin Claret, 1995. p. 107-59.

FREYSSENET, M. Formas sociais de automatização e experiências japonesas. In: HIRATA, H. S. (Org.). *Sobre o "modelo" japonês*: automatização, novas formas de organização e de relações de trabalho. São Paulo, Edusp, 1993. p. 153-62.

GARRAHAN, P.; STEWART, P. Progress to Decline? In: GARRAHAN, P.; STEWART, P. (Orgs.). *Urban Change and Renewal*: the Paradox of Place. Aldershot, Avebury, 1994.

GATTÁS, R. *A indústria automobilística e a segunda revolução industrial no Brasil*: origens e perspectivas. São Paulo, Prelo Editora, 1981.

GEREFFI, G. Global Commodity Chains: News Forms of Coordination and Control among Nations and International Industries. *Competition & Change*. v. 4, 1996.

GITAHY, L.; RABELO, F. Educación e desarrollo tecnológico: el caso de la indústria de autopartes. In: GALLART, M. A. (Org.). *Educación y trabajo*: desafios e perspectivas de

Referências bibliográficas 185

investigación y políticas para la década de los noventa. Montevidéu, Red Latinoamericana de Educación y Trabajo/Ciid-Cenep/Cinterfor, 1992. p. 107-41.

_____. Os efeitos sociais da microeletrônica na indústria metal-mecânica brasileira: o caso da indústria de informática. In: SEMINÁRIOS padrões tecnológicos e políticas de gestão: processos de trabalho na indústria brasileira. *Anais...* Campinas: DPCT/IG/ Unicamp; São Paulo: DS/FFLCH/USP, FEA/USP, 1988.

GITAHY, L. et al. Relações interfirmas, eficiência coletiva e emprego em dois clusters da indústria brasileira. *Revista Latinoamericana de Estudios del Trabajo.* Campinas, Associação Latino Americana de Estudos do Trabalho (Alast), v. 3, n. 6, 1997a. p. 39-78.

_____. *Relações interfirmas e gestão de recursos humanos na cadeia produtiva de autopeças.* Campinas, Finep/Cedes/CNPq, 1997b. (Relatório de pesquisa do projeto Reestruturação Produtiva, Trabalho e Educação.)

GITAHY, L.; RABELO, F. *Educação e desenvolvimento tecnológico:* o caso da indústria de autopeças. Campinas, DPCT/IG/Unicamp, 1991. (Texto para discussão, n. 11.)

GITAHY, L.; RABELO, F.; COSTA, M. C. Innovación tecnológica: relaciones industriales y subcontratacción. *Boletim Cinterfor/OIT.* v. 120, jun.-set. 1992. p. 71-98.

GONÇALVES, M. F.; SEMEGHINI, U. Uma metrópole singular. In: FONSECA, R. B.; DAVANZO, A. M. Q.; NEGREIROS, R. M. C. (Orgs.). *Livro Verde:* desafios para a gestão da Região Metropolitana de Campinas. Campinas, Nesur/IE/Unicamp, 2002. p. 27-51.

GOUNET, T. *Fordismo e toyotismo na civilização do automóvel.* São Paulo, Boitempo, 1999.

GRAMSCI, A. Americanismo e fordismo. In: _____. *Maquiavel, a política e o Estado moderno.* Rio de Janeiro, Civilização Brasileira, 1990.

_____. Caderno 12 (1932): apontamentos e notas dispersas para um grupo de ensaios sobre a história dos intelectuais. In: _____. *Cadernos do cárcere.* Rio de Janeiro, Civilização Brasileira, 2000. v. 2.

HARVEY, D. *A condição pós-moderna.* São Paulo, Loyola, 1992.

HIRAOKA, L. Japanese Automobile Manufacturing in an American Setting. *Technological Forecasting and Social Change.* v. 35, n. 1, mar. 1989. p. 29-49.

HOFFMAN, K.; KAPLINSK, R. *Driving Force:* The Global Restructuring of Technology, Labor and Investment in the Automobile and Components Industries. Westview, Boulder, 1988.

HUMPHREY, J. Adaptando o "modelo japonês" ao Brasil. In: HIRATA, H. S. (Org.). *Sobre o "modelo" japonês:* automatização, novas formas de organização e de relações de trabalho. São Paulo, Edusp, 1993. p. 237-57.

_____. "Japanise" Methods and the Changing Position of Direct Production Workers: Evidence from Brazil. In: SMITH, C.; ELGER, T. (Orgs.). *Global Japanization?* The Transnational Transformation of the Labour Process. Londres, Routlegde, 1994. p. 327-47.

JACOBI, P. Transformações do Estado contemporâneo e educação. In: BRUNO, L. (Org.). *Educação e trabalho no capitalismo contemporâneo.* São Paulo, Atlas, 1996. p. 41-56.

JÁCOME RODRIGUES, I. Sindicalismo, emprego e relações de trabalho na indústria automobilística. In: ANTUNES, R. (Org.). *Neoliberalismo, trabalho e sindicatos.* São Paulo, Boitempo, 1998. p. 115-29.

JOIA, P. R. *A estruturação do polo tecnológico de Campinas*: contribuição ao estudo dos espaços industriais de alta tecnologia. Dissertação de Mestrado), Rio Claro, Instituto de Geociências e Ciências Exatas, Universidade Estadual "Júlio de Mesquita", 1990.

KELLER, M. *Colisão*: GM, Toyota, Volkswagen – a corrida para dominar o século XXI. Rio de Janeiro, Campus, 1994.

KREIN, J. D. Reforma do sistema de relações de trabalho no Brasil. In: DEPARTAMENTO Intersindical de Estatística e Estudos Socioeconômicos; Centro de Estudos Sindicais e de Economia do Trabalho. *Emprego e desenvolvimento tecnológico*: artigos dos pesquisadores. Campinas: CESIT; São Paulo: DIEESE, 1999. (Seminários Internacional e Regional do Projeto Emprego e Desenvolvimento Tecnológico, n. 2.) p. 255-94.

LAPLANE, M. F.; SARTI, F. A reestruturação do setor automobilístico brasileiro nos anos 90. *Economia e Empresa*. v. 2, n. 4, out.-dez. 1995.

LAW, C. M. Motor Vehicle Manufacturing: The Representative Industry. In: _____. (Org.). *Restructuring the Global Automobile Industry*. Londres, Routledge, 1991.

LEITE, E. Renovação tecnológica e qualificação do trabalho. In: CASTRO, N. A. (Org.). *A máquina e o equilibrista*: inovações na indústria automobilística brasileira. Rio de Janeiro, Paz e Terra, 1995. p. 159-77.

LIMA, E. O. *O encantamento da fábrica*: toyotismo e os caminhos do envolvimento no Brasil. São Paulo, Expressão Popular, 2004.

LUKÁCS, G. *História e consciência de classe*: estudos de dialética marxista. Rio de Janeiro, Elfos, 1989.

_____. *Ontologia do ser social*: os princípios ontológicos fundamentais de Marx. São Paulo, Livraria Editora Ciências Humanas, 1979.

MALAGUTI, M. L. *Crítica à razão informal*: a imaterialidade do salariado. São Paulo: Boitempo; Vitória: Edufes, 2000.

MARCELINO, P. R. P. *A logística da precarização:* terceirização do trabalho na Honda do Brasil. São Paulo, Expressão Popular, 2004.

MARX, K. *O capital*: crítica da economia política. São Paulo, Nova Cultural, 1988. v. 1, t. 1-2. (Os Economistas.)

MARX, K.; ENGELS, F. *A ideologia alemã*. São Paulo, Boitempo, 2007.

MATTOSO, J. E. L. O novo e inseguro mundo do trabalho nos países avançados. In: OLIVEIRA, C. A. et al. (Org.). *O mundo do trabalho*: crise e mudança no final do século. São Paulo: Página Aberta/Scritta, nov. 1994. (Projeto Mercado de Trabalho, Sindicatos e Contrato Coletivo, MTb/PNUD/Cesit/IE/Unicamp/Fecamp.) p. 521-62.

McILROY, J. The Enduring Alliance? Trade Unions and the Making of New Labour (1994-1997). *British Journal of Industrial Relations*. v. 36, n. 4, 1998.

MONDEN, Y. *Sistema Toyota de produção*. São Paulo, Instituto de Movimentação e Armazenagem de Materiais (Imam), 1984.

NAGEL, L. H. O Estado brasileiro e as políticas educacionais a partir dos anos 80. In: NOGUEIRA, F. M. G. (Org.). *Estado e políticas sociais no Brasil*: conferências do seminário Estado e Políticas Sociais no Brasil e textos do relatório parcial do projeto de pesquisa – Programas nas Áreas de Educação e Saúde no Estado do Paraná, sua relação com as orientações do BID e Bird e sua contribuição na difusão das propostas liberalizantes em nível nacional. Cascavel, Edunioeste, 2001.

NEGRO, A. L. *Linhas de montagem*: o industrialismo nacional-desenvolvimentista e a sindicalização dos trabalhadores. São Paulo, Boitempo, 2004.

NORTHERN GROUP INC. *Annual Report to Stockholders*. Washington, D. C., Securities and Exchange Commission, 2005.

OHNO, T. *O Sistema Toyota de produção*: além da produção em larga escala. Porto Alegre, Bookman, 1997.

OLIVEIRA, D. A. A qualidade total na educação: os critérios da economia privada na gestão da escola pública. In: BRUNO, L. (Org.). *Educação e trabalho no capitalismo contemporâneo*. São Paulo, Atlas, 1996. p. 57-90.

_____. Política educacional nos anos 90: educação básica e empregabilidade. In: DOURADO, L. F.; PARO, V. H. (Orgs.). *Políticas públicas & educação básica*. São Paulo, Xamã, 2001.

OICA – Organisation Internacionale des Constructeurs D'Automobiles. *World Motor Vehicle production by Country (1999-2009)*. Disponível em: <http://oica.net/category/production-statistics>. Acesso em 27 jun. 2010.

_____. *World Motor Vehicle Production by Manufacturers (2005-2008)*. Disponível em: <http://oica.net/category/production-statistics>. Acesso em 27 jun. 2010.

OLMOS, M. Mudança no mapa produtivo favorece autopeças do país. *Valor Econômico,* São Paulo, 29 mar. 2005, Caderno Empresas & Tecnologia.

PINHEIRO, I. A.; MOTTA, P. C. D. O Regime Automotivo Brasileiro (RAB) como instrumento de modernização tecnológica do parque industrial nacional – uma análise crítica. *Associação Brasileira de Engenharia de Produção*. Biblioteca. Disponível em: <http://www.abepro.org.br/biblioteca/ENEGEP2001_TR81_0042.pdf>. Acesso em 9 nov. 2009.

PINTO, G. A. *Reestruturação produtiva e organização do trabalho na indústria de autopeças no Brasil*. Dissertação de Mestrado em Sociologia, Campinas, Instituto de Filosofia e Ciências Humanas, Universidade Estadual de Campinas, 2003.

_____. Uma introdução à indústria automotiva no Brasil. In: ANTUNES, R. (Org.). *Riqueza e miséria do trabalho no Brasil*. São Paulo, Boitempo, 2006. p. 77-92.

_____. Uma abordagem metodológica do tema reestruturação produtiva. *Ideias*. Campinas, v. 14, 2007a. p. 149-59.

_____. *A máquina automotiva em suas partes*: um estudo das estratégias do capital nas autopeças em Campinas. Tese de Doutorado em Sociologia, Campinas, Instituto de Filosofia e Ciências Humanas, Universidade Estadual de Campinas, 2007b.

_____. *A organização do trabalho no século 20*: taylorismo, fordismo e toyotismo. São Paulo, Expressão Popular, 2007c.

PIRES, M. C. S.; SANTOS, S. M. M. dos. Evolução da mancha urbana. In: FONSECA, R. B.; DAVANZO, A. M. Q.; NEGREIROS, R. M. C. (Orgs.). *Livro Verde*: desafios para a gestão da Região Metropolitana de Campinas. Campinas, Nesur/IE/Unicamp, 2002. p. 53-74.

POCHMANN, M. *Relações de trabalho e padrões de organização sindical no Brasil*. São Paulo, LTR, 2003.

POCHMANN, M.; SANTOS, A. L. O custo do trabalho e a competitividade internacional. In: MATTOSO, J. E. L. e OLIVEIRA, C. A. B. (Orgs.). *Crise e trabalho no Brasil*: modernidade ou volta ao passado? São Paulo, Scritta, 1996. p. 189-220.

188 A máquina automotiva em suas partes

POLLERT, A. Team Work on the Assembly Line: Contradiction and the Dynamics of Union Resilience. In: ACKERS et al. (Org.). *The New Workplace and Trade Unionism*. Londres, Routledge, 1996. p. 178-209.

POSSAN, M. A. *A malha entrecruzada das ações*: as experiências de organização dos trabalhadores metalúrgicos de Campinas (1978-1984). Campinas, Unicamp, 1997. (Série Campiniana, 14.)

POSTHUMA, A. C. Japanese Production Techniques in Brazilian Automobile Components Firms: A Best Practice Model or Basis for Adaptation? In: SMITH, C.; ELGER, T. (Orgs.). *Global Japanization?* The Transnational Transformation of the Labour Process. Londres, Routlegde, 1994. p. 348-77.

_____. Técnicas japonesas de organização nas empresas de autopeças no Brasil. In: CASTRO, N. A. (Org.). *A máquina e o equilibrista*: inovações na indústria automobilística brasileira. Rio de Janeiro, Paz e Terra, 1995. p. 301-32.

_____. Autopeças na encruzilhada: modernização desarticulada e desnacionalização. In: ARBIX, G.; ZILBOVICIUS, M. (Orgs.). *De JK a FHC*: a reinvenção dos carros. São Paulo, Scritta, 1997. p. 389-411.

PREVITALLI, F. S. *As relações de subcontratação no setor de autopeças*: um estudo de caso. Dissertação de Mestrado, Campinas, Instituto de Filosofia e Ciências Humanas, Unicamp, 1996.

QUADROS, W. J. de. *Crise do padrão de desenvolvimento no capitalismo brasileiro*: breve histórico e principais características. *Cadernos do CESIT*. Campinas, Cesit/IE/Unicamp, textos para discussão, n. 6, 1991.

RABELO, F. M. *Automação, estrutura industrial e gestão da mão de obra*: o caso da introdução de máquinas ferramenta com comando numérico na indústria metal mecânica. Dissertação de Mestrado, Campinas, Instituto de Economia, Unicamp, 1989.

_____. *Qualidade e recursos humanos na indústria brasileira de autopeças*. Tese de Doutorado, Campinas, Instituto de Economia, Universidade Estadual de Campinas, 1994.

RACHID, A. *O Brasil imita o Japão?* A qualidade em empresas de autopeças. Dissertação de Mestrado, Campinas, Departamento de Política Científica e Tecnológica do Instituto de Geociências, Universidade Estadual de Campinas, 1994.

_____. *Relações entre grandes e pequenas empresas de autopeças*: um estudo sobre a difusão de práticas de organização da produção. Tese de Doutorado, Campinas, Faculdade de Engenharia Mecânica, Universidade Estadual de Campinas, 2000.

RACHID, A.; GITAHY, L. Programas de qualidade, trabalho e educação. *Em Aberto*. Brasília, Inep/MEC, v. 15, n. 65, jan.-mar. 1995. p. 63-93.

RAMALHO, J. R. Precarização do trabalho e impasses da organização coletiva no Brasil. In: ANTUNES, R. (Org.). *Neoliberalismo, trabalho e sindicatos*. São Paulo, Boitempo, 1998. p. 85-113.

RIQUELME, G. C. La gestión de calificaciones en un contexto de reestructuración productiva internacional. In: GITAHY, L. (Org.). *Reestructuración productiva, trabajo y educación en América Latina*. Campinas: IG/Unicamp; Buenos Aires: RED Ciid-Cenep, 1994. p. 153-70.

RODRIGUES, L. M. *Destino do sindicalismo*. São Paulo, Edusp/ Fapesp, 2002.

ROSANDISKI, E. N. *Reestruturação organizacional*: uma avaliação a partir da estrutura do emprego do setor automotivo paulista (1989-1994). Dissertação de Mestrado, Campinas, Instituto de Geociências, Universidade Estadual de Campinas, 1996.

RUAS, R. et al. Inter-Firm Relations, Collective Eficciency and Employment in Two Brazilian Clusters. *International Labor Office Working Paper*. n. 242, mar. 1994.

SALERNO, M. S. Produção, trabalho e participação: CCQ e kan-ban numa nova imigração japonesa. In: FLEURY, M. T. L.; FISCHER, R. M. (Orgs.). *Processo de trabalho e relações de trabalho no Brasil*. São Paulo, Atlas, 1985. p. 179-202.

_____. Modelo japonês, trabalho brasileiro. In: HIRATA, H. S. (Org.). *Sobre o "modelo" japonês*: automatização, novas formas de organização e de relações de trabalho. São Paulo, Edusp, 1993. p. 139-52.

SALERNO, M. S. et al. *A nova configuração da cadeia automotiva brasileira*. São Paulo, Escola Politécnica/Departamento de Engenharia de Produção/USP, 2002. (Pesquisa desenvolvida junto ao BNDES, pelo Grupo de Estudos em Trabalho, Tecnologia e Organização.) Disponível em: <http://www.poli.usp.br/pro/cadeia-automotiva>. Acesso em 12 nov. 2002.

SALM, C. Novos requisitos educacionais do mercado de trabalho. In: OLIVEIRA, M. A. (Org.). *Economia e trabalho*: textos básicos. Campinas, Cesit/IE/Editora da Unicamp, 1998. p. 235-52.

SAMPSON, A. *O homem da companhia*: uma história dos executivos. São Paulo, Companhia das Letras, 1996.

SATOMI, L.; RODRIGUES, V. A indústria de autopeças. *Panorama setorial da Gazeta Mercantil*, São Paulo, Gazeta Mercantil Informações Eletrônicas, v. 2, abr. 1997.

SAYER, A. New Developments in Manufacturing: The Just-in-Time System. *Capital & Class*. n. 30, winter, 1986.

SENNETT, R. *A corrosão do caráter*: consequências pessoais do trabalho no novo capitalismo. Rio de Janeiro, Record, 2002.

SHIROMA, E. O. *Mudança tecnológica, qualificação e políticas de gestão*: a educação da força de trabalho no modelo japonês. Tese de Doutorado, Campinas, Faculdade de Educação, Universidade Estadual de Campinas, 1993.

SILVA, E. B. *Refazendo a fábrica fordista*: contrastes da indústria automobilística no Brasil e na Grã-Bretanha. São Paulo, Hucitec/Fapesp, 1991.

SILVA JÚNIOR, J. dos R. Prática social e instituição escolar nos governos FHC: uma abordagem ontológica. *Perspectiva*. v. 21, n. 2, jul.-dez. 2003.

SMITH, T. Flexible Production and the Capital/Wage Labour Relation in Manufacturing. *Capital & Class*. n. 53, summer, 1994.

STEPHENSON, C. The Different Experience of Trade Unionism in Two Japanese Transplants. In: ACKERS et al. (Orgs.). *The New Workplace and Trade Unionism*. Londres, Routledge, 1996. p. 210-39.

TAVARES, M. da C. Ajuste e reestruturação nos países centrais: a modernização conservadora. *Economia e Sociedade*. Campinas, IE/Unicamp/Scritta, n. 1, ago. 1992. p. 21-57.

THOMPSON, P.; ACKROYD, S. All Quiet on the Workplace Front? A Critique of Recent Trends in British Industrial Sociology. *Sociology*. v. 29, n. 4, nov. 1995.

TOYOTA MOTOR CORP. *History of Toyota*. Disponível em: <http://www2.toyota.co.jp/en/history/index.html>. Acesso em 27 jun. 2010.

VASAPOLLO, L. *O trabalho atípico e a precariedade*. São Paulo, Expressão Popular, 2005.

VIEIRA, S. L. Políticas internacionais e educação – cooperação ou intervenção? In: DOURADO, L. F.; PARO, V. H. (Orgs.). *Políticas públicas & educação básica*. São Paulo, Xamã, 2001.

WOMACK, J. P.; JONES, D. T.; ROOS, D. *A máquina que mudou o mundo*. Rio de Janeiro, Campus, 1992.

C O L E Ç Ã O
Mundo do Trabalho
Coordenação Ricardo Antunes

ALÉM DA FÁBRICA
Trabalhadores, sindicatos e a nova
questão social
Marco Aurélio Santana e José Ricardo
Ramalho (orgs.)

A CÂMARA ESCURA
Alienação e estranhamento em Marx
Jesus Ranieri

ATUALIDADE HISTÓRICA DA
OFENSIVA SOCIALISTA
Uma alternativa radical ao sistema
parlamentar
István Mészáros

O CARACOL E SUA CONCHA
Ensaios sobre a nova morfologia do trabalho
Ricardo Antunes

A CRISE ESTRUTURAL DO CAPITAL
István Mészáros

CRÍTICA À RAZÃO INFORMAL
A imaterialidade do salariado
Manoel Luiz Malaguti

DA GRANDE NOITE À ALTERNATIVA
O movimento operário europeu em crise
Alain Bihr

DA MISÉRIA IDEOLÓGICA À CRISE DO
CAPITAL
Uma reconciliação histórica
Maria Orlanda Pinassi

A DÉCADA NEOLIBERAL E A CRISE DOS
SINDICATOS NO BRASIL
Adalberto Moreira Cardoso

A DESMEDIDA DO CAPITAL
Danièle Linhart

O DESAFIO E O FARDO DO TEMPO
HISTÓRICO
O socialismo no século XXI
István Mészáros

DO CORPORATIVISMO AO
NEOLIBERALISMO
Estado e trabalhadores no Brasil e na Inglaterra
Angela Araújo (org.)

A EDUCAÇÃO PARA ALÉM
DO CAPITAL
István Mészáros

O EMPREGO NA GLOBALIZAÇÃO
A nova divisão internacional do trabalho
e os caminhos que o Brasil escolheu
Marcio Pochmann

O EMPREGO NO DESENVOLVIMENTO
DA NAÇÃO
Marcio Pochmann

ESTRUTURA SOCIAL E FORMAS DE
CONSCIÊNCIA
István Mészáros

FILOSOFIA, IDEOLOGIA E CIÊNCIA
SOCIAL
Ensaios de negação e afirmação
István Mészáros

FORÇAS DO TRABALHO
Movimentos de trabalhadores e globalização
desde 1870
Beverly J. Silver

FORDISMO E TOYOTISMO
Na civilização do automóvel
Thomas Gounet

HOMENS PARTIDOS
Comunistas e sindicatos no Brasil
Marco Aurélio Santana

INFOPROLETÁRIOS
Degradação real do trabalho virtual
Ricardo Antunes e Ruy Braga (orgs.)

LINHAS DE MONTAGEM
O industrialismo nacional-desenvolvimentista
e a sindicalização dos trabalhadores (1945-1978)
Antonio Luigi Negro

MAIS TRABALHO!
Sadi Dal Rosso

O MISTER DE FAZER DINHEIRO
Automatização e subjetividade no
trabalho bancário
Nise Jinkings

**NEOLIBERALISMO,
TRABALHO E SINDICATOS**
Reestruturação produtiva no Brasil e
na Inglaterra
Huw Beynon, José Ricardo Ramalho, John
McIlroy
e Ricardo Antunes (orgs.)

**NOVA DIVISÃO SEXUAL DO
TRABALHO?**
Um olhar voltado para a empresa e a
sociedade
Helena Hirata

**O NOVO (E PRECÁRIO) MUNDO
DO TRABALHO**
Reestruturação produtiva e crise do
sindicalismo
Giovanni Alves

PARA ALÉM DO CAPITAL
Rumo a uma teoria da transição
István Mészáros

**A PERDA DA RAZÃO SOCIAL
DO TRABALHO**
Maria da Graça Druck e Tânia Franco (orgs.)

**POBREZA E EXPLORAÇÃO DO
TRABALHO NA AMÉRICA LATINA**
Pierre Salama

O PODER DA IDEOLOGIA
István Mészáros

RETORNO À CONDIÇÃO OPERÁRIA
Investigação nas fábricas da
Peugeot na França
Stéphane Beaud e Michel Pialoux

**RIQUEZA E MISÉRIA DO TRABALHO NO
BRASIL**
Ricardo Antunes (org.)

O ROUBO DA FALA
Origens da ideologia do trabalhismo
no Brasil
Adalberto Paranhos

O SÉCULO XXI
Socialismo ou barbárie?
István Mészáros

OS SENTIDOS DO TRABALHO
Ensaio sobre a afirmação
e a negação do trabalho
Ricardo Antunes

SHOPPING CENTER
A catedral das mercadorias
Valquíria Padilha

**A SITUAÇÃO DA CLASSE
TRABALHADORA NA
INGLATERRA**
Segundo as observações do autor e
fontes autênticas
Friedrich Engels

**A TEORIA DA ALIENAÇÃO
EM MARX**
István Mészáros

**TERCEIRIZAÇÃO:
(DES)FORDIZANDO A FÁBRICA**
Um estudo do complexo petroquímico
Maria da Graça Druck

TRABALHO E SUBJETIVIDADE
(no prelo)
Giovanni Alves

**TRANSNACIONALIZAÇÃO DO CAPITAL
E FRAGMENTAÇÃO
DOS TRABALHADORES**
Ainda há lugar para os sindicatos?
João Bernardo

Este livro foi composto em Adobe Garamond
Pro corpo 10,5/12,6 e impresso em papel
Pólen Soft 80g/m² pela gráfica Ideal para a
Boitempo Editorial, em fevereiro de 2011,
com tiragem de 1.000 exemplares.